爱与智慧

大师的家教手记

梁启超 季羡林 沈从文◎等著

国际文化出版公司
·北京·

图书在版编目（CIP）数据

爱与智慧：大师的家教手记／梁启超等著. —北京：国际文化
出版公司，2016.3
ISBN 978-7-5125-0835-4

I. ①爱⋯　II. ①梁⋯　III. ①家庭教育　IV. ① G78

中国版本图书馆 CIP 数据核字（2016）第 021808 号

爱与智慧：大师的家教手记

作　　者	梁启超　季羡林　沈从文等
责任编辑	戴　婕
统筹监制	葛宏峰
策划编辑	朱　然
美术编辑	秦　宇
出版发行	国际文化出版公司
经　　销	国文润华文化传媒（北京）有限责任公司
印　　刷	北京天恒嘉业印刷有限公司
开　　本	710 毫米 ×1000 毫米　　16 开
	17.5 印张　　261 千字
版　　次	2016 年 3 月第 1 版
	2018 年 12 月第 2 次印刷
书　　号	ISBN 978-7-5125-0835-4
定　　价	42.00 元

国际文化出版公司
北京朝阳区东土城路乙 9 号　　　　　　邮编：100013
总编室：（010）64271551　　　　　传真：（010）64271578
销售热线：（010）64271187
传真：（010）64271187-800
E-mail：icpc@95777.sina.net
http://www.sinoread.com

孩子，我想对你说

字里行间充满着大师对孩子浓浓的温情和无限的期望。那些满怀爱意的嘱托、那些孜孜不倦的教诲，值得莘莘学子细细品读。

曾经那个不完美的我

　　大师亦不是完人，那些奇妙的逃课经历，那段象牙塔中难忘的回忆，曾经执教于他们的诸位先生，哪怕鬓染白霜此间回忆仍弥足珍贵。所选文章皆以大师的视角描绘其学生时代的故事，读来十分有趣又百感交集，让人不忍释卷。

用久别重逢的心情来爱你

　　两地相隔的亲子书信更多了一份牵肠挂肚，这些书信饱含深情，不管是长篇累牍亦或是只字片语，那份爱意却在字里行间流转不息。我的孩子，爱你是我的天职！本章节汇集了大师们给子女的家书名篇，篇篇精彩。

一堂关于读书的公开课

　　大师们学富五车学贯东西，从多年的读书经验中提炼出了最最精华的部分，从为什么读书到读书的方法，从古典诗词到外国文学，从读书的经验到详尽的藏书目录，这些读书的经验是青年学生们一笔宝贵的财富。本章汇集了各位大师们关于读书方方面面的心得体会，值得认真学习研读。

生活，没那么简单

　　你终将从一个学步的孩子到逐渐脱离父母的羽翼，也终会青涩地从象牙塔走向纷繁的社会。如何面对社会，融入社会，从生活中学习，这是每个青年完成学业后都必须面对的问题，是走上社会至关重要的第一步。大师们的宝贵经验是人生的积淀是智慧的结晶。

每一朵花都有盛开的力量

生活不是只有枯燥的书本，一代大家们都有着自己的兴趣爱好，学习之余不要放弃你的理想，相信每一朵花都有盛开的力量！大师们从音乐、信仰、交友、学外语、东西方教育等方面对后辈进行了诸多提点。

给差一点错过的梦想

大师们对学生们的未来有诸多的希望，他们希望青年们能够真正学以致用，能够真正成为有理想的人，能够在未来的人生路上执着地追求梦想！请你继续努力，为了不能荒废的时光，为了不愿放弃的梦想，为了那个未来闪光的自己！

孩子，我想对你说

　　字里行间充满着大师对孩子浓浓的温情和无限的期望。那些满怀爱意的嘱托、那些孜孜不倦的教诲，值得莘莘学子细细品读。

一番语重心长的话——给现代中国青年

朱光潜

我在大学里教书，前后恰已十年，年年看见大批的学生进来，大批的学生出去。这大批学生中平庸的固居多数，英俊有为者亦复不少。我们辛辛苦苦地把一批又一批的训练出来，到毕业之后，他们变成什么样的人，做出什么样的事呢？他们大半被一个共同的命运注定。有官做官，无官教书。就了职业就困于职业，正当的工作消磨了二三分光阴，人事的应付消磨了七八分光阴。他们所学的原来就不很坚实，能力不够，自然做不出什么真正事业来。时间和环境又不容许他们继续研究，不久他们原有的那一点浅薄学问也就逐渐荒疏，终身只在忙"糊口"。这样一来，他们的个人生命就平平凡凡地溜过去，国家的文化学术和一切事业也就无从发展。还有一部分人因为生活的压迫和恶势力的引诱，由很可有为的青年腐化为土绅劣豪或贪官污吏，把原来读书人的一副面孔完全换过，为非作歹，恬不知耻，使社会上颓风恶习一天深似一天，教育的功用究竟在哪里呢？

想到这点，我感觉到很烦闷。就个人设想，像我这样教书的人把生命断送在粉笔屑中，眼巴巴地希望造就几个人才出来，得一点精神上的安慰，而年复一年地见到出学校门的学生们都朝一条平凡而暗淡的路径走，毫无补于文化的进展和社会的改善。这种生活有何意义？岂不是自误误人？其次，就国家民族的设想，在这严重的关头，性格已固定的一辈子人似已无大希望，可希望的只有少年英俊，国家耗费了许多人力和财力来培养成千成万的青年，也正是希望他们将来能担负国家民族的重任，而结果他们仍随着前一辈子人的覆辙走，前途岂不很暗淡？

青年们常欢喜把社会一切毛病归咎于站在台上的人们，其实在台上的人们也还是受过同样的教育，经过同样的青年阶段，他们也曾同样地埋怨过前一辈子人。由此类推，到我们这一辈子青年们上台时，很可能地仍为下一辈子青年们不满。今日有理想的青年到明日往往变成屈服于事实而抛弃理想的堕落者。章宗祥领导过留日青年，打过媚敌辱国的蔡钧，而这位章宗祥后来做了外交部长，签订了"二十一条"卖国条约。汪精卫投过炸弹，坐过牢，做过几十年的革命工作，而这位汪精卫现在做了敌人的傀儡、汉奸的领袖。许多青年们虽然没有走到这个极端，但投身社会之后，投降于恶势力的实比比皆是。这是一个很可伤心的现象。社会变来变去，而组成社会的人变相没有变质，社会就不会彻底地变好。这五六十年来我们天天在讲教育，教育对于人的质料似乎没有发生很好的影响。这一辈子人睁着眼睛蹈前一辈子人的覆辙，下一辈子人仍然睁着眼睛蹈这一辈子人的覆辙，如此循环辗转，一报还一报，"长夜漫漫何时旦"呢？

社会所属望最殷的青年们，这事实和问题是值得郑重考虑的！时光向前疾驶，毫不留情去等待人，一转眼青年便变成中年老年，一不留意便陷到许多中年人和老年人的厄运。这厄运是一部悲惨的三部曲。第一部是悬一个很高的理想，要改造社会；第二部是发现理想与事实的冲突，意志与社会恶势力相持不下；第三部便是理想消灭，意志向事实投降，没有改革社会，反被社会腐化。给它们一个简题，这是"追求""彷徨"和"堕落"。

青年们，这是一条死路。在你们的天真烂漫的头脑里，它的危险性也许还没有得到深切的了解，你们或许以为自己绝不会走上这条路。但是我相信：如果你们没有彻底的觉悟，不拿出强毅的意志力，不下艰苦卓绝的功夫，不做脚踏实地的准备，你们是不成问题地仍走上这条路。数十年之后，你们的生命和理想都毁灭了，社会腐败依然如故，又换了一批像你们一样的青年来，仍是改革不了社会。朋友们，我是过来人，这条路的可怕我并没有夸张，那是绝对不能再走的啊！

耶稣宣传他的福音，说只要普天众生转一个念头，把心地洗干净，一以仁爱为怀，人世就可立成天国。这理想简单到不能再简单，可是也深刻到不能再深刻。极简单的往往是正途大道，因为易为人所忽略，也往往最不易实现。本来是很容易的事而变成最难实现的，这全由于人的愚蠢、怯懦和懒惰。

世间事之难就难在人们不知道或是不能够转一个念头，或是转了念头而没有力量坚持到底。幸福的世界里绝没有愚蠢者、怯懦者和懒惰者的地位。你要合理地生存，你就要有觉悟、有决心、有奋斗的精神和能力。

"知难行易"，这觉悟一个起点是我们青年所最缺乏的。大家都似在鼓里过日子，闭着眼睛醉生梦死，放弃人类最珍贵的清醒的理性，降落到猪豚一般随人饲养，随人宰割。世间宁有这样痛心的事！青年们，目前只有一桩大事——觉悟——彻底地觉悟！你们正在做梦，需要一个晴天霹雳把你们震醒，把"觉悟"两字震到你们的耳里去。

"条条大路通罗马"。实现人生和改良社会都不必只有一条路径可走。每个人所走的路应该由他自己审度自然条件和环境需要，逐渐摸索出来，只要肯走，迟早总可以走到目的地。无论你走哪一条路，你都必定立定志向要做人；做现代的中国人，你必须有几个基本的认识。

一、时代的认识——人类社会进化逃不掉自然律。关于进化的自然律，科学家们有不同的看法。依达尔文派学者，生物常在生存竞争中，最适者生存，不适者即归淘汰。依克鲁泡特金，社会的维持和发展全靠各分子能分工互助，互助也是本于天性。这两种相反的主张产生了两种不同的国际政治理想。一种理想是拥护战争，生存既是一种竞争，而在竞争中又只有最适者可生存，则造就最适者与维持最适者都必靠战争，战争是文化进展的最强烈的刺激剂。另一种理想是拥护和平，战争只是破坏，在战争中人类尽量发挥残酷的兽性，愈残酷愈贪摧毁，愈不易团结，愈不易共存共荣；要文化发展，我们需要建设，建设需要互助，需要仁爱，也需要和平。这两种理想各有片面的真理，相反适以相成，不能偏废。我们的时代是竞争最激烈的时代，也是最需要互助的时代。竞争是事实而互助是理想。无论你竞争或是互助，你都要拿出本领来。在竞争中只有最适者才能生存，在互助中最不适者也不见得能坐享他人之成。所谓"最适"就是最有本领，近代的本领是学术思想，是技术，是组织力。无论是个人在国家社会中，或是民族在国际社会中，有了这些本领，才能和人竞争，也才能和人互助，否则你纵想苟且偷生，也必终归淘汰，自然铁律是毫不留情的。

二、国家民族现在地位的认识——我国数千年来闭关自守。固有的文化可以自给自足，而且四围诸国家民族的文化学术水准都比我们的低，不曾感到很严重的外来的威胁。从十九世纪以来，海禁大开，中国变成国际集团中的一分子，局面就陡然大变。我们现在遇到两重极严重的难关。第一，我们固有的文化学术不够应付现时代的环境。我们起初慑于西方科学与物质文明的威力，把固有的文化看得一文不值，主张全盘接受欧化；到现在所接受的还只是皮毛，毫不济事，情境不同，移植的树常不能开花结果，而且从两次大战与社会不安的状况看来，物质文明的误用也很危险，于是又有些人提倡固有文化，以为我们原来固有的全是对的。比较合理的大概是兼收并蓄，就中西两方成就截长补短，建设一种新的文化学术。但是文化学术须有长期的培养，不是像酵母菌可以一朝一夕制造出来的。我们从事于文化学术的人们能力都还太幼稚薄弱，还不配说建设。总之，我们旧的已去，新的未来，在这青黄不接的时候，我们和其他民族竞争或互助，几乎没有一套武器或工具在手里。这是一个极严重的局势。其次，我们现在以全副精力抗战建国。这两重工作中抗战是急需，是临时的；建国是根本，是长久的。我们的抗战已逼近最后的胜利。这是我们的空前的一个好机会，从此我们可以在国际社会中做一个光荣的分子，从此我们可以在历史上开一个新局面。但是这"可以"只是"可能"而不是"必然"，由"可能"变为"必然"，还需要比抗战更艰苦的努力。抗战后还有成千成万的问题亟待解决，有许多恶习积弊要洗清，有许多文化事业和生产事业要建设。我们试问，我们的人才准备能否很有效率地担负这些重大的工作呢？要不然，我们的好机会将一纵即逝，我们的许多光明希望将终成泡影。我们的青年对此须有清晰的认识，须急起直追，抓住好时机不放过。

三、个人对于国家民族的关系的认识——世界处在这个剧烈竞争的时代，国家民族处在这个一发千钧的关头，我们青年人所处的地位何如呢？有两个重要的前提我们必须认识清楚：

第一，国家民族如果没有出路，个人就决不会有出路；要替个人谋出路，必须先替国家民族谋出路。

第二，个人在社会中如果不能成为有力的分子，则个人无出路，国家民族也无出路。要个人在社会中成为有力的分子，必须有德有学有才，而德行学问才具都须经过艰苦的努力才可以得到。

以往我们青年的错误就在于对这两个前提毫无认识。大家都只为个人打算，全不替国家民族着想。我们忙着贪图个人生活的安定和舒适，不下工夫培养造福社会的能力，不能把自己所应该做的事做好，一味苟且敷衍，甚至用种种不正当的手段去求个人安富尊荣，钻营、欺诈、贪污，无所不至，这样一来，把社会弄得日渐腐败，国家弄得日渐贫弱。这是一条不能再走的死路，我已一再警告过。我们必须痛改前非，把一切自私的动机痛痛快快地斩除干净，好好地在国家民族的大前提上做工夫。我们须知道，我们事事不如人，归根究竟，还是我们的人不如人。现在要抬高国家民族的地位，我们每个人必须培养健全的身体、优良的品格、高深的学术和熟练的技能，把自己造成社会中一个有力的分子。

这是三个最基本的认识。我们必须有这些认识，再加以艰苦卓绝的精神去循序实行，到死不懈，我们个人，我们国家民族，才能踏上光明的大道。最后，我还须着重地说，我们需要彻底的觉悟。

作者简介

朱光潜（1897～1986），安徽桐城人。中国美学家、文艺理论家、教育家、翻译家。生前曾为北京大学一级教授、中国社会科学院学部委员、中国文学艺术界联合委员会委员、中国外国文学学会常务理事。

孩子

梁实秋

兰姆是终身未娶的，他没有孩子，所以他有一篇《未婚者的怨言》收在他的《伊利亚随笔》里。他说孩子没有什么稀奇，等于阴沟里的老鼠一样，到处都有，所以有孩子的人不必在他面前炫耀。他的话无论是怎样中肯，但在骨子里有一点酸——葡萄酸。

我一向不信孩子是未来世界的主人翁，因为我亲见孩子到处在做现在的主人翁。孩子活动的主要范围是家庭，而现代家庭很少不是以孩子为中心的。一夫一妻不能称为家，没有孩子的家像是一株不结果实的树，总缺点儿什么；必定等到小宝贝呱呱坠地，家庭的柱石才算放稳，男人开始做父亲；女人开始做母亲，大家才算找到各自的岗位。我问过一个并非"神童"的孩子："你妈妈是做什么的？"他说："给我缝衣的。""你爸爸呢？"小宝贝翻翻白眼："爸爸是看报的！"但是他随即更正说："是给我们挣钱的。"孩子的回答全对。爹妈全是在为孩子服务。母亲早晨喝稀饭，买鸡蛋给孩子吃；父亲早晨吃鸡蛋，买鱼肝油给孩子吃。最好的东西都要献呈给孩子，否则，做父母的心里便起惶恐，像是做了什么大逆不道的事一般。孩子的健康及其舒适，成为家庭一切设施的一个主要先决问题。这种风气，自古已然，于今为烈。自有小家庭制以来，孩子的地位顿形提高。以前的"孝子"是孝顺其父母之子，今之所谓"孝子"乃是孝顺其孩子之父母。孩子是一家之主，父母都要孝他！

"孝子"之说，并不偏激。我看见过不少的孩子，鼓噪起来能像一营兵；动起武来能像械斗；吃起东西来能像饿虎扑食；对于尊长宾客有如生番；不如意时撒泼打滚有如羊痫，玩得高兴时能把家具什物狼藉满室，有如惨遭洗劫……但是"孝子"式的父母则处之泰然，视若无睹，顶多皱起眉头，但皱不过三四秒钟仍复堆下笑容，危及父母的生存和体面的时候，也许要狠心咒骂几声，但那咒骂大部分是哀怨乞怜的性质，其中也许带一点威吓，但那威吓只能得到孩子的讪笑，因为那威吓是向来没有兑现过的。

"孟懿子问孝，子曰：'无违。'"今之"孝子"深韪是说。凡是孩子的意志，为父母者宜多方体贴，勿使稍受挫阻。

近代儿童教育心理学者又有"发展个性"之说，与"无违"之说正相符合。

体罚之制早已被人唾弃，以其不合儿童心理健康之故。我想起一个外国的故事：一个母亲带孩子到百货商店。经过玩具部，看见一匹木马，孩子一跃而上，前摇后摆，踌躇满志，再也不肯下来。那木马不是为出售的，是商店的陈设。店员们叫孩子下来，孩子不听；母亲叫他下来，加倍不听；母亲说带他吃冰淇淋去，依然不听；买朱古力糖去，格外不听。任凭许下什么愿，总是还你一个不听；当时演成僵局，顿呈胶着状态。最后一位聪明的店员建议说："我们何妨把百货商店特聘的儿童心理学家请来解围呢？"众谋赞同，于是把一位天生有教授面孔的专家从八层楼请了下来。专家问明原委，轻轻走到孩子身边，附耳低声说了一句话，那孩子便像触电一般，滚鞍落马，牵着母亲的衣裙，仓皇遁去。事后有人问那专家到底对孩子说的是什么话，那专家说："我说的是：'你若不下马，我打碎你的脑壳！'"

这专家真不愧为专家，但是颇有不孝之嫌。这孩子假如平常受惯了不兑现的体罚，威吓，则这专家亦将无所施其技了。约翰逊博士主张不废体罚，他以为体罚的妙处在于直截了当，然而约翰逊博士是十八世纪的人，不合时代潮流！

哈代有一首小诗，写孩子初生，大家誉为珍珠宝贝，稍长都夸作玉树临风，长成则为非作歹，终至于陈尸绞架。这老头子未免过于悲观。但是"幼有神童之誉，少怀大志，长而无闻，终乃与草木同朽"——这确是个可以普遍应用的公式。"小时聪明，大时未必了了。"究竟是知言，然而为父母者多属乐观。孩子才能骑木马，父母便幻想他将来指挥十万貔貅时之马上雄姿；孩子才把一曲抗战小歌哼得上口，父母便幻想着他将来喉声一啭彩声雷动时的光景；孩子偶然拨动算盘，父母便暗中揣想他将来或能掌握财政大权，同时兼营投机买卖……这种乐观往往形诸言语，成为炫耀，使旁观者有说不出的感想。

曾见一幅漫画：一个孩子跪在父亲的膝头用他的玩具敲打父亲的头，父亲眯着眼在笑，那表情像是在宣告："看看！我的孩子！多么活泼，多么可爱！"旁边坐着一位客人咧着大嘴做傻笑状，表示他在看着，而且感觉兴趣。这幅画的标题是：演剧术。一个客人看着别人家的孩子而能表示感兴趣，这真确实需要良好的"演剧术"。兰姆显然是不欢喜演这样的戏。

孩子中之比较最蠢，最懒，最刁，最泼，最丑，最弱，最不讨人欢喜的，往往最得父母的钟爱。此事似颇费解，其实我们应该记得《西游记》中唐僧为什么偏偏欢喜猪八戒。谚云：树大自直。意思是说孩子不需管教，小时恣肆些，大了自然会好。可是弯曲的小树，长大是否会直呢？我不敢说。

作者简介

梁实秋（1903～1987），原名梁治华，出生于北京，浙江杭县（今余杭）人。笔名子佳、秋郎、程淑等。中国著名的散文家、学者、文学批评家、翻译家，国内第一个研究莎士比亚的权威，曾与鲁迅等左翼作家笔战不断。一生留下了两千多万字的著作，其散文集创造了中国现代散文著作出版的最高纪录。代表作《莎士比亚全集》（译作）等。

儿女

朱自清

　　我现在已是五个儿女的父亲了。想起圣陶喜欢用的"蜗牛背了壳"的比喻，便觉得不自在。新近一位亲戚嘲笑我说："要剥层皮呢！"更有些悚然了。

　　十年前刚结婚的时候，在胡适之先生的《藏晖室札记》里，见过一条，说世界上有许多伟大的人物是不结婚的；文中并引培根的话："有妻子者，其命定矣。"当时确吃了一惊，仿佛梦醒一般；但是家里已是不由分说给娶了媳妇，又有甚么可说？现在是一个媳妇，跟着来了五个孩子；两个肩头上，加上这么重一副担子，真不知怎样走才好。"命定"是不用说了；从孩子们那一面说，他们该怎样长大，也正是可以忧虑的事。我是个彻头彻尾自私的人，做丈夫已是勉强，做父亲更是不成。自然"子孙崇拜"，"儿童本位"的哲理或伦理，我也有些知道；既做着父亲，闭了眼抹杀孩子们的权利，知道是不行。可惜这只是理论，实际上我是仍旧按照古老的传统，在野蛮地对付着，和普通的父亲一样。近来差不多是中年的人了，才渐渐觉得自己的残酷。想着孩子们受过的体罚和叱责，始终不能辩解——像抚摩着旧创痕那样，我的心酸溜溜的。有一回，读了有岛武郎《与幼小者》的译文，对那种伟大的、沉挚的态度，我竟流下泪来了。

　　去年父亲来信，问起阿九，那时阿九还在白马湖呢。信上说："我没有耽误你，你也不要耽误他才好。"我为这句话哭了一场。我为什么不像父亲的仁慈？我不该忘记，父亲怎样待我们来着！人性许真是二元的，我是这样矛盾；我的心像钟摆似的来去。

你读过鲁迅先生的《幸福的家庭》么？我的便是那一类的"幸福的家庭"！每天午饭和晚饭，就如两次潮水一般。先是孩子们你来他去地在厨房与饭间里查看，一面催我或妻发"开饭"的命令。急促繁碎的脚步，夹着笑和嚷，一阵阵袭来，直到命令发出为止。他们一递一个地跑着喊着，将命令传给厨房里的佣人；便立刻抢着回来搬凳子。于是这个说："我坐这儿！"那个说："大哥不让我！"大哥却说："小妹打我！"我给他们调解，说好话。但是他们有时候很固执，我有时候也不耐烦，这便用着叱责了；叱责还不行，不由自主地，我的沉重的手掌便到他们身上了。于是哭的哭，坐的坐，局面才算定了。接着可又你要大碗，他要小碗，你说红筷子好，他说黑筷子好；这个要干饭，那个要稀饭，要茶要汤，要鱼要肉，要豆腐，要萝卜；你说他菜多，他说你菜好。妻是照例安慰着他们，但这显然是太迂缓了。我是个暴躁的人，怎么等得及？不用说，用老法子将他们立刻征服了；虽然有哭的，不久也就抹着泪捧起碗了。吃完了，纷纷爬下凳子，桌上是饭粒呀，汤汁呀，骨头呀，渣滓呀，加上纵横的筷子，敧斜的匙子，就如一块花花绿绿的地图模型。

吃饭而外，他们的大事便是游戏。游戏时，大的有大主意，小的有小主意，各自坚持不下，于是争执起来；或者大的欺负了小的，或者小的竟欺负了大的，被欺负的哭着嚷着，到我或妻的面前诉苦；我大抵仍旧要用老法子来判断的，但不理的时候也有。最为难的，是争夺玩具的时候：这一个的与那一个的是同样的东西，却偏要那一个的；而那一个便偏不答应。在这种情形之下，不论如何，终于是非哭了不可的。这些事件自然不至于天天全有，但大致总有好些起。

我若坐在家里看书或写什么东西，管保一点钟里要分几回心，或站起来一两次的。若是雨天或礼拜日，孩子们在家的多，那么，摊开书竟看不下一行，提起笔也写不出一个字的事，也有过的。我常和妻说："我们家真是成日的千军万马呀！"有时是不但"成日"，连夜里也有兵马在进行着，在有吃乳或生病的孩子的时候！

我结婚那一年，才十九岁。二十一岁，有了阿九；二十三岁，又有了阿菜。那时我正像一匹野马，哪能容忍这些累赘的鞍鞯、辔头和缰绳？摆脱也知是不行的，但不自觉地时时在摆脱着。现在回想起来，那些日子，真苦了这两个孩子；真是难以宽宥的种种暴行呢！

阿九才两岁半的样子，我们住在杭州的学校里。不知怎地，这孩子特别爱哭，又特别怕生人。一不见了母亲，或来了客，就哇哇地哭起来了。学校里住着许多人，我不能让他扰着他们，而客人也总是常有的；我懊恼极了，有一回，特地骗出了妻，关了门，将他按在地下打了一顿。这件事，妻到现在说起来，还觉得有些不忍；她说我的手太辣了，到底还是两岁半的孩子！我近年常想着那时的光景，也觉黯然。

阿菜在台州，那是更小了；才过了周岁，还不大会走路。也是为了缠着母亲的缘故吧，我将她紧紧地按在墙角里，直哭喊了三四分钟；因此生了好几天病。妻说，那时真寒心呢！但我的苦痛也是真的。我曾给圣陶写信，说孩子们的折磨，实在无法奈何；有时竟觉着还是自杀的好。这虽是气愤的话，但这样的心情，确也有过的。

后来孩子是多起来了，磨折也磨折得久了，少年的锋棱渐渐地钝起来了；加以增长的年岁增长了理性的裁制力，我能够忍耐了——觉得从前真是一个"不成材的父亲"，如我给另一个朋友信里所说。但我的孩子们在幼小时，确比别人的特别不安静，我至今还觉如此。我想这大约还是由于我们抚育不得法；从前只一味地责备孩子，让他们代我们负起责任，却未免是可耻的残酷了！

正面意义的"幸福"，其实也未尝没有。正如谁所说，小的总是可爱，孩子们的小模样，小心眼儿，确有些教人舍不得的。阿毛现在五个月了，你用手指去拨弄她的下巴，或向她做趣脸，她便会张开没牙的嘴咯咯地笑，笑得像一朵正开的花。她不愿在屋里待着；待久了，便大声儿嚷。妻常说："姑娘又要出去溜达了。"她说她像鸟儿般，每天总得到外面溜一些时候。润儿上个月刚过了三岁，笨得很，话还没有学好呢。他只能说三四个字的短语或句子，文法错误，发音模糊，又得费力气说出；我们老是要笑他的。他说"好"字，总变成"小"字；问他"好不好"，他便说"小"，或"不小"。我们常常逗着他说这个字玩儿；他似乎有些觉得，近来偶然也能说出正确的"好"字了——特别在我们故意说成"小"字的时候。他有一只搪瓷碗，是一毛来钱买的；买来时，老妈子教给他："这是一毛钱。"他便记住"一毛"两个字，管那只碗叫"一毛"，有时竟省称为"毛"。这在新来的老妈子，是必需翻译了才懂的。他不好意思，或见着生客时，便咧着嘴痴笑；我们常用了土话，叫他做"呆瓜"。他是个小胖子，短短的腿，走起路来，蹒跚可笑；若快走或跑，便更"好看"了。他有时学我，将两手叠在背后，一摇一摆的；那是他自己和我们都要乐的。他的大姊便是阿菜，已是七岁多了，在小学校里念着书。在饭桌上，一定得啰啰唆唆地报告些同学或他们父母的事情；气喘喘地说着，不管你爱听不爱听。说完了总问我："爸爸认识吗？""爸爸知道吗？"妻常禁止她吃饭时说话，所以她总是问我。她的问题真多：看电影便问电影里的是不是人？是不是真人？怎么不说话？看照相也是一样。不知谁告诉她，兵是要打人的。她回来便问，兵是人吗？为什么打人？近来大约听了先生的话，回来又问张作霖的兵是帮谁的？蒋介石的兵是不是帮我们的？诸如此类的问题，每天短不了，常常闹得我不知怎样答才行。她和润儿在一处玩儿，一大一小，不很合适，老是吵着哭着。但合适的时候也有：譬如这个往床底下躲，那个便钻进去追着；这个钻出来，那个也跟着——从这个床到那个床，只听见笑着，嚷着，喘着，真如妻所说，像小狗似的。现在在京的，便只有这三个孩子；阿九和转儿是去年北来时，让母亲暂时带回扬州去了。

阿九是欢喜书的孩子。他爱看《水浒》《西游记》《三侠五义》《小朋友》等；没有事便捧着书坐着或躺着看。只不欢喜《红楼梦》，说是没有味儿。是的，《红楼梦》的味儿，一个十岁的孩子，哪里能领略呢？去年我们事实上只能带两个孩子来；因为他大些，而转儿是一直跟着祖母的，便在上海将他俩丢下。我清清楚楚记得那分别的一个早上。我领着阿九从二洋泾桥的旅馆出来，送他到母亲和转儿住着的亲戚家去。妻嘱咐说："买点儿吃的给他们吧。"我们走过四马路，到一家茶食铺里。阿九说要熏鱼，我给买了；又买了饼干，是给转儿的。便乘电车到海宁路。下车时，看着他的害怕与累赘，很觉恻然。到亲戚家，因为就要回旅馆收拾上船，只说了一两句话便出来；转儿望望我，没说什么，阿九是和祖母说什么去了。我回头看了他们一眼，硬着头皮走了。后来妻告诉我，阿九背地里向她说："我知道爸爸欢喜小妹，不带我上北京去。"其实这是冤枉的。他又曾和我们说："暑假时一定来接我啊！"我们当时答应着；但现在已是第二个暑假了，他们还在迢迢的扬州呆着。他们是恨着我们呢？还是惦着我们呢？妻是一年来老放不下这两个，常常独自暗中流泪；但我有什么法子呢！想到"只为家贫成聚散"一句无名的诗，不禁有些凄然。转儿与我较生疏些。但去年离开白马湖时，她也曾用了生硬的扬州话（那时她还没有到过扬州呢），和那特别尖的小嗓子向着我："我要到北京去。"她晓得什么北京，只跟着大孩子们说罢了；但当时听着，现在想着的我，却真是抱歉呢。这兄妹俩离开我，原是常事，离开母亲，虽也有过一回，这回可是太长了；小小的心儿，知道是怎样忍耐那寂寞来着！

我的朋友大概都是爱孩子的。少谷有一回写信责备我，说儿女的吵闹，也是很有趣的，何至可厌到如我所说；他说他真不解。子恺为他家华瞻写的文章，真是"蔼然仁者之言"。圣陶也常常为孩子操心：小学毕业了，到什么中学好呢？——这样的话，他和我说过两三回了。我对他们只有惭愧！可是近来我也渐渐觉着自己的责任。我想，第一该将孩子们团聚起来，其次便该给他们些力量。我亲眼见过一个爱儿女的人，因为不曾好好地教育他们，便将他们荒废了。他并不是溺爱，只是没有耐心去料理他们，他们便不能成材了。我想我若照现在这样下去，孩子们也便危险了。我得计划着，让他们渐渐知道怎样去做人才行。但是要不要他们像我自己呢？这一层，我在白马湖教初中学生时，也曾从师生的立场上问过丏尊，他毫不踌躇地说："自然啰。"近来与平伯谈起教子，他却答得妙："总不希望比自己坏啰。"是的，只要"不比自己坏"就行，"像"不"像"倒是不在乎的。职业、人生观等，还是由他们自己去定的好；自己顶可贵，只要指导，帮助他们去发展自己，便是极贤明的办法。

予同说："我们得让子女在大学毕了业，才算尽了责任。"SK[①]说："不然，要看我们的经济，他们的材质与志愿；若是中学毕了业，不能或不愿升学，便去做别的事，譬如做工人吧，那也并非不行的。"自然，人的好坏与成败，也不尽靠学校教育；说是非大学毕业不可，也许只是我们的偏见。在这件事上，我现在毫不能有一定的主意；特别是这个变动不居的时代，知道将来怎样？好在孩子们还小，将来的事且等将来吧。目前所能做的，只是培养他们基本的力量——胸襟与眼光；孩子们还是孩子们，自然说不上高的远的，慢慢从近处小处下手便了。这自然也只能先按照我自己的样子。"神而明之，存乎其人，"光辉也罢，倒霉也罢，平凡也罢，让他们各尽各的力去。我只希望如我所想的，从此好好地做一回父亲，便自称心满意。——想到那"狂人""救救孩子"的呼声，我怎敢不悚然自勉呢？

1928 年 6 月 24 日晚写毕，北京清华园

作者简介

朱自清（1898～1948），原名自华，号秋实，后改名自清，字佩弦。原籍浙江绍兴，出生于江苏省东海县（今连云港市东海县平明镇）。现代杰出的散文家、诗人、学者、民主战士。

---

① SK 代指人名。

假若我再上一次大学（节选）

季羡林

　　"假若我再上一次大学"，多少年来我曾反复思考过这个问题。我曾一度得到两个截然相反的答案：一个是最好不要再上大学，"知识越多越反动"，我实在心有余悸。一个是仍然要上，而且偏偏还要学现在学的这一套。后一个想法最终占了上风，一直到现在。

　　我的大学生活是比较长的：在中国念了四年，在德国哥廷根大学又念了五年，才获得学位。我在上面所说的"这一套"就是在国外学到的。我在国内时，对"这一套"就有兴趣。但苦无机会。到了哥廷根大学，终于找到了机会，我简直如鱼得水，到现在已经坚持学习了将近六十年。如果马克思不急于召唤我，我还要坚持学下去的。

　　如果想让我谈一谈在上大学期间我收获最大的是什么，那是并不困难的。在德国学习期间有两件事情是我毕生难忘的，这两件事都与我的博士论文有关联。

　　我想有必要在这里先谈一谈德国的与博士论文有关的制度。当我在德国学习的时候，德国并没有规定学习的年限。只要你有钱，你可以无限期地学习下去。德国有一个词儿是别的国家没有的，这就是"永恒的大学生"。德国大学没有空洞的"毕业"这个概念。只有博士论文写成，口试通过，拿到博士学位，这才算是毕了业。

写博士论文也有一个形式上简单而实则极严格的过程，一切决定于教授。在德国大学里，学术问题是教授说了算。德国大学没有入学考试，只要高中毕业，就可以进入任何大学。德国学生往往是先入几个大学，过了一段时间以后，自己认为某个大学、某个教授，对自己最适合，于是才安定下来，在一个大学，从某一位教授学习。先听教授的课，后参加他的研讨班。最后教授认为你"孺子可教"才会给你一个博士论文题目。再经过几年的努力，收集资料，写出论文提纲，经过教授过目。论文写成的年限没有规定，至少也要三四年，长则漫无限制。拿到题目，十年八年写不出论文，也不是稀见的事。所有这一切都决定于教授，院长、校长无权过问。写论文，他们强调一个"新"字，没有新见解，就不必写文章。见解不论大小，唯新是图。论文题目不怕小，就怕不新。我个人觉得，这是非常重要的一点。只有这样，学术才能"日日新"，才能有进步。否则满篇陈言，东抄西抄，饾饤拼凑，尽是冷饭，虽洋洋数十甚至数百万言，除了浪费纸张、浪费读者的精力以外，还能有什么效益呢？

我拿到博士论文题目的过程，基本上也是这样。我拿到了一个有关佛教混合梵语的题目。用了三年的时间，搜集资料，写成卡片，又到处搜寻有关图书，翻阅书籍和杂志，大约看了总有一百多种书刊。然后整理资料，使之条理化、系统化，写出提纲，最后写成文章。

我个人心里琢磨：怎样才能向教授露一手儿呢？我觉得那几千张卡片虽然抄写得好像蜜蜂采蜜，极为辛苦；然而却是干巴巴的，没有什么文采，或者无法表现文采。于是我想在论文一开始就写上一篇"导言"，这既能炫学，又能表现文采，真是一举两得的绝妙主意。我照此办理，费了很长的时间，写成一篇相当长的"导言"。我自我感觉良好，心里美滋滋的，认为教授一定会大为欣赏，说不定还会夸上几句哩。我先把"导言"送给教授看，回家做着美妙的梦。我等呀，等呀，终于等到教授要见我，我怀着走上领奖台的心情，见到了教授。然而结果却使我大吃一惊。教授在我的"导言"前画上了一个前括号，在最后画上了一个后括号，笑着对我说："这篇导言统统不要！你这里面全是华而不实的空话，一点新东西也没有！别人要攻击你，到处都是暴露点，一点儿防御也没有！"对我来说，这真如晴天霹雳，打得我一时说不上话来。但是，经过自己的反思，我深深地感觉到，教授这一棍打得好，我毕生受用不尽。

第二件事情是，论文完成以后，口试接着通过，学位拿到了手。论文需要从头到尾认真核对，不但要核对从卡片上抄入论文的篇、章、字、句，而且要核对所有引用过的书籍、报纸和杂志。要知道，在三年内，我从大学图书馆，甚至从柏林的普鲁士图书馆，借过大量的书籍和报刊，耗费了大量的时间。当时就感到十分烦腻。现在再在短期内，把这样多的书籍重新借上一遍，心里要多腻味就多腻味。然而老师的教导不能不遵行，只有硬着头皮，耐住性子，一本一本地借，一本一本地查。把论文中引用的大量出处重新核对一遍，不让它发生任何一点儿错误。

后来我发现，德国学者写好一本书或者一篇文章，在读校样的时候，都是用这种办法来一一仔细核对。一个研究室里的人，往往都参加看校样的工作。每人一份校样，也可以协议分工。他们是以集体的力量，来保证不出错误。这个法子看起来极笨，然而除此以外，还能有"聪明的"办法吗？德国书中的错误之少，是举世闻名的。有的极为复杂的书竟能一个错误都没有，连标点符号都包括在里面。读过校样的人都知道，能做到这一步，是非常非常不容易的。德国人为什么能做到呢？他们并非都是超人的天才，他们比别人高出一头的诀窍就在于他们的"笨"。我想改几句中国古书上的话："德国人其智可及也，其笨（愚）不可及也。"

反观我们中国的学术界，情况则颇有不同。在这里有几种情况。中国学者博闻强记，世所艳称，背诵的本领更令人吃惊。过去有人能背诵四书五经，据说还能倒背。写文章时，用不着去查书，顺手写出，即成文章。但是记忆力会时不时出点问题的，中国近代一些大学者的著作，若加以细致核对，也往往有引书出错的情况。这是出上乘的错。等而下之，作者往往图省事，抄别人的文章时，也不去核对，于是写出的文章经不起核对。这是责任心不强，学术良心不够的表现。还有更坏的就是胡抄一气。只要书籍文章能够印出，哪管它什么读者！名利到手，一切不顾。我国的书评工作又远远跟不上，即使发现了问题，也往往"为贤者讳"，怕得罪人，一声不吭。在我们当前的学术界，这种情况能说是稀少吗？我希望我们的学术界能痛改这种极端恶劣的作风。

我上了九年大学，在德国学习时，我自己认为收获最大的就是以上两点。也许有人会认为这卑之无甚高论。我不去争辩。我现在已年届耄耋，如果年轻的学人不弃老朽，问我有什么话要对他们讲，我就讲这两点。

1991 年 5 月写于北京大学

作者简介

李羡林（1911～2009），山东聊城市临清人，字希逋，又字齐奘。著名东方学大师、语言学家、文学家、国学家、佛学家、史学家、教育家和社会活动家。历任中国科学院哲学社会科学部委员、聊城大学名誉校长、北京大学副校长、中国社会科学院南亚研究所所长。

过几年吃苦生涯，树将来自立基础
【与思成书 1928 年 5 月 4 日】

梁启超

思成：

你的清华教授闻已提出评议会了，结果如何，两三天内当知道。此事全未得你同意，不过我碰有机会姑且替你筹划，你的主意何在？来信始终未提（因你来信太少，各事多不接头），论理学了工程回来当教书匠是一件极不经济的事，尤其是清华园，生活太舒服，容易消磨志气，我本来不十分赞成，朋友里头丁在君、范旭东都极反对，都说像你所学这门学问，回来后应该约人打伙办个小小的营业公司，若办不到，宁可在人家公司里当劳动者，积三两年经验打开一条生活新路。这些话诚然不错，以现在情形论，自组公司万难办到（恐必须亏本。亏本不要紧，只怕无本可亏。且一发手便做亏本营业，也易消磨志气）。你若打算过几年吃苦生涯，树将来自立基础，只有在人家公司里学徒弟（这种办法你附带着还可以跟着我做一两年学问也很有益），若该公司在天津，可以住在家里，或在南开兼些钟点。但这种办法为你们计，现在最不方便者是徽因不能迎养其母。若你得清华教授，徽因在燕大更得一职，你们目前生活那真合适极了（为我计，我不时到清华，住在你们那里也极方便）。只怕的是"晏安鸩毒"，把你们远大的前途耽误了。两方面利害相权，全要由你们自己决定。不过我看见有机会不能放过，姑且替你预备着一条路罢了。

东北大学事也有几分成功的希望，那边却比不上清华的舒服（徽因觅职较难），却有一样好处，那边是未开发的地方，在那边几年，情形熟悉后，将来或可辟一新路。只是目前要挨相当的苦。还有一样政局不定（这一着虽得清华也同有一样的危险），或者到那边后不到几个月便根本要将计划取消。

以上我只将我替你筹划的事报告一下，你们可以斟酌着定归国时日。

五月四日爹爹

作者简介

梁启超（1873～1929），字卓如，一字任甫，号任公，又号饮冰室主人、饮冰子、哀时客、中国之新民、自由斋主人。清朝光绪年间举人，中国近代思想家、政治家、教育家、史学家、文学家。戊戌变法（百日维新）领袖之一、中国近代维新派代表人物。

如何成为今天的我（节选）

梁漱溟

　　我无意中走上的路是怎么样一条路呢？就是我不知为何特别好用心思，我不知为什么便爱留心问题——问题不知如何走上我心来，请它出去，它亦不出去。大约从我十四岁就好用心思，到现在二十多年这期间内，总有问题占据在我的心里。虽问题有转变而前后非一，但半生中一时期都有一个问题没有摆脱，由此问题移入彼问题，由前一时期进到后一时期。从起初到今天，常常在研究解决问题，而解决不完，心思之用亦欲罢不能，只好由它如此。这就是我二十余年来所走的一条路。

　　大家要问为什么好用心思？为什么会有问题？这是我很容易感觉到事理之矛盾，很容易感觉到没有道理，或有两个以上的道理。当我觉出有两个道理的时候，我即失了主见，便不知要哪样才好。眼前著有了两个道理或更多的道理，心中便没了道理，很是不安，却又丢不开，如是就占住了脑海。我自己回想当初为什么好用心思，大概就是由于我易有这样的感觉吧。如果大家想做哲学家，似乎便应该有这种感觉才得有希望。更放宽范围说，或者许多学问都需要以这个为起点呢。

　　以下分八层来说明我走的一条路：

（一）因为肯用心思所以有主见

对一个问题肯用心思，便对这问题自然有了主见，亦即是在自家有判别。记得有名的哲学家詹姆士（James）仿佛曾说过一句这样的话："哲学上的外行，总不是极端派。"这是说胸无主见的人无论对于什么议论都点头，人家这样说他承认不错，人家那样说他亦相信有理。因他脑里原是许多杂乱矛盾未经整理的东西。两边的话冲突不相容亦模糊不觉，凡其人于哲学是外行的，一定如此。哲学家一定是极端的！什么是哲学的道理？就是偏见！有所见便想把这所见贯通于一切，而使成普遍的道理。因执于其所见而极端地排斥旁人的意见，不承认有二或二以上的道理。美其名曰主见亦可，斥之曰偏见亦可。实在岂但哲学家如此！何谓学问？有主见就是学问！遇一个问题到眼前来而茫然的便是没有学问！学问不学问，却不在读书之多少。哲学系的同学，生在今日，可以说是不幸。因为前头的东洋西洋上古近代的哲学家太多了，那些读不完的书，研寻不了的道理，很沉重地积压在我们头背上，不敢有丝毫的大胆量，不敢稍有主见。但如果这样，终究是没有办法的。大家还要有主见才行。那么就劝大家不要为前头的哲学家吓住，不要怕主见之不对而致不要主见。我们的主见也许是很浅薄，浅薄亦好，要知虽浅薄也还是我的。许多哲学家的哲学也很浅，就因为浅便行了。詹姆士的哲学很浅，浅所以就行了！胡适之先生的更浅，亦很行。因为这是他自己的，纵然不高深，却是心得，而亲切有味。所以说出来便能够动人，能动人就行了！他就能成他一派。大家不行，就是因为大家连浅薄的都没有。

（二）有主见乃感觉出旁人意见与我两样

要自己有了主见，才得有自己；有自己，才得有旁人——才得发觉得前后左右都有种种与我意见不同的人在。这个时候，你才感觉到种种冲突，种种矛盾，种种没有道理，又种种都是道理。于是就不得不有第二步的用心思。

学问是什么？学问就是学着认识问题。没有学问的人并非肚里没有道理、脑里没有理论，而是心里没有问题。要知必先看见问题，其次乃是求解答；问题且无，解决问题更何能说到。然而非能解决问题，不算有学问。我为现在哲学系同学诸君所最发愁的，便是将古今中外的哲学都学了，道理有了一大堆，问题却没有一个，简直成了莫可奈何的绝物。要求救治之方，只有自己先有主见，感觉出旁人意见与我两样，而触处皆是问题；憬然于道理之难言，既不甘随便跟着人家说，尤不敢轻易自信；求学问的生机才有了。

（三）此后看书听话乃能得益

大约自此以后乃可算会读书了。前人的主张，今人的言论，皆不致轻易放过，稍有与自己不同处，便知注意。而凡于自己所见愈亲切者，于旁人意见所在愈隔膜。不同，非求解决归一不可；隔膜，非求了解他不可。于是古人今人所曾用过的心思，我乃能发现而得到，以融取而收归于自己。所以最初的一点主见便是以后大学问的萌芽。从这点萌芽才可以吸收滋养料，而亦随在都有滋养料可得。有此萌芽向上才可以生枝发叶，向下才可以入土生根。待得上边枝叶扶疏，下边根深蒂固，学问便成了。总之，必如此才会用心，会用心才会读书；不然读书也没中用处。现在可以告诉大家一个看人会读书不会读书的方法：会读书的人说话时，他要说他自己的话，不堆砌名词，亦无事旁征博引；反之，一篇文里引书越多的一定越不会读书。

（四）学然后知不足

古人说"学然后知不足"，真是不错。只怕你不用心，用心之后就自知虚心了。自己当初一点见解之肤浅不足以解决问题，到此时才知道了。问题之不可轻谈，前人所看之高过我，天地间事理为我未及知者之尽多，乃打下了一向的粗心浮气。所以学问之进，不独见解有进境，逐有修正，逐有锻炼，而心思头脑亦锻炼得精密了，心气态度亦锻炼得谦虚了。而每度头脑态度之锻炼又皆还而于其见解之长进有至大关系。换言之，心虚思密实是求学的必要条件。学哲学最不好的毛病是说自家都懂。问你，柏拉图懂吗？懂。佛家懂吗？懂。儒家懂吗？懂。老子、阳明也懂；康德、罗素、柏格森……全懂得。说起来都像自家熟人一般。一按其实，则他还是他未经锻炼的思想见地；虽读书，未曾受益。凡前人心思曲折，经验积累，所以遗我后人者乃一无所承领，而贫薄如初。遇着问题，打起仗来，于前人轻致反对者固属隔膜可笑，而自谓宗主前人者亦初无所窥。此我们于那年科学与人生观的论战，所以有大家太不爱读书，太不会读书之叹也。而病源都在不虚心，自以为没什么不懂得的。殊不知，你若当真懂得柏拉图，你就等于柏拉图。若自柏拉图、佛、孔以迄罗素、柏格森数理生物之学都懂而兼通了，那么，一定更要高过一切古今中外的大哲了！所以我劝同学诸君，对于前人之学总要存一我不懂之意。人问柏拉图你懂？不懂。柏格森懂吗？不懂。阳明懂吗？不懂。这样就好了。从自己觉得不懂，就可以除去一切浮见，完全虚心先求了解他。这样，书一定被你读到了。

我们翻开《科学与人生观之论战》一看，可以感觉到一种毛病。什么毛病呢？科学派说反科学派所持见解不过如何如何，其实并不如此。因为他们自己头脑简单，却说人家头脑简单；人家并不如此粗浅，如此不通，而他看成人家是这样。他以为你们总不出乎此。于是他就从这里来下批评攻击。可以说是有意无意的栽赃。我从来的脾气与此相反。从来遇着不同的意见思想，我总疑心他比我高，疑心他必有为我所未及的见闻在，不然，他何以不和我做同样判断呢？疑心他必有精思深悟过乎我，不然，何以我所见如此而他乃如彼？我原是闻见最不广，知识最不够的人，聪明颖悟，自己看是在中人以上；然以视前人则远不逮，并世中高过我者亦尽多。与其说我是心虚，不如说我胆虚较为近实。然由此不敢轻量人，而人乃莫不资我益。因此我有两句话希望大家常常存记在心，第一，"担心他的出乎我之外"；第二，"担心我的出乎他之下"。有这担心，一定可以学得上进。《东西文化及其哲学》这本书就为了上面我那两句话而产生的。我二十岁的时候，先走入佛家的思想，后来又走到儒家的思想。因为自己非常担心的缘故，不但人家对佛家儒家的批评不能当作不看见，并且自己留心去寻看有多少对我的批评。总不敢自以为高明，而生恐怕是人家的道理对。因此要想方法了解西洋的道理，探求到根本，而谋一个解决。迨自己得到解决，便想把自己如何解决的拿出来给大家看，此即写那本书之由也。

（五）由浅入深便能以简御繁

归纳起第一、第二、第三、第四点，就是常常要有主见，常常看出问题，常常虚心求解决。这样一步一步的牵涉越多，范围越广，辨察愈密，追究愈深。这时候零碎的知识，段片的见解都没有了；在心里全是一贯的系统，整个的组织。如此，就可以算成功了。到了这时候，才能以简御繁，才可以学问多而不觉得多。凡有系统的思想，在心里都很简单，仿佛只有一两句话。凡是大哲学家皆没有许多话说，总不过一两句。很复杂很沉重的宇宙，在他手心里是异常轻松的——所谓举重若轻。学问家如说肩背上负着多沉重的学问，那是不对的；如说当初觉得有什么，现在才晓得原来没有什么，那就对了。其实，直仿佛没话可讲。对于道理越看得明透越觉得无甚话可说，还是一点不说的好。心里明白，口里讲不出来。反过来说，学问浅的人说话愈多，思想不清楚的人名词越多。把一个没有学问的人看见真要被他吓坏！其实道理明透了，名词便可用，可不用，或随意拾用。

（六）是真学问便有受用

有受用没受用仍就在能不能解决问题。这时对于一切异说杂见都没有摇惑，而身心通泰，怡然有以自得。如果外面或里面还有摆着解决不了的问题，那学问必是没到家。所以没有问题，因为他学问已经通了。因其有得于己，故学问可以完全归自己运用。假学问的人，学问在他的手里完全不会用。比方学武术的十八般武艺都学会了，表演起来五花八门很像个样。等到打仗对敌，叫他抡刀上阵，却拿出来的不是那个，而是一些幼稚的拙笨的，甚至本能的反射运动，或应付不了，跑回来搬请老师。这种情形在学术界里，多可看见。可惜一套武艺都白学了。

（七）旁人得失长短一望而知

这时候学问过程里面的甘苦都尝过了，再看旁人的见解主张，其中得失长短都能够看出来。这个浅薄，那个到家，这个是什么分数，那个是什么程度，都知道得很清楚；因为自己从前皆曾翻过身来，一切的深浅精粗的层次都经过。

（八）自己说出话来精巧透辟

每一句话都非常的晶亮透辟，因为这时心里没有一点不透的了。此思精理熟之象也。

现在把上面的话结束起来。如果大家按照我的方法去做功夫，虽天分较低的人，也不至于全无结果。盖学至于高明之域，诚不能不赖有高明之资。然但得心思剀切事理，而循此以求，不急不懈，持之以恒者，则祛俗解蔽，未尝不可积渐以进。而所谓高明正无奥义可言，亦不过俗祛蔽解之真到家者耳。此理，前人早开掘出以遗我，第苦后人不能领取。诚循此路，必能取益；能取益古人则亦庶几矣。

至于我个人，于学问实说不上。上述八层，前四层诚然是我用功的路径；后四层，往最好里说，亦不过庶几望见之耳——只是望见，非能实有诸己。少时妄想做事立功而菲薄学问；二三十岁稍有深思，亦殊草率；近年问题益转入实际的具体的国家社会问题上来。心思之用又别有在，若不如是不得心安者。后此不知如何，终恐草草负此生耳。

末了，我要向诸位郑重声明的：我始终不是学问中人，也不是事功中人。我想了许久，我是什么人？我大概是问题中人！

作者简介

梁漱溟（1893～1988），生于北京，祖籍广西桂林。原名焕鼎，字寿铭，漱溟是他的笔名之一。中国近代著名思想家、教育家、社会改造活动家，现代新儒家的早期代表人物之一。其主要著作有《东西方文化及其哲学》《乡村建设理论》《中国文化要义》及《人心与人生》等。

曾经那个不完美的我

　　大师亦不是完人，那些奇妙的逃课经历，那段象牙塔中难忘的回忆，曾经执教于他们的诸位先生，哪怕鬓染白霜此间回忆仍弥足珍贵。所选文章皆以大师的视角描绘其学生时代的故事，读来十分有趣又百感交集，让人不忍释卷。

我在清华大学念书的时候

季羡林

我少无大志，从来没有想到做什么学者。中国古代许多英雄，根据正史的记载，都颇有一些豪言壮语，什么"大丈夫当如是也"，什么"彼可取而代也"，又是什么"燕雀焉知鸿鹄之志哉"，真正掷地作金石声，令我十分敬佩，可我自己不是那种人。

在我读中学的时候，像我这种从刚能吃饱饭的家庭出身的人，唯一的目的和希望就是——用当时流行的口头语来说——能抢到一只"饭碗"。当时社会上只有三个地方能生产"铁饭碗"：一个是邮政局，一个是铁路局，一个是盐务稽核所。这三处地方都掌握在不同国家的帝国主义分子手中。在那半殖民地社会里，"老外"是上帝。不管社会多么动荡不安，不管"城头"多么"变幻大王旗"，"老外"是谁也不敢碰的。他们生产的"饭碗"是"铁"的，砸不破，摔不碎。只要一碗在手，好好干活，不违"洋"命，则终生会有饭吃，无忧无虑，成为羲皇上人。

我的家庭也希望我在高中毕业后能抢到这样一只"铁饭碗"。我不敢有违严命，高中毕业后曾报考邮政局。若考取后，可以当一名邮务生。如果勤勤恳恳，不出娄子，干上十年二十年，也可能熬到一个邮务佐，算是邮局里的一个芝麻绿豆大的小官了；就这样混上一辈子，平平安安，无风无浪。幸乎？不幸乎？我没有考上。大概面试的"老外"看我不像那样一块料，于是我名落孙山了。

在这样的情况下，我才报考了大学。北大和清华都录取了我。我同当时众多的青年一样，也想出国去学习，目的只在"镀金"，并不是想当什么学者。"镀金"之后，容易抢到一只饭碗，如此而已。在出国方面，我以为清华条件优于北大，所以舍后者而取前者。后来证明，我这一宝算是押中了。这是后事，暂且不提。

清华是当时两大名牌大学之一，前身叫留美预备学堂，是专门培养青年到美国去学习的。留美若干年镀过了金以后，回国后多为大学教授，有的还做了大官。在这些人里面究竟出了多少真正的学者，没有人做过统计，我不敢瞎说。同时并存的清华国学研究院，是一所很奇特的机构，仿佛是西装革履中一袭长袍马褂，非常不协调。然而在这个不起眼的机构里却有名闻宇内的四大导师：梁启超、王国维、陈寅恪、赵元任。另外有一名年轻的讲师李济，后来也成了大师，担任了台湾"中央研究院"的院长。这个国学研究院，与其说它是一所现代化的学堂，毋宁说它是一所旧日的书院。一切现代化学校必不可少的繁琐的规章制度，在这里似乎都没有。师生直接联系，师了解生，生了解师，真正做到了循循善诱，因材施教。虽然只办了几年，梁、王两位大师一去世，立即解体，然而所创造的业绩却是非同小可。我不确切知道究竟毕业了多少人，估计只有几十个人，但几乎全都成了教授，其中有若干位还成了学术界的著名人物。听史学界的朋友说，中国 20 世纪 30 年代后形成了一个学术派别，名叫"吾师派"，大概是由某些人写文章常说的"吾师梁任公""吾师王静安""吾师陈寅恪"等衍变而来的。从这一件小事也可以看到清华国学研究院在学术界影响之大。

吾生也晚，没有能亲逢国学研究院的全盛时期。我于 1930 年入清华时，留美预备学堂和国学研究院都已不再存在，清华改成了国立清华大学。清华有一个特点：新生投考时用不着填上报考的系名，录取后，再由学生自己决定入哪一个系；读上一阵，觉得不恰当，还可以转系。转系在其他一些大学中极为困难——比如说现在的北京大学，但在当时的清华，却真易如反掌。可是根据我的经验：世上万事万物都具有双重性。没有入系的选择自由，很不舒服；现在有了入系的选择自由，反而更不舒服。为了这个问题，我还真伤了点脑筋。系科盈目，左右掂量，好像都有点吸引力，究竟选择哪一个系呢？我一时好像变成了莎翁剧中的 Hamlet 碰到了 To be or not to be-That is the question。我是从文科高中毕业的，按理说，文科的系对自己更适宜。然而我却忽然一度异想天开，想入数学系，真是"可笑不自量"。经过长时间的考虑，我决定入西洋文学系（后改名外国语文系）。这一件事也证明我"少无大志"，我并没有明确的志向，想当哪一门学科的专家。

当时的清华大学的西洋文学系，在全国各大学中是响当当的名牌。原因据说是由于外国教授多，讲课当然都用英文，连中国教授讲课有时也用英文。用英文讲课，这可真不得了呀！只是这一条就能够发聋振聩，于是就名满天下了。我当时未始不在被振发之列，又同我那虚无缥缈的出国梦联系起来，我就当机立断，选了西洋文学系。

从 1930 年到现在，67 个年头已经过去了。所有的当年的老师都已经去世了。最后去世的一位是后来转到北大来的美国的温德先生，去世时已经活过了 100 岁。我现在想根据我在清华学习 4 年的印象，对西洋文学系做一点评价，谈一谈我个人的一点看法。我想先从古希腊找一张护身符贴到自己身上："吾爱吾师，吾尤爱真理。"有了这一张护身符，我就可以心安理得，能够畅所欲言了。

我想简略地实事求是地对西洋文学系的教授阵容做一点分析。我说"实事求是"，至少我认为是实事求是，难免有不同的意见，这就是平常所谓的"仁者见仁，智者见智"了。我先从系主任王文显教授谈起。他的英文极好，能用英文写剧本，没怎么听他说过中国话。他是莎士比亚研究的专家，有一本用英文写成的有关莎翁研究的讲义，似乎从来没有出版过。他隔年开一次莎士比亚的课，在堂上念讲义，一句闲话也没有。下课铃一摇，合上讲义走人。多少年来，都是如此。讲义是否随时修改，不得而知。据老学生说，讲义基本上不做改动。他究竟有多大学问，我不敢瞎说。他留给学生最深的印象是他充当冰球裁判时那种脚踏溜冰鞋似乎极不熟练的战战兢兢如履薄冰的神态。

现在我来介绍温德教授。他是美国人，怎样到清华来的，我不清楚。他教欧洲文艺复兴文学和第三年法语。他终身未娶，死在中国。据说他读的书很多，但没见他写过任何学术文章。学生中流传着有关他的许多轶闻趣事。他说，在世界上所有的宗教中，他最喜爱的是伊斯兰教，因为伊斯兰教的"天堂"很符合他的口味。学生中流传的轶闻之一就是：他身上穿着500块大洋买来的大衣（当时东交民巷外国裁缝店的玻璃橱窗中摆出一块呢料，大书"仅此一块"。被某一位冤大头买走后，第二天又摆出同样一块，仍然大书"仅此一块"。价钱比平常同样的呢料要贵上 5～10 倍），腋下夹着10块钱一册的《万人丛书》（Everyman's Library）（某一国的老外名叫 Vetch，在北京饭店租了一间铺面，专售西书。他把原有的标价剪掉，然后抬高四五倍的价钱卖掉），眼睛上戴着用80块大洋配好但把镜片装反了的眼镜，徜徉在水木清华的林荫大道上，昂首阔步，醉眼朦胧。

现在介绍翟孟生教授。他也是美国人，教西洋文学史。听说他原是清华留美预备学堂的理化教员。后来学堂撤销，改为大学，他就留在西洋文学系。他大概是颇为勤奋，确有著作，而且是厚厚的大大的巨册，在商务印书馆出版，书名叫 A Survey of European Literature。读了可以对欧洲文学得到一个完整的概念。但是，书中错误颇多，特别是在叙述某一部名作的故事内容中，时有张冠李戴之处。学生们推测，翟老师在写作此书时，手头有一部现成的欧洲文学史，又有一本 Story Book，讲一段文学发展的历史事实；遇到名著，则查一查 Story Book，没有时间和可能尽读原作，因此名著内容印象不深，稍一疏忽，便出讹误。不是行家出身，这种情况实在是难以避免的。我们不应苛责翟孟生老师。

现在介绍吴可读教授。他是英国人，讲授中世纪文学。他既无著作，也不写讲义。上课时他顺口讲，我们顺手记。究竟学到了些什么东西，我早已忘到九霄云外去了。他还讲授当代长篇小说一课。他共选了5部书，其中包括当时才出版不太久但已赫赫有名的《尤利西斯》和《追忆似水年华》。此外还有托马斯·哈代的《还乡》，吴尔芙和劳伦斯各一部。第一二部谁也不敢说完全看懂。我只觉迷离模糊，不知所云。根据现在的研究水平来看，我们的吴老师恐怕也未必能够全部透彻地了解。

现在介绍毕莲教授。她是美国人。我也不清楚她是怎样到清华来的。听说她在美国教过中小学。她在清华讲授中世纪英语，也是一无著作，二无讲义。她的拿手好戏是能背诵英国大诗人 Chaucer 的 Canterbury Tales 开头的几段。听老同学说，每逢新生上她的课，她就背诵那几段，背得滚瓜烂熟，先给学生一个下马威。以后呢？以后就再也没有什么新花样了。年轻的学生们喜欢品头论足，说些开玩笑的话。我们说：程咬金还能舞上三板斧，我们的毕老师却只能砍上一板斧。

下面介绍两位德国教授。第一位是石坦安，讲授第三年德语。不知道他的专长何在，只是教书非常认真，颇得学生的喜爱。此外我对他便一无所知了。第二位是艾克，字锷风。他算是我的业师，他教我第四年德文，并指导我的学士论文。他在德国拿到过博士学位，主修的好像是艺术史。他精通希腊文和拉丁文，偏爱德国古典派的诗歌，对于其名最初隐而不彰后来却又大彰的诗人薛德林（Holderlin）情有独钟，经常提到他。艾克先生教书并不认真，也不愿费力。有一次我们几个学生请他用德文讲授，不用英文。他便用最快的速度讲了一通，最后问我们：" Verstehen Sie etwas davon？"（你们听懂了什么吗？）我们瞠目结舌，敬谨答曰："No！"从此天下太平，再也没有人敢提用德文讲授的事。他学问是有的，曾著有一部厚厚的《宝塔》，是用英文写的，利用了很丰富的资料和图片，专门讲中国的塔。这一部书在国外汉学界颇有一些名气。他的另外一部专著是研究中国明代家具的，附了很多图表，篇幅也相当多。由此可见他的研究兴趣之所在。他工资极高，孤身一人，租赁了当时辅仁大学附近的一座王府，他就住在银安殿上，雇了几个听差和厨师。他收藏了很多中国古代名贵字画，坐拥画城，享受王者之乐。1946 年，我回到北京时，他仍在清华任教。此时他已成了家，夫人是一位中国女画家，年龄比他小一半，年轻貌美。他们夫妇请我吃过烤肉。北京一解放，他们就流落到夏威夷。艾锷风老师久已谢世，他的夫人还健在。

我在上面提到过，我的学士论文是在艾锷风老师指导下写成的，是用英文写的，题目是"The Early Poems of F. Holderlin"。英文原稿已经遗失，只保留下来了一份中文译文。一看这题目，就能知道是受到了艾先生的影响。现在回忆起来，我当时的德文水平不可能真正看懂薛德林的并不容易懂的诗句。当然，要说一点都不懂，那也不是事实。反正是半懂半不懂，囫囵吞枣，参考了几部《德国文学史》，写成了这一篇论文，分数是 E（excellent，优）。我年轻时并不缺少幻想力，这是一篇幻想力加学术探讨写成的论文。本章的题目是"学术研究的发轫阶段"。如果这就算学术研究的话，说它是"发轫"，也未尝不可。但是，这个"轫""发"得并不辉煌，里面并没有什么"天才的火花"。

现在再介绍西洋文学系的老师，先介绍吴宓（字雨僧）教授。他是美国留学生，是美国人文主义大师白璧德的弟子，在国内不遗余力地宣传自己老师的学说。他反对白话文，更反对白话文学。他联合了一些志同道合者，创办了《学衡》杂志，文章一律是文言。他自己也用文言写诗，后来出版了《吴宓诗集》。在中国文坛上，他属于右倾保守集团，没有什么影响。他给我们讲授两门课：一门是"英国浪漫诗人"，一门是"中西诗之比较"。在美国他入的是比较文学系。在中国，他是提倡比较文学的先驱者之一。但是，他在这方面的文章却几乎不见。就以我为例，"比较文学"这个概念当时并没有形成。如果真有文章的话，他并不缺少发表的地方，《学衡》和天津《大公报·文学副刊》都掌握在他手中。留给我印象最深的只是他那些连篇累牍的关于白璧德人文主义的论述文章。在"英国浪漫诗人"这一堂课上，我记得最清楚的是他让我们背诵那些浪漫诗人的诗句，有时候要背得很长很长。理论讲授我一点也回忆不起来了。在"中西诗之比较"

这一堂课上，除了讲点西方的诗和中国的古诗之外，关于理论我的回忆中也是一片空白。反之，最难忘的却是：他把自己一些新写成的旧诗也铅印成讲义，在堂上散发。他那有名的《空轩诗》就是在这种情况下发到我们手中的。雨僧先生生性耿直，古貌古心，却流传着许多"绯闻"。他似乎爱过追求过不少女士，最著名的一个是毛彦文。他曾有一首诗，开头两句是："吴宓苦爱〇〇〇，三洲人士共惊闻。"隐含在三个〇里面的人名，用押韵的方式呼之欲出。"三洲"指的是亚、欧、美。这虽是诗人的夸大，知道的人确实不少，这却是事实。他的《空轩诗》被学生在小报《清华周刊》上改写为打油诗，给他开了一个不大不小的玩笑。第一首的头两句被译成了"一见亚北貌似花，顺着秫秸往上爬"。"亚北"者，指一个姓欧阳的女生。关于这一件事，我曾在发表在香港《大公报·文学副刊》上的一篇谈叶公超先生的散文中写到过，这里不再重复。回头仍然讲吴先生的"中西诗之比较"这一门课。为这一门课我曾写过一篇论文，题目忘记了，是师命或者自愿，我也忘记了。内容依稀记得是把陶渊明同一位英国浪漫诗人相比较，当然不会比出什么东西来的。我最近几年颇在一些文章和谈话中，对比较文学的"无限可比性"有所指责。x 和 y，任何两个诗人或其他作家都可以硬拉过来一比，有人称之为"拉郎配"，是一个很形象的说法。焉知六十多年前自己就是一个"拉郎配"者或始作俑者。自己向天上吐的唾沫最终还是落到自己脸上，岂不尴尬也哉！然而这个事实我却无法否认。如果这样的文章也能算科学研究的"发轫"的话，我的发轫起点实在是很低的。但是，话又说了回来，在西洋文学系教授群中，讲真有学问的，雨僧先生算是一个。

下面介绍叶崇智（公超）教授。他教我们第一年英语，用的课本是英国女作家 Jane Austen 的《傲慢与偏见》。他的教学法非常离奇，一不讲授，二不解释，而是按照学生的座次——我先补充一句，学生的座次是并不固定的——从第一排右手起，每一个学生念一段，依次念下去。念多么长？好像也并没有一定之规，他一声令下：Stop！于是就 Stop 了。他问学生："有问题没有？"如果没有，就是邻座的第二个学生念下去。有一次，一个同学提了一个问题，他大声喝道："查字典去！"一声狮子吼，全堂愕然、肃然，屋里静得能听到彼此的呼吸声。从此天下太平，再没有人提任何问题了。就这样过了一年。公超先生英文非常好，对英国散文大概是很有研究的。可惜他惜墨如金，从来没见他写过任何文章。

在文坛上，公超先生大概属于新月派一系。他曾主编过——或者帮助编过一个纯文学杂志《学文》。我曾写过一篇散文《年》，送给了他。他给予这篇文章极高的评价，说我写的不是小思想、小感情，而是"人类普遍的意识"。他立即将文章送《学文》发表。这实出我望外，欣然自喜，颇有受宠若惊之感。为了表示自己的感激之情，兼怀有巴结之意，我写了一篇《我是怎样写起文章来的》送呈先生。然而，这次却大出我意料，狠狠地碰了一个钉子。他把我叫了去，铁青着脸，把原稿掷给了我，大声说道："我一个字都没有看！"我一时目瞪口呆，赶快拿着文章开路大吉。个中原因我至今不解。难道这样的文章只有成了名的作家才配得上去写吗？此文原稿已经佚失，我自己是自我感觉极为良好的。平心而论，我在清华 4 年，只写过几篇散文：《年》《黄昏》《寂寞》《枸杞树》，一直到今天，还是一片赞美声。清夜扪心，这样的文章我今天无论如何也写不出来了。我一生从不敢以作家自居，而只以学术研究者自命。然而具有讽刺意味的是：如果说我的学术研究起点很低的话，我的散文创作的起点应该说是不低的。

公超先生虽然一篇文章也不写，但是，他并非懒于动脑筋的人。有一次，他告诉我们几个同学，他正考虑一个问题：在中国古代诗歌中人的感觉——或者只是诗人的感觉的转换问题。他举了一句唐诗："静听松风寒。"最初只是用耳朵听，然而后来却变成了躯体的感受"寒"。虽然后来没见有文章写出，却表示他在考虑一些文艺理论的问题。当时教授与学生之间有明显的鸿沟：教授工资高，社会地位高，存在决定意识，由此就形成了"教授架子"这一个词儿。我们学生只是一群有待于到社会上去抢一只饭碗的碌碌青年。我们同教授们不大来往，路上见了面，也是望望然而去之，不敢用代替西方"早安"、"晚安"

一类的致敬词儿的"国礼"："你吃饭了吗？""你到哪里去呀？"去向教授们表示敬意。公超先生后来当了大官：台湾的"外交部长"。关于这一件事，我同我的一位师弟——一位著名的诗人有不同的看法。我曾在香港《大公报·文学副刊》上发表过的一篇文章中提到此事。此文上面已提到。

现在再介绍一位不能算是主要教授的外国女教授，她是德国人华兰德小姐，讲授法语。她满头银发，闪闪发光，恐怕已经有了一把子年纪，终身未婚。中国人习惯称之为"老姑娘"。也许正因为她是"老姑娘"，所以脾气有点变态。用医生的话说，可能就是迫害狂。她教一年级法语，像是教初小一年级的学生。后来我领略到的那种德国外语教学方法，她一点都没有。极简单的句子，翻来覆去地教，令人从内心深处厌恶。她脾气却极坏，又极怪，每堂课都在骂人。如果学生的卷子答得极其正确，让她无辫子可抓，她就越发生气，气得简直浑身发抖，面红耳赤，开口骂人，语无伦次。结果是把80%的学生全骂走了，只剩下我们五六个不怕骂的学生。我们商量"教训"她一下。有一天，在课堂上，我们一齐站起来，对她狠狠地顶撞了一番。大出我们所料，她屈服了。从此以后，天下太平，再也没有看到她撒野骂人了。她住在当时燕京大学南面军机处的一座大院子里，同一个美国"老姑娘"相依为命。二人合伙吃饭，轮流每人管一个月的伙食。在这一个月中，不管伙食的那一位就百般挑剔，恶毒咒骂。到了下个月，人变换了位置，骂者与被骂者也颠倒了过来。总之是每月每天必吵。然而二人却谁也离不开谁，好像吵架已经成了生活的必不可缺的内容。

我在上面介绍了清华西洋文学系的大概情况，绝没有一句谎言。中国古话：为尊者讳，为贤者讳。这道理我不是不懂。但是为了真理，我不能用撒谎来讳，我只能据实直说。我也绝不是说，西洋文学系一无是处。这个系能出像钱钟书和万家宝（曹禺）这样大师级的人物，必然有它的道理。我在这里无法详细推究了。

专就我个人而论，专从学术研究发轫这个角度上来看，我认为，我在清华4年，有两门课对我影响最大：一门是旁听而又因时间冲突没能听全的历史系陈寅恪先生的"佛经翻译文学"，一门是中文系朱光潜先生的"文艺心理学"，是一门选修课。这两门不属于西洋文学系的课程，我可万没有想到会对我终生产生了深刻而悠久的影响，决非本系的任何课程所能相比于万一。陈先生上课时让每个学生都买一本《六祖坛经》。我曾到今天的美术馆后面的某一座大寺庙里去购买此书。先生上课时，任何废话都不说，先在黑板上抄写资料，把黑板抄得满满的，然后再根据所抄的资料进行讲解分析；对一般人都不注意的地方提出崭新的见解，令人顿生石破天惊之感，仿佛酷暑饮冰，凉意遍体，茅塞顿开。听他讲课，简直是最高最纯的享受。这同他写文章的做法如出一辙。当时我对他的学术论文已经读了一些，比如《四声三问》等等。每每还同几个同学到原物理楼南边王静安先生纪念碑前，共同阅读寅恪撰写的碑文，觉得文体与流俗不同，我们戏说这是"同光体"。有时在路上碰到先生腋下夹着一个黄布书包，走到什么地方去上课，步履稳重，目不斜视，学生们都投以极其尊重的目光。

朱孟实（光潜）先生是北大的教授，在清华兼课。当时他才从欧洲学成归来。他讲"文艺心理学"，其实也就是美学。他的著作《文艺心理学》还没有出版，也没有讲义，他只是口讲，我们笔记。孟实先生的口才并不好，他不属于能言善辩一流，而且还似乎有点怕学生，讲课时眼睛总是往上翻，看着天花板上的某一个地方，不敢瞪着眼睛看学生。可他一句废话也不说，慢条斯理，操着安徽乡音很重的蓝青官话，讲着并不太容易理解的深奥玄虚的美学道理，句句仿佛都能钻入学生心中。他显然同鲁迅先生所说的那一类，在外国把老子或庄子写成论文让洋人吓了一跳，回国后却偏又讲康德、黑格尔的教授，完全不可相提并论。他深通西方哲学和当时在西方流行的美学流派，而对中国旧的诗词又极娴熟。所以在课堂上引东证西或引西证东，触类旁通，头头是道，毫无扞格牵强之处。我觉得，这才是真正的比较文学，比较诗学。这样的本领，在当时是凤毛麟角，到了今天，也不多见。他讲的许多理论，我终身难忘，比如 Lipps 的"感情移入说"，到现在我还认为是真理，不能更动。

陈、朱二师的这两门课，使我终生受用不尽。虽然我当时还没有敢梦想当什么学者，然而这两门课的内容和精神却已在潜移默化中融入了我的内心深处。如果说我的所谓"学术研究"真有一个待"发"的"韧"的话，那个"韧"就隐藏在这两门课里面。

我读一本小书同时又读一本大书

沈从文

　　我能正确记忆到我小时的一切，在两岁左右。我从小到四岁左右，始终健全肥壮如一只小豚。四岁时母亲一面告给我认方字，外祖母一面便给我糖吃，到认完六百生字时，腹中生了蛔虫，弄得黄瘦异常，只得每天用草药蒸鸡肝当饭。那时节我就已跟随了两个姐姐，到一个女先生处上学。那人既是我的亲戚，我年龄又那么小，过那边去念书，坐在书桌边读书的时节较少，坐在她膝上玩的时间或者较多。

　　到六岁时，我的弟弟方两岁，两人同时出了疹子。时正六月，日夜皆在吓人高热中受苦。又不能躺下睡觉，一躺下就咳嗽发喘。又不要人抱，抱时全身难受。我还记得我同我那弟弟两人当时皆用竹簟卷好，同春卷一样，竖立在屋中阴凉处。家中人当时业已为我们预备了两具小小棺木搁在院中廊下，但十分幸运，两人到后居然全好了。我的弟弟病后，家中特别为他请了一个壮实高大的苗妇人照料，照料得法，他便壮大异常。我因此一病，却完全改了样子，从此不再与肥胖为缘，成了个小猴儿精了。

　　六岁时我已单独上了私塾。如一般风气，凡是私塾中给予小孩子的虐待，我照样也得到了一份。但初上学时我因为在家中业已认字不少，记忆力从小又似乎特别好，故比较其余小孩，可谓十分幸福。第二年后换了一个私塾，在这私塾中我跟从了几个较大的学生，学会了顽劣孩子抵抗顽固塾师的方法，逃避那些书本去同一切自然相亲近。这一年的生活形成了我一生性格与感情的基础。我间或逃学，且一再说谎，掩饰我逃学应受的处罚。我的爸爸因这件事十分愤怒，有一次竟说若再逃学说谎，便当砍去我一个手指。我仍然不为这话所恐吓，机会一来时总不把逃学的机会轻轻放过。当我学会了用自己眼睛看世界一切，到不同社会中去生活时，学校对于我便已毫无兴味可言了。

我爸爸平时本极爱我，我曾经有一时还做过我那一家的中心人物。稍稍害点儿病时，一家人便睁着眼睛不睡眠，在床边服侍我，当我要谁抱时谁就伸出手来。家中那时经济情形还很好，我在物质方面所享受到的，比起一般亲戚小孩似乎都好得多。我的爸爸既一面只做将军的好梦，一面对于我却怀了更大的希望。他仿佛早就看出我不是个军人，不希望我做将军，却告诉我祖父的许多勇敢光荣的故事，以及他庚子年间所得的一份经验。他因为欢喜京戏，只想我学戏，做谭鑫培。他以为我不拘做什么事，总之应比做个将军高些。第一个赞美我明慧的就是我的爸爸。可是当他发现了我成天从塾中逃出到太阳底下同一群小流氓游荡，任何方法都不能拘束这颗小小的心，且不能禁止我狡猾地说谎时，我的行为实在伤了这个军人的心。同时那小我四岁的弟弟，因为看护他的苗妇人照料十分得法，身体养育得强壮异常，年龄虽小，便显得气派宏大，凝静结实，且极自重自爱，故家中人对我感到失望时，对他便异常关切起来。这小孩子到后来也并不辜负家中人的期望，二十二岁时便做了步兵上校。至于我那个爸爸，却在蒙古，东北，西藏，各地处军队中混过，民国二十年时还只是一个上校，在本地土著军队里做军医（后改为中医院长），把将军希望留在弟弟身上，在家乡从一种极轻微的疾病中便瞑目了。

我有了外面的自由，对于家中的爱护反觉处处受了牵制，因此家中人疏忽了我的生活时，反而似乎使我方便了一些。领导我逃出学塾，尽我到日光下去认识这大千世界微妙的光，稀奇的色，以及万汇百物的动静，这人是我一个张姓表哥。他开始带我到他家中橘柚园中去玩，到城外山上去玩，到各种野孩子堆里去玩，到水边去玩。他教我说谎，用一种谎话对付家中，又用另一种谎话对付学塾，引诱我跟他各处跑去。即或不逃学，学塾为了担心学童下河洗澡，每到中午散学时，照例必在每人手心中用朱笔写个大字，我们尚依然能够一手高举，把身体泡到河水中玩个半天。这方法也亏那表哥想出的。我感情流动而不凝固，一派清波给予我的影响实在不小。我幼小时较美丽的生活，大部分都同水不能分离。我的学校可以说是在水边的。我认识美，学会思索，水对我有较大的关系。我最初与水接近，便是那荒唐表哥领带的。

现在说来，我在做孩子的时代，原来也不是个全不知自重的小孩子。我并不愚蠢。当时在一班表兄弟中和弟兄中，似乎只有我那个哥哥比我聪明，我却比其他一切孩子懂事。但自从那表哥教会我逃学后，我便成为毫不自重的人了。在各样教训各样的方法管束下，我不欢喜读书的性情，从塾师方面，从家庭方面，从亲戚方面，莫不对于我感觉得无多希望。我的长处到那时只是种种的说谎。我非从学塾逃到外面空气下不可，逃学过后又得逃避处罚。我最先所学，同时拿来致用的，也就是根据各种经验来制作各种谎话。我的心总得为一种新鲜声音，新鲜颜色，新鲜气味而跳。我得认识本人生活以外的生活。我的智慧应当从直接生活上吸收消化，却不需从一本好书一句好话上学来。似乎就只这样一个原因，我在学塾中，逃学纪录点数，在当时便比任何一人都高。

离开私塾转入新式小学时，我学的总是学校以外的。到我出外自食其力时，我又不曾在职务上学好过什么，二十年后我"不安于当前事务，却倾心于现世光色，对于一切成例与观念皆十分怀疑，却常常为人生远景而凝眸"，这份性格的形成，便应当溯源于小时在私塾中逃学习惯。

自从逃学成习惯后，我除了想方设法逃学，什么也不再关心。

有时天气坏一点，不便出城上山里去玩，逃了学没有什么去处，我就一个人走到城外庙里去。本地大建筑在城外计三十来处，除了庙宇就是会馆和祠堂。空地广阔，因此均为小手工业工人所利用。那些庙里总常常有人在殿前廊下绞绳子，织竹簟，做香，我就看他们做事。有人下棋，我看下棋。有人打拳，我看打拳。甚至于相骂，我也看着，看他们如何骂来骂去，如何结果。因为自己既逃学，走到的地方必不能有熟人，所到的必是较远的庙里。到了那里，既无一个熟人，因此什么事都只好用耳朵去听，眼睛去看，直到看无可看听无可听时，我便应当设计打量我怎么回家去的方法了。

来去学校我得拿一个书篮。内中有十多本破书，由《包句杂志》、《幼学琼林》到《论语》、《诗经》、《尚书》通常得背诵。分量相当沉重。逃学时还把书篮挂到手肘上，这就未免太蠢了一点。凡这么办的可以说是不聪明的孩子。许多这种小孩子，因为逃学到各处去，人家一见就认得出，上年纪一点的人见到时就会说："逃学的，赶快跑回家挨打去，不要在这里玩。"若无书篮可不会受这种教训。因此我们就想出了一个方法，把书篮寄存到一个土地庙里去。那地方无一个人看管，但谁也用不着担心他的书篮。小孩子对于土地神全不缺少必需的敬畏，都信托这木偶，把书篮好好地藏到神座龛子里去，常常同时有五个或八个，到时却各人把各人的拿走，谁也不会乱动旁人的东西。我把书篮放到那地方去，次数是不能记忆了的，照我想来，次数最多的必定是我。

逃学失败被家中学校任何一方面发觉时，两方面总得各挨一顿打。在学校得自己把板凳搬到孔夫子牌位前，伏在上面受笞。处罚过后还要对孔夫子牌位作一揖，表示忏悔。有时又常常罚跪至一炷香时间。我一面被处罚跪在房中的一隅，一面便记着各种事情，想象恰好生了一对翅膀，凭经验飞到各样动人事物上去。按照天气寒暖，想到河中的鳜鱼被钓起离水以后拨剌的情形，想到天上飞满风筝的情形，想到空山中歌呼的黄鹂，想到树木上累累的果实。由于最容易神往到种种屋外东西上去，反而常把处罚的痛苦忘掉，处罚的时间忘掉，直到被唤起以后为止，我就从不曾在被处罚中感觉过小小冤屈。那不是冤屈。我应感谢那种处罚，使我无法同自然接近时，给我一个练习想象的机会。

家中对这件事自然照例不大明白情形，以为只是教师方面太宽的过失，因此又为我换一个教师。我当然不能在这些变动上有什么异议。现在说来，我倒又得感谢我的家中。因为先前那个学校比较近些，虽常常绕道上学，终不是个办法，且因绕道过远，把时间耽误太久时，无可托词。现在的学校可真很远很远了，不必包绕偏街，我便应当经过许多有趣味的地方了。从我家中到那个新的学塾里去时，路上我可看到针铺门前永远必有一个老人戴了极大的眼镜，低下头来在那里磨针。又可看到一个伞铺，大门敞开，做伞时十几个学徒一起工作，尽人欣赏。又有皮靴店，大胖子皮匠，天热时总腆出一个大而黑的肚皮（上面有一撮毛！）用夹板上鞋。又有剃头铺，任何时节总有人手托一个小小木盘，呆呆地在那里尽剃头师傅刮头。又可看到一家染坊，有强壮多力的苗人，踹在凹形石碾上面，站得高高的，手扶着墙上横木，偏左偏右地摇荡。又有三家苗人打豆腐的作坊，小腰白齿头包花帕的苗妇人，时时刻刻口上都轻声唱歌，一面引逗缚在身背后包单里的小苗人，一面用放光的红铜勺舀取豆浆。我还必须经过一个豆粉作坊，远远地就可听到骡子推磨隆隆的声音，屋顶棚架上晾满白粉条。我还得经过一些屠户肉案桌，可看到那些新鲜猪肉砍碎时尚在跳动不止。我还得经过一家扎冥器出租花轿的铺子，有白面无常鬼，蓝面阎罗王，鱼龙，轿子，金童玉女。每天且可以从他那里看出有多少人接亲，有多少冥器，那些订做的作品又成就了多少，换了些什么式样。并且还常常停顿下来，看他们贴金敷粉，涂色，一站许久。

我就欢喜看那些东西，一面看一面明白了许多事情。

每天上学时，我照例手肘上挂了那个竹书篮，里面放十多本破书。在家中虽不敢不穿鞋，可是一出了大门，即刻就把鞋脱下拿到手上，赤脚向学校走去。不管如何，时间照例是有多余的，因此我总得绕一节路玩玩。若从西城走去，在那边就可看到牢狱，大清早若干人戴了脚镣从牢中出来，派过衙门去挖土。若从杀人处走过，昨天杀的人还没有收尸，一定已被野狗把尸首咂碎或拖到小溪中去了，就走过去看看那个糜碎了的尸体，或拾起一块小小石头，在那个污秽的头颅上敲打一下，或用一木棍去戳戳，看看会动不会动。若还有野狗在那里争夺，就预先拾了许多石头放在书篮里，随手一一向野狗抛掷，不再过去，只远远地看看，就走开了。

既然到了溪边，有时候溪中涨了小小的水，就把裤管高卷，书篮顶在头上，一只手扶着，一只手照料裤子，在沿了城根流去的溪水中走去，直到水深齐膝处为止。学校在北门，我出的是西门，又进南门，再绕从城里大街一直走去。在南门河滩方面我还可以看一阵杀牛，机会好时恰好正看到那老实可怜畜牲被放倒的情形。因为每天可以看一点点，杀牛的手续同牛内脏的位置，不久也就被我完全弄清楚了。再过去一点就是边街，有织簟子的铺子，每天任何时节皆有几个老人坐在门前小凳子上，用厚背的钢刀破篾，有两个小孩子蹲在地上织簟子。（这种事在学校门边也有，我对于这一行手艺所明白的种种，现在说来似乎比写字还在行。）又有铁匠铺，制铁炉同风箱皆占据屋中，大门永远敞开着，时间即或再早一些，也可以看到一个小孩子两只手拉着风箱横柄，把整个身子的分量前倾后倒，风箱于是就连续发出一种吼声，火炉上便放出一股臭烟同红光。待到把赤红的热铁拉出搁放到铁砧上时，这个小东西，赶忙舞动细柄铁锤，把铁锤从身背后扬起，在身面前落下，火花四溅地一下一下打着。有时打的是一把刀，有时打的是一件农具。有时看到的又是这个小学徒跨在一条大板凳上，用一把凿子在未淬水的刀上起去铁皮，有时又是把一条薄薄的钢片嵌进熟铁里去。日子一多，关于任何一件铁器的制造秩序，我也不会弄错了。边街又有小饭铺，门前有个大竹筒，插满了用竹子削成的筷子。有干鱼同酸菜，用钵头装满放在门前柜台上，引诱主顾上门，意思好像是说："吃我，随便吃我，好吃！"每次我总仔细看看，真所谓"过屠门而大嚼"，也过了瘾。

我最欢喜天上落雨，一落了小雨，若脚下穿的是布鞋，即或天气正当寒冬腊月，我也可以用恐怕湿却鞋袜为辞，有理由即刻脱下鞋袜赤脚在街上走路。但最使人开心的事，还是落过大雨以后，街上许多地方已被水所浸没，许多地方阴沟中涌出水来，在这些地方照例常常有人不能过身，我却赤着两脚故意向深水中走去。若河中涨了大水，照例上游会漂流的有木头，家具，南瓜同其他东西，就赶快到横跨大河上的桥上去看热闹。桥上必已经有人用长绳系定了自己的腰身，在桥头上呆着，注目水中，有所等待。看到有一段大木或一件值得下水的东西浮来时，就踊身一跃，骑到那树上，或傍近物边，把绳子缚定，自己便快快地向下游岸边泅去。另外几个在岸边的人把水中人援助上岸后，就把绳子拉着，或缠绕到大石上大树上去，于是第二次又有第二人来在桥头上等候。我欢喜看人在洄水里扳罾，巴掌大的活鲫鱼在网中蹦跳。一涨了水，照例也就可以看这种有趣味的事情。照家中规矩，一落雨就得穿上钉鞋，我可真不愿意穿那种笨重钉鞋。虽然在半夜时有人从街巷里过身，钉鞋声音实在好听，大白天对于钉鞋，我依然毫无兴味。

若在四月落了点小雨，山地里田塍上各处都是蟋蟀声音，真使人心花怒放。在这些时节，我便觉得学校真没有意思，简直坐不住，总得想方设法逃学上山去捉蟋蟀。有时没有什么东西安置这小东西，就走到那里去，把第一只捉到手后又捉第二只，两只手各有一只后，就听第三只。本地蟋蟀原分春秋二季，春季的多在田间泥里草里，秋季的多在人家附近石罅里瓦砾中，如今既然这东西只在泥层里，故即或两只手心各有一只小东西后，我总还可以想方设法把第三只从泥土中赶出，看看若比手中的大些，即开释了手中所有，捕捉新的，如此轮流换去，一整天方捉回两只小虫。城头上有白色炊烟，街巷里有摇铃铛卖煤油的声音，约当下午三点左右时，赶忙走到一个刻花板的老木匠那里去，很兴奋地同那木匠说："师傅师傅，今天可捉了大王来了！"

那木匠便故意装成无动于衷的神气，仍然坐在高凳上玩他的车盘，正眼也不看我地说："不成，要打得赌点输赢！"

我说："输了替你磨刀成不成？"

"嗨，够了，我不要你磨刀，你哪会磨刀！上次磨凿子还磨坏了我的家伙！"

这不是冤枉我，我上次的确磨坏了他一把凿子。不好意思再说磨刀了，我说："师傅，那这样办法，你借给我一个瓦盆子，让我自己来试试这两只谁能干些好不好？"我说这话时真怪和气，为的是他以逸待劳，若不允许我还是无办法。

那木匠想了想，好像无可奈何才让步的样子。"借盆子得把战败的一只给我，算作租钱。"

我满口答应："那成，那成。"

于是他方离开车盘，很慷慨地借给我一个泥罐子，顷刻之间我就只剩下一只蟋蟀了。这木匠看看我捉来的虫还不坏，必向我提议："我们来比比，你赢了，我借你这泥罐一天；你输了，你把这蟋蟀输给我，办法公平不公平？"我正需要那么一个办法，连说"公平，公平"，于是这木匠进去了一会儿，拿出一只蟋蟀来同我的斗，不消说，三五回合我的自然又败了。他的蟋蟀照例却常常是我前一天输给他的。那木匠看看我有点颓丧，明白我认识那只小东西，担心我生气时一摔，一面赶忙收拾盆罐，一面带着鼓励我的神气笑笑地说："老弟，老弟，明天再来，明天再来！你应当捉好的来，走远一点。明天来，明天来！"

我什么话也不说，微笑着，出了木匠的大门，空手回家了。

这样一整天在为雨水泡软的田塍上乱跑，回家时常常全身是泥，家中当然一望而知，于是不必多说，沿老例跪一炷香，罚关在空房子里，不许哭，不许吃饭。等一会儿我自然可以从姐姐方面得到充饥的东西。悄悄地把东西吃下以后，我也疲倦了，因此空房中即或再冷一点，老鼠来去很多，一会儿就睡着，再也不知道如何上床的事了。

即或在家中那么受折磨，到学校去时又免不了补挨一顿板子，我还是在想逃学时就逃学，绝不为经验所恐吓。

有时逃学又只是到山上去偷人家园地里的李子枇杷，主人拿着长长的竹竿大骂着追来时，就飞奔而逃，逃到远处一面吃那个赃物，一面还唱山歌气那主人，总而言之，人虽小小的，两只脚却跑得很快，什么茨棚里钻去也不在乎，要捉我可捉不到，就认为这种事很有趣味。

可是只要我不逃学，在学校里我是不至于像其他那些人受处罚的。我从不用心念书，但我从不在应当背诵时节无法对付。许多书总是临时来读十遍八遍，背诵时节却居然朗朗上口，一字不遗。也似乎就由于这份小小聪明，学校把我同一般同学一样待遇，更使我轻视学校。家中不了解我为什么不想上进，不好好地利用自己的聪明用功，我不了解家中为什么只要我读书，不让我玩。我自己总以为读书太容易了点，把认得的字记记那不算什么稀奇。最稀奇处应当是另外那些人，在他那份习惯下所做的一切事情。为什么骡子推磨时得把眼睛遮上？为什么刀得烧红时在水里一淬方能坚硬？为什么雕佛像的会把木头雕成人形，所贴的金那么薄又用什么方法做成？为什么小铜匠会在一块铜板上钻那么一个圆眼，刻花时刻得整整齐齐？这些古怪事情太多了。

我生活中充满了疑问，都得我自己去找寻解答。我要知道的太多，所知道的又太少，有时便有点发愁。就为的是白日里太野，各处去看，各处去听，还各处去嗅闻，死蛇的气味，腐草的气味，屠户身上的气味，烧碗处土窑被雨以后放出的气味，要我说来虽当时无法用言语去形容，要我辨别却十分容易。蝙蝠的声音，一只黄牛当屠户把刀剚进它喉中时叹息的声音，藏在田塍土穴中大黄喉蛇的鸣声，黑暗中鱼在水面拨剌的微声，全因到耳边时分量不同，我也记得那么清清楚楚。因此回到家里时，夜间我便做出无数稀奇古怪的梦。这些梦直到将近二十年后的如今，还常常使我在半夜时无法安眠，既把我带回到那个"过去"的空虚里去，也把我带往空幻的宇宙里去。

在我面前的世界已够宽广了，但我似乎还得要一个更宽广的世界。我得用这方面得到的知识证明那方面的疑问。我得从比较中知道谁好谁坏。我得看许多业已由于好询问别人，以及好自己幻想所感觉到的世界上的新鲜事情，新鲜东西。结果能逃学时我逃学，不能逃学我就只好做梦。

照地方风气说来，一个小孩子野一点的，照例也必须强悍一点，才能各处跑去。因为一出城外，随时都会有一样东西突然扑到你身边来，或是一条凶恶的狗，或是一个顽劣的人。无法抵抗这点袭击，就不容易各处自由放荡。一个野一点的孩子，即或身边不必时时刻刻带一把小刀，也总得带一削尖的竹块，好好地插到裤带上，遇机会到时，就取出来当作武器。尤其是到一个离家较远的地方去看木傀儡戏，不准备厮杀一场简直不成。你能干点，单身往各处去，有人挑战时，还只是一人近你身边来恶斗。若包围到你身边的顽童人数极多，你还可挑选同你精力相差不大的一人，你不妨指定其中一个说："要打吗？你来，我同你来。"

到时也只那一个人拢来。被他打倒，你活该，只好伏在地上尽他压着痛打一顿。你打倒了他，他活该，把他揍够后你可以自由走去，谁也不会追你，只不过说句"下次再来"罢了。

可是你根本上若就十分怯弱，即或结伴同行，到什么地方去时，也会有人特意挑出你来殴斗。应战你得吃亏，不答应你得被仇人与同伴两方面奚落，顶不经济。

感谢我那爸爸给了我一份勇气，人虽小，到什么地方去我总不害怕。到被人围上必须打架时，我能挑出那些同我不差多少的人来，我的敏捷同机智，总常常占点上风。有时气运不佳，不小心被人摔倒，我还会有方法翻身过来压到别人身上去。在这件事上我只吃过一次亏，不是一个小孩，却是一条恶狗，把我攻倒后，咬伤了我一只手。我走到任何地方去都不怕谁，同时因换了好些私塾，各处皆有些同学，大家既都逃过学，便有无数朋友，因此也不会同人打架了。可是自从被那条恶狗攻倒过一次以后，到如今我却依然十分怕狗。（有种两脚狗我更害怕，对付不了。）

至于我那地方的大人，用单刀、扁担在大街上决斗本不算回事。事情发生时，那些有小孩子在街上玩的母亲，只不过说："小杂种，站远一点，不要太近！"嘱咐小孩子稍稍站开点儿罢了。本地军人互相砍杀虽不出奇，行刺暗算却不作兴。这类善于殴斗的人物，有军营中人，有哥老会中老么，有好打不平的闲汉，在当地另成一帮，豁达大度，谦卑接物，为友报仇，爱义好施，且多非常孝顺。但这类人物为时代所陶冶，到民五以后也就渐渐消灭了。

虽有些青年军官还保存那点风格，风格中最重要的一点洒脱处，却为了军纪一类影响，大不如前辈了。

我有三个堂叔叔两个姑姑都住在城南乡下，离城四十里左右。那地方名黄罗寨，出强悍的人同猛鸷的兽。我爸爸三岁时在那里差一点被老虎咬去。

我四岁左右，到那里第一天，就看见四个乡下人抬了一只死老虎进城，给我留下极深刻的印象。

我还有一个表哥，住在城北十里地名长宁哨的乡下，从那里再过去十里便是苗乡。表哥是一个紫色脸膛的人，一个守碉堡的战兵。我四岁时被他带到乡下去过了三天，二十年后还记得那个小小城堡黄昏来时鼓角的声音。

这战兵在苗乡有点威信，很能喊叫一些苗人。每次来城时，必为我带一只小斗鸡或一点别的东西。一来为我说苗人故事，临走时我总不让他走。我欢喜他，觉得他比乡下叔父能干有趣。

作者简介

沈从文（1902～1988），作家、历史文物研究家。原名沈岳焕，笔名休芸芸、甲辰、上官碧、璇若等，乳名茂林，字崇文。14岁时，他投身行伍，浪迹湘川黔边境地区。1924年开始文学创作，撰写出版了《长河》、《边城》等小说，1931年至1933年在青岛大学任教。抗战爆发后到西南联大任教，1946年回到北京大学任教，建国后在中国历史博物馆和中国社会科学院历史研究所工作，主要从事中国古代历史的研究，1988年病逝于北京。

康奈尔大学的学生生活

胡适

与不同种族和不同信仰人士的接触

今天我想谈谈我在美国留学的各方面。这些大半都是与 20 世纪 10 年代——尤其是自 1910 年到 1917 年间——美国学生界，有关家庭、宗教、政治生活和国际思想诸方面的事情。由一个在当时思想和训练都欠成熟的中国学生来观察这些方面的美国生活，当然不是一件容易的事情。

现在我们都知道，中国学生大批来美留学，实是 1909 年所设立的"庚款奖学金"以后才开始的。原来美国国会于 1908 年通过一条法案，决定退回中国在 1901 年（庚子）为八国联军赔款的余额——换言之，即美国扣除义和拳之乱中所受的生命财产等实际损失（和历年应有的利息）以后的额外赔款。

美国决定退还赔款之后，中国政府乃自动提出利用此退回的款项，作为派遣留美学生的学杂费。经过美国政府同意之后，乃有庚款的第一批退款。1924 年，美国国会二度通过同样法案，乃有庚款的第二次退款。这样才成立了"中华教育文化基金会"——简称"中华基金会"。这当然又是另一件事了。

由于庚款的第一批退款，经过中美两国政府交换说帖之后，乃有第一批所谓"庚款留学生"赴美留学。第一届的四十七人之中包括后来的清华大学校长梅贻琦，以及其他后来在中国科技界很有建树的许多专家。第二届七十人是1910年在北京考选的，然后保送赴美进大学深造。另外还有备取七十人，则被录入于1910年至1911年间所成立的"清华学校"，作为留美预备班。

我就是第二届第一批考试及格的七十人之一。所以，1910年至1911年间也是中国政府大批保送留学生赴美留学的一年。抵美之后，这批留学生乃由有远见的美国人士如北美基督教青年会协会主席约翰·穆德（John R. Mott）等人加以接待。多年以后，当洛克菲勒基金会拨款捐建那远近驰名的纽约的"国际学社"（International House）时，穆德的儿子便是该社的执行书记。我特地在此提出说明这个国际精神，并未中断。

像穆德这样的美国人，他们深知这样做实在是给予美国最大的机会，来告诉中国留学生，受美国教育的地方不限于课堂、实验室和图书馆等处，更重要的和更基本的还是在美国生活方式和文化方面去深入体会。因而通过这个协会，他们号召美国各地其他的基督教领袖和基督教家庭，也以同样方式接待中国留学生，让他们知道美国基督教家庭的家庭生活的实际状况；也让中国留学生接触美国社会中最善良的男女，使中国留学生了解在美国基督教整体中的美国家庭生活和德性。这便是他们号召的目标之所在。许多基督教家庭响应此号召，这对我们当时的中国留学生，实在是获益匪浅。

在绮色佳地区康乃尔大学附近的基督教家庭——包括许多当地士绅和康大教职员——都接待中国学生。他们组织了许多非正式的组织来招待我们，他们也组织了很多的圣经班。假若中国留学生有此需要和宗教情绪的话，他们也帮助和介绍中国留学生加入他们的教会。因此在绮色佳城区和康乃尔校园附近也是我生平第一次与美国家庭发生亲密的接触。对一个外国学生来说，这是一种极其难得的机会，能领略和享受美国家庭、教育，特别是康大校园内知名的教授学者们的温情和招待。

绮色佳和其他大学城区一样，有各种不同的教会。大多数的基督教会都各有其教堂。"教友会"（或译"贵格会"或"匮克会"Quaker；Society of Friends）虽无单独的教堂，但是康乃尔大学法文系的康福（W.W.Comfort）教授却是个教友会的教友，足以补偿这个遗珠之憾。康氏后来出任费城教友会主办的海勿浮学院（Haverford College）的校长。我就送我的小儿子在该校就读两年。康福教授既是个教友会的基督徒，他的家庭生活便也是个极其美好的教友会教徒的家庭生活。我个人第一次对教友会的历史发生兴趣和接触，和对该派奇特而卓越的开山宗师乔治·弗克斯（George Fox，1624—1691）的认识，实由于读到（欧洲文艺复兴大师）伏尔泰（Voltaire，1694—1778）有关英国教友会派的通信。这一认识乃引起我对美国教友会的教友很多年的友谊。

教友会的信徒们崇奉耶稣不争和不抵抗的教导。我对这一派的教义发生了兴趣，因为我本人也曾受同样的但是却比耶稣还要早五百年的老子的不争信条所影响。有一次我访问费城教友会区，康福教授便向我说："你一定要见我的母亲，访问一下她老人家。她住在费城郊区的日耳曼镇（German Town）。"由于康福教授的专函介绍，我就顺便访问了康福老太太。康福老太太乃带我去参观教友会的会场。这是我生平的第一次，印象和经验都是难忘的。这一次访问的印象太深刻了，所以在教友会里我有很多终身的朋友。我以后也时常去教友会集会中做讲演；我也送了我的小儿子去进教友会的大学。

当然我也接触了很多基督教其他不寻常的支派。在我的《留学日记》里，我也记载了访问犹他州（Utah）"摩门教会"（Mormonism）的经过。我也碰过几位了不起的摩门派学人和学生。我对他们的印象也是极其深刻的。同时也改变了以前我像一般人所共有的对摩门教派很肤浅的误解。

我和一些犹太人也相处得很亲密。犹太朋友中包括教授和学生。首先是康乃尔，后来又在哥伦比亚，我对犹太人治学的本领和排除万难、力争上游的精神，印象极深。在我阅读《圣经》，尤其是《旧约》之后，我对犹太人真是极其钦佩。所以，我可以说这些都是我的经验的一部分——是我对美国生活方式的了解。

在1911年的夏天——也就是我从大学一年级升入二年级的那个夏天——有一次我应约去费城的宇可诺松林区（Pocono Pines）参加"中国基督教学生联合会"的暑期集会。会址是在海拔二千英尺、风景清幽的高山之上。虽在盛暑，却颇有凉意。该地有各项设备，足供小型的宗教集会之用。在我的《留学日记》里便记载着，一日晚间，我实在被这小型聚会的兴盛气氛所感动，我当场保证我以后要去研究基督教。在我的日记里，以及后来和朋友通信的函札上，我就说我几乎做了基督徒。可是后来又在相同的情绪下，我又反悔了。直至今日我仍然是个未经感化的异端。但是在我的日记里我却小心地记录下这一段经验，算是我青年时代一部分经验的记录。

今日回思，我对青年时代这段经验，实在甚为珍惜——这种经验导致我与一些基督教领袖们发生直接的接触，并了解基督教家庭的生活方式，乃至一般美国人民和那些我所尊敬的师长们的私生活，特别是康福教授对我的引道，使我能更深入地了解和爱好《圣经》的真义。我读遍《圣经》，对《新约》中的《四福音书》中至少有三篇我甚为欣赏；我也欢喜《使徒行传》和圣保罗一部分的书信。我一直欣赏《圣经》里所启发的知识。

后些年在北京大学时，我开始收集用各种方言所翻译的《新约》或新旧约全书的各种版本的中文《圣经》。我收集的主要目的是研究中国方言。有许多种中国方言，向来都没有见诸文字，或印刷出版，或做任何种文学的媒介或传播工具。可是基督教会为着传教，却第一次利用这些方言来翻译福音，后来甚至全译《新约》和一部分的《旧约》。

我为着研究语言而收藏的《圣经》，竟然日积月累，快速增加。"中国圣经学会"为庆祝该会成立五十周年而举办的"中文《圣经》版本展览会"中，我的收藏，竟然高居第二位——仅略少于该会本身的收藏。这个位居第二的《圣经》收藏，居然是属于我这个未经上帝感化的异端胡适之！

我对美国政治的兴趣

当我于 1910 年初到美国的时候，我对美国的政治组织、政党、总统选举团，和整个选举的系统，可说一无所知。对美国宪法的真义和政府结构，也全属茫然。1911 年 10 月，中国的辛亥革命突然爆发了。为时不过数月，便将统治中国有 270 年之久的清专制推翻。1912 年 1 月，中华民国便正式诞生了。你知道这一年是美国大选之年。大选之年也是美国最有趣和兴奋的年头。威尔逊是这一年民主党的候选人；同时共和党一分为二；当权的托虎托总统领导着保守派；前总统老罗斯福却领导了自共和党分裂出来的进步党，它是美国当时的第三大党。罗氏也就是该党的领袖和总统候选人。这一来，三党势均力敌，旗鼓相当，因而连外国学生都兴奋得不得了。

这一年康乃尔大学的政治系新聘了一位教授叫山姆·奥兹（Samuel P.Orth）。他原是克利弗兰市里的一位革新派的律师。他在该市以及其本州（俄亥俄）内的革新运动中都是个重要的领导分子，由康大自俄亥俄州的律师公会中延聘而来，教授美国政府和政党。我一直认为奥兹教授是我生平所遇到的最好的教授之一；讲授美国政府和政党的专题，他实是最好的老师。我记得就在这个大选之年（1912—1913），我选了他的课。

下面一段便是他讲第一堂课时的开场白：

今年是大选之年。我要本班每个学生都订三份日报——三份纽约出版的报纸，不是当地的小报——《纽约时报》是支持威尔逊的；《纽约论坛报》（The New York Tribune）是支持托虎托的；《纽约晚报》（The New York Evening Journal）（我不知道该报是否属"赫斯特系"（Hearst Family）的新闻系统，但是该报不是个主要报纸）是支持罗斯福的。诸位把每份订它三个月，将来会收获无量。在这三个月内，把每日每条新闻都读一遍。细读各条大选消息之后，要做个摘要；再根据这摘要做出读报报告交给我。报纸算是本课目的必需参考书，报告便是课务作业。还有，你们也要把联邦四十八州之中，违法乱纪的竞选事迹作一番比较研究，交上来算是期终作业！

我可以告诉你，在我对各州的选举活动做了一番比较研究之后，我对美国的政治也就相当熟悉了。

奥兹教授在讲过他对学生的要求之后，又说："……就是这样了！关于其他方面的问题，听我的课好了！"

我对这门课甚感兴趣！

奥兹教授对历史很熟。历史上的政治领袖和各政党——从美国开国时期的联邦系（Federalists）到20世纪初期的进步党（Progressives）——等等创始人传记，他也甚为清楚。他是俄亥俄州人，他对前总统麦荆尼周围助选的政客，如一手把麦氏推上总统宝座的大名鼎鼎麦克斯·韩纳（Marcus Hanna，1837—1904），他都很熟。所以奥兹告诉我们说："看三份报，注视大选的经过。同时认定一个候选人作你自己支持的对象。这样你就注视你自己的总统候选人的得失，会使你对选举更为兴奋！"

他对我们的另一教导，便是要我们参与绮色佳城一带举行的每一个政治集会。我接受了奥氏的建议，于1912年的选举中选择了进步党党魁老罗斯福作为我自己支持的对象。四年之后（1916），我又选择了威尔逊为我支持的对象。在1912年全年，我跑来跑去，都佩戴一枚象征支持罗斯福的大角野牛像的襟章；1916年，我又佩戴了支持威尔逊的襟章。

我在1912年也参加了许多次政治集会，其中有一次是老罗斯福讲演赞助进步党候选人欧斯克·史特斯（Oscar Strauss）竞选纽约州长。在绮色佳集会中最激动的一次便是罗斯福被刺之后那一次集会。罗氏被刺客击中一枪，子弹始终留在身内未能取出。我参加了这次集会，好多教授也参加了。令我惊奇的却是此次大会的主席，竟是本校史密斯大楼（Goldwin Smith Hall）的管楼工人。这座大楼是康大各系和艺术学院的办公中心！这种由一位工友所主持的大会的民主精神，实在令我神往之至。在这次大会中，我们都为本党领袖的安全而祈祷；并通过一些有关的议案。这次大会也是我所参加过的毕生难忘的政治集会之一。

该年另一个难忘的集会便是由我的业师克雷敦（J.E.Creighton）教授代

表民主党，康大法学院长亥斯（Alfred Hayes）教授代表进步党的一次辩论会。这批教授们直接参加国家大政的事，给我的印象实在太深了。我可以说，由这些集会引起我的兴趣也一直影响了我以后一生的生活。

大选刚过，我因事往见伦理学教授索莱（Frank Thilly），当我们正在谈话之时，克雷敦教授忽然走了进来。他二人就当着我的面，旁若无人地大握其手，说："威尔逊当选了！威尔逊当选了！"我被他二人激动的情绪也感动得热泪盈眶。这两位教授都是支持威尔逊的。他二人也都在普林斯顿大学教过书，都深知威尔逊，因为威氏曾任普大校长多年。他二人对威氏出任总统也发生了不感兴趣的兴趣。

几年之后（1915），我迁往纽约市。从康乃尔大学研究院转学至哥伦比亚大学研究院，并住入哥大当时最新的佛纳大楼（Furnald Hall）。1915年不是个选举年，但是这一年却发生了有名的美国妇女争取选举权的五马路大游行。我目睹许多名人参加此次游行。约翰·杜威夫妇也夹在游行队伍之中。杜威教授并曾当众演说。1915年岁暮，杜威还直接参加此一群众运动。这一件由教授们直接参加当时实际政治的事例，给我的影响亦至为深刻。

我想把1916年的大选在此也顺便提一提。此时老罗斯福的光彩对我已失去兴趣；而我对那位国际政治家威尔逊却发生了极深的信仰。先是在1914年，我曾以职员和代表的身份参加过一次世界学生会议。这个会是当时"世界学生会联合会"（The Association of Cosmopolitan Clubs）和"欧洲学生国际联合会"（International Federation of Students of Europe）所联合举办的。先在绮色佳集会之后，再会于华盛顿。在华府我们曾受到威尔逊总统和国务卿白来恩（Williams Jennings Bryan）的亲自接见，他二人都在我们的会里发表讲演。

我清楚地记得正当1916年大选投票的高潮之时，我和几位中国同学去"纽约时报广场"看大选结果。途中我们看到《纽约世界日报》发出的号外。《世界日报》是支持威尔逊的大报之一。可是这一次的号外却报道共和党候选人休斯（Charles E.Hughes）有当选的可能。我们同感失望，但是我们还是去时报广场，看时报大厦上所放映的红白二色的光标，似乎也对威尔逊不利。我们当然更为失望，但是我们一直坚持到午夜。当《纽约晚邮报》出版，休斯仍是领先。该报的发行人是有名的世界和平运动赞助人韦那德（Oswald Garrison Villard）。我们真是太失望了。我们只有打道回校。那时的地道车实在拥挤不堪，我们简直挤不进去，所以我们几个人乃决定步行回校——从西四十二街走回西一一六街（约五公里）的哥大校园。

翌日清晨，我第一桩事便是看报上的选举消息。所有各报都报道休斯可能当选，但是我却买不到《纽约时报》。它显已被人抢购一空了。我不相信其他各报的消息，乃步行六条街，终于买到一份《时报》。《时报》的头条消息的标题是："威尔逊可能险胜！"读后为之一快，乃步行返校吃早餐。你可能记得，这一旗鼓相当的大选的选票一直清理了三天；直至加州选票被重数了之后，威尔逊才以3000票的"险胜"而当选总统！

另外当时还有几个小插曲也值得一提。就在我差不多通过所有基层考试的时候，因为我希望在1916年至1917年间完成我的博士论文，我觉得有迁出哥大宿舍的必要。那时的中国留学生差不多都集中住于三座宿舍大楼——佛纳、哈特莱（Hartley Hall）和李文斯敦（Livingston Hall）。（中国同学住在一起，交际应酬太多，影响学业），所以我迁至离哥大六十条街三英里之外，靠近西一七二街附近的海文路92号一所小公寓，与一云南同学卢锡荣君同住。我们合雇了一位爱尔兰的村妇，帮忙打扫，她每周来一次做清洁工作。在1916年大选之前（那时妇女尚无投票权），我问她说："麦菲夫人（Mrs. Murphy），你们那一选区投哪位候选人的票啊？"

"啊！我们全体反对威尔逊！"她说，"因为威尔逊老婆死了不到一年，他就再娶了！"

数周之后，我参加了一个餐会。主讲人是西海岸斯坦福大学校长戴维·交顿（David Starr Jordan），他是一位世界和平运动的主要领导人。当大家谈起大选的问题时，交顿说："今年我投谁的票，当初很难决定，我实在踌躇了很久，最后才投威尔逊的票！"他这席话使当时出席餐会的各界促进和平的人士大为骇异。所以有人就问交顿，当时为何踌躇。交顿说："我原在普林斯顿教书，所以深知威尔逊的为人。当他做普大校长时，他居然给一位教授夫人送花！"这就是戴维·交顿不要威尔逊做美国总统的主要原因。其所持理由和我们的爱尔兰女佣所说的，实在有异曲同工之妙。

我对美国政治的兴趣和我对美国政治的研究，以及我学生时代所目睹的两次美国大选，对我后来对中国政治和政府的关心，都有着决定性的影响。其后在我一生之中，除了一任四年的战时中国驻美大使之外，我甚少参与实际政治。但是在我成年以后的生命里，我对政治始终采取了我自己所说的不感兴趣的兴趣（disinterested-interest）。我认为这种兴趣是一个知识分子对社会应有的责任。

放弃农科，转习哲学

我在 1910 年进康乃尔大学时，原是学农科的。但是在康大附设的纽约州立农学院学了三个学期之后，我做了重大牺牲，决定转入该校的文理学院，改习文科。后来我在国内向青年学生讲演时便时常提到我改行的原因，并特别提及"果树学"（Pomology）那门课，这门课是专门研究果树的培育方法。这在当时的纽约州简直便是一门专门培育苹果树的课程。在我们课堂上学习之外，每周还有实习，就是这个"实习"，最后使我决定改行的。

在我的讲演集里，有几处我都提到这个小故事。其经过大致是这样的：

实习时，每个学生大致分得三十个或三十五个苹果。每个学生要根据一本培育学指南上所列举的项目，把这三十来个苹果加以分类。例如茎的长短，果脐的大小，果上棱角和圆形的特征，果皮的颜色，和切开后所测出的果肉的韧度和酸甜的尝试、肥瘦的记录……这叫作苹果分类，而这种分类也实在很笼统。我们这些对苹果初无认识的外国学生，分起来甚为头痛！

但是这种分类，美国学生做来，实在太容易了。他们对各种苹果早已胸有成竹；按表分类，他们一望而知。他们也无须把苹果切开，尝其滋味。他们只要翻开索引或指南表格，得心应手地把三十几个苹果的学名一一填进去，大约花了二三十分钟的时间，实验便做完了。然后拣了几个苹果，塞入大衣口袋，便离开实验室扬长而去。可是我们三位中国同学可苦了。我们留在实验室内，各尽所能去按表填果，结果还是错误百出，成绩甚差。

在这些实验之后，我开始反躬自省：我勉力学农，是否已铸成大错呢？我对这些课程基本上是没有兴趣；而我早年所学，对这些课程也派不到丝毫用场；它与我自信有天分有兴趣的各方面，也背道而驰。这门果树学的课——尤其是这个实验——帮助我决定如何面对这个实际问题。

我那时很年轻，记忆力又好。考试前夕，努力学习，我对这些苹果还是可以勉强分类和应付考试的；但是我深知考试之后，不出三两天——至多一周，我会把那些当时有四百多种苹果的分类，还是要忘记得一干二净。我们中国，实际也没有这么多种苹果。所以我认为学农实在是违背了我个人的兴趣。勉强去学，对我说来实在是浪费，甚至愚蠢。因此我后来在公开讲演中，便时时告诫青年，劝他们对他们自己的学习前途的选择，千万不要以社会时尚或社会国家之需要为标准。他们应该以他们自己的兴趣和禀赋，作为选科的标准才是正确的。

除此之外，当然还有使我转入文理学院去学习哲学、文学、政治和经济的其他诸种因素。其他基本的因素之一便是我对哲学、中国哲学和研究史学的兴趣。中国古代哲学的基本著作，及比较近代的宋明诸儒的论述，我在幼年时，差不多都已读过。我对这些学科的基本兴趣，也就是我个人的文化背景。

当我在农学院就读的时期，我的考试成绩，还不算坏。那时校中的规定，只要我能在规定的十八小时必修科的成绩平均在 80 分以上，我还可随兴趣去选修两小时额外的课程。这是当时康乃尔大学的规定。这一规定，我后来也把它介绍给中国教育界，特别是北京大学。在中国我实在是这一制度最早的倡导人之一。

利用这两三个小时选修的机会，我便在文学院选了一门克雷敦教授所开的"哲学史"。克君不长于口才，但他对教学的认真，以及他在思想史里对各时代、各家各派的客观研究，给我一个极深的印象。他这一教导，使我对研究哲学——尤其是中国哲学——的兴趣，为之复苏！

使我改行的另一原因便是辛亥革命，打倒满清，建立民国。中国当时既然是亚洲唯一的一个共和国，美国各地的社区和人民对这一新兴的中国政府发生了浓厚的兴趣。校园内外对这一问题的演讲者都有极大的需要。在当时的中国学生中，善于口才而颇受欢迎的讲演者是一位工学院四年级的蔡吉庆。蔡君为上海圣约翰大学的毕业生。留美之前曾在其母校教授英语。他是位极其成熟的人，一位精彩的英语演说家。但是当时邀请者太多，蔡君应接不暇，加以工学院课程太重，他抽不出空，所以有时只好谢绝邀请。可是他还是在中国同学中物色代替人，他居然认为我是个可造之才，可以对中国问题，作公开讲演。

有一天蔡君来找我。他说他在中国同学会中听过我几次讲演，甚为欣赏；他也知道我略谙中国古典文史。他要我越俎代庖，去替他应付几个不太困难的讲演会，向美国听众讲解中国革命和共和政府。在十分踌躇之后，我也接受了几个约会，并做了极大的准备工作。这几次讲演，对我真是极好的训练。蔡君此约，也替我职业上开辟了一个新的方向，使我成为一个英语演说家。同时由于公开讲演的兴趣，我对过去几十年促成中国革命的背景和革命领袖人物的生平，也认真地研究了一番。这个对政治史所发生的兴趣，便是促使我改行的第二个因素！

还有第三个促使我改行的原因，那就是我对文学的兴趣。我在古典文学方面的兴趣，倒相当过得去。纵是在我十几岁的时候，我的散文和诗词习作，都还差强人意。当我在康乃尔农学院（亦即纽约州立农学院）就读一年级的时候，英文是一门必修课，每周上课五小时，课程十分繁重，此外我们还要选修两门外国语——德文和法文。这些必修课使我对英国文学发生了浓厚的兴趣，我不但要阅读古典著作，还有文学习作和会话。学习德文、法文也使我发掘了德国和法国的文学。我现在虽然已不会说德语或法语，但是那时我对法文和德文都有相当过得去的阅读能力。教我法文的便是我的好友和老师康福教授，他也是我们中国学生圣经班的主持人。

我那两年的德语训练，也使我对歌德（Goethe）、雪莱（Schiller）、海涅（Heine）和莱辛（Lessing）诸大家的诗歌亦稍有涉猎。因而我对文学的兴趣——尤其是对英国文学的兴趣，使我继续选读必修课以外的文学课程。所以当我自农学院转入文学院，我已具备了足够的学分（有二十个英国文学的学分），来完成一个学系的"学科程序"。

康乃尔文学院当时的规定，每个学生必须完成至少一个"学科程序"才能毕业。可是当我毕业时，我已完成了三个"程序"：哲学和心理学、英国文学、政治和经济学。三个程序在三个不同的学术范围之内。所以那时我实在不能说，哪一门才是我的主科。但是我对英、法、德三国文学兴趣的成长，也就引起我对中国文学兴趣之复振。这也是促成我从农科改向文科的第三个基本原因。

我既然在大学结业时修毕在三个不同部门里的三个不同的"程序"，这一事实也说明我在以后岁月里所发展出来的文化生命。有时我自称为历史学家；有时又称为思想史家。但我从未自称我是哲学家，或其他各行的什么专家。今天我几乎是六十六岁半的人了，我仍然不知道我主修何科；但是我也从来没有认为这是一件憾事！

作者简介

胡适（1891～1962），原名嗣穈，学名洪骍，字希疆，后改名胡适，字适之，安徽绩溪人。以倡导白话文，领导新文化运动而闻于世。现代著名学者、诗人、历史学家、文学家、哲学家。曾任北京大学校长、台湾"中研院"院长、中华民国驻美大使等职。著有《白话文学史》《胡适文存》《尝试集》《中国哲学史大纲》等。

我在北京大学当学生的时候（节选）

冯友兰

在十年动乱以前，北京大学校长陆平提出了一个办北京大学的方针：继承太学，学习苏联，参考英美。大动乱开始以后，他的这项方针受到批判，成为他的罪状之一。当时我也说过，北京大学的校史应该从汉朝的太学算起。我不知道陆平的方针是不是受我的影响，也很可能是出于他自己的创见，不过，当时的批判，并没有涉及到我。

我所以认为北京大学校史应该从汉朝的太学算起，因为我看见，西方有名的大学都有几百年的历史，而北京大学只有几十年的历史，这同中国的文明古国似乎很不相称。

现在讲北京大学历史一般是从清朝末年的京师大学堂算起，它是戊戌变法的产物。这也可以说是戊戌变法留下来的纪念品吧。清朝的京师大学堂地位很高，由朝廷特派的管学大臣管理。管学大臣就是京师大学堂的校长。当时的管学大臣换了几次人，当我进北京大学的时候，学生们传说中的管学大臣是张百熙。他可以说是在蔡元培以前的对于北京大学有贡献的一位校长。据说，他当了管学大臣以后，就请吴汝纶为总教习。

吴汝纶是著名的桐城派古文家，是当时所谓旧学的一位权威。他也懂得一点当时所谓新学；严复翻译的书，有几部都有他作的序。他是一位兼通新旧、融合中西的人物。他在直隶（今河北）做官，在地方上办了些新式的学校。张百熙请他当京师大学堂总教习，这表明了张的办学方针。据说张百熙当了管学大臣以后，曾亲自到吴汝纶家里去请他出来，吴汝纶不见。后来一天，张百熙大清早穿着官服，站在吴汝纶的门外（一说是跪在卧房门外）等候相见，吴汝纶只好答应了他的邀请。但是吴附带了一个条件，就是他要先到日本去考察几个月，回来后才能到任。张百熙答应了。不料吴汝纶从日本回来以后，不久就死了，竟没有来得及到京师大学堂就任。吴虽然没有到任，但是这个经过当时却传为美谈，我们学生听了，都很感于张百熙礼贤下士、为学校聘请名师的精神，和吴汝纶认真负责、虚心学习的精神。

民国成立，京师大学堂改名为北京大学，以严复为第一任校长，不过为时不久，后来又换过些别人。我于一九一五年进北大的时候，没有校长，由工科学长胡仁源兼代校长。文科学长是夏锡祺。当时的学系称为"门"。各系没有设系主任，系务由学长直接主持。文科有四个门，即中国哲学、中国文学、中国历史和英文四个学门。我入的是中国哲学门。在我们这个年级以前，还有一个年级。

1915年9月初，我到北京大学参加开学典礼。胡仁源主持会场，他作了一个简短的开幕词以后，英文门教授辜鸿铭（汤生）从主席台上站起来发言。我不知道这是预先安排好的，还是出于辜本人的临时冲动。他的发言很长，感情也很激动，主要的是骂当时的政府和一些社会上的新事物，大意是说，现在做官的人，都是为了保持他们的饭碗，他们的饭碗跟咱们的饭碗不同，他们的饭碗大得很，里边可以装汽车、姨太太。又说，现在人做文章都不通，所用的名词就不通，譬如说"改良"吧，以前的人都说"从良"，没有说"改良"的，既然已经是"良"了，你还改什么？你要改"良"为"娼"吗？他大概讲了一个钟头，都是这一类的谩骂之辞。他讲了以后，也没有别人发言，就散会了。

当时中国文学门的名教授是黄侃（季刚）。黄侃自命为风流人物，玩世不恭，在当时及后来的北大学生中传说他的轶闻轶事，我也不知道是真是假。

比如说，他在堂上讲书，讲到一个要紧的地方，就说，这里有个秘密，专靠北大这几百块钱的薪水，我还不能讲，你们要我讲，得另外请我吃饭。

在中国哲学门里，有一位受同学尊敬的教授，叫陈介石（黼宸），他给我们讲中国哲学史、诸子哲学，还在中国历史门讲中国通史。他讲的是温州那一带的土话，一般人都听不懂，连好多浙江人也听不懂。他就以笔代口，先把讲稿印发出来，上课的时候，登上讲台，一言不发，就用粉笔在黑板上写，写得非常之快，学生们抄都来不及。下堂铃一响，他把粉笔一扔就走了。好在他写的跟讲义虽然大意相同，但是各成一套，不相重复，而且在下课铃响的时候恰好写到一个段落。最难得的，是他虽不说话，但却是诚心诚意地为学生讲课，真有点像庄子所说的"目击而道存"，说话成为多余的了。他的课我们上了一年，到1916年暑假后我再回到北大的时候，听说他已经病死了，同学们都很悲伤。

1916年春天，蔡元培来北大担任校长。他到校后，没有开会发表演说，也没有发表什么文告来宣传他的办学宗旨和方针，只发了一个通告说：兹聘任陈独秀为文科学长。就这几个字，学生们全明白了，什么话也用不着说了。

他从德国回来的时候，立了三个原则，以约束自己。这三个原则是：一不做官，二不纳妾，三不打麻将。当时称为"三不主义"。北京大学校长也是由政府任命，但他认为这是办教育，不是做官。其余两条，也是针对着当时社会上的腐化现象而发的。参看上面所说的辜鸿铭的言论，就可知了。

我在北京大学的时候，没有听过蔡元培的讲话，也没有看见他和哪个学生有私人接触。他所以得到学生们的爱戴，完全是人格的感召。道学家们讲究"气象"，譬如说周敦颐的气象如"光风霁月"。又如程颐为程颢写的《行状》说程颢"纯粹如精金，温润如良玉，宽而有制，和而不流。……视其色，其接物也如春阳之温；听其言，其入人也如时雨之润。胸怀洞彻视无间；测其蕴，则浩乎若沧溟之无际；极其德，美言盖不足以形容"。（《河南程氏文集》卷十一）这几句话，对于蔡元培完全适用。这绝不是夸张。

我有一个北大同学，在开封当了几十年中学校长。他对我说："别人都说中学难办，学生不讲理，最难对付，我说这话不对。其实学生是最通情达理的。当校长的只要能请来好教师，能够满足学生求知识的欲望，他们就满意了。什么问题都不会有。"他的这番话，确实是经验之谈。学校的任务，基本上是传播知识，大学尤其是如此。一个大学应该是各种学术权威集中的地方，只要是世界上已有的学问，不管它什么科，一个大学里面都应该有些权威学者，能够解答这种学科的问题。大学应该是国家的知识库，民族的智囊团。学校是一个"尚贤"的地方，谁有知识，谁就在某一范围内有发言权，他就应该受到尊重。

张百熙、蔡元培深懂得办教育的这个基本原则，他们接受了校长职务以后，第一件事情，就是为学生选择名师。他们知道当时的学术界中，谁是有代表性的人物，先把这些人物请来，他们会把别的人物都集合起来。张百熙选中了吴汝纶。蔡元培选中了陈独秀。吴汝纶死得早了，没有表现出来他可能有的成绩。而陈独秀则是充分表现了的。

陈独秀到北大，专当学长，没有开课，也没有开过什么会，没发表过什么演说，可以说没有同学们正式见过面。只有一个故事，算是我们这一班同学同他有过接触。在我们毕业的时候，师生在一起照了一个相，老师们坐在前一排，学生们站在后边，陈独秀恰好和梁漱溟坐在一起。梁漱溟很谨慎，把脚收在椅子下面，陈独秀很随便，把脚一直伸到梁漱溟的前面。相片出来以后，我们的班长孙本文给他送去一张，他一看，说："照得很好，就是梁先生的脚伸得太远一点。"孙本文说："这是你的脚。"这可以说明陈独秀的"气象"是豪放的。

抗日战争时期，我在重庆碰见沈尹默，谈起书法。沈尹默说，五四运动以前，陈独秀在他的一个朋友家里，看见沈尹默写的字，批评说："这个人的字，其俗在骨，是无可救药的了。"沈尹默说，他听了这个批评以后，就更加发愤写字。从"其俗在骨"这四个字，可以看出陈独秀对于书法评论的标准，不在于用笔、用墨、布局等技术问题，而在于气韵的雅俗。如果气韵雅，虽然技术方面还有些问题，那是可以救药的；如果气韵俗，即使在技术方面没有问题，也不是好书法，而且这种弊病是不可救药的。陈独秀评论书法，不注重书法的形态，而注重形态所表现的气韵，这不仅是他对于书法理论的根本思想，也是他对于一切文艺理论的根本思想，是他的美学思想。

以上所说的，大概就是在十年动乱中所批判的"智育第一"、"学术至上"吧！随着"学术至上"而受到批判的是"为学术而学术"。"为学术而学术"这个口号当时所针对的是"为做官而学术"。在清末民初时代，人们还是把学校教育当成为变相的科举。哪一级的学校毕业，等于哪一级的科举功名，人们都有一个算盘。学术成了一种做官向上爬的梯子。蔡元培的"三不主义"中，首先提出"不做官"，就是针对着这种思想而发的。他当了北大校长以后，虽然没有开会宣传"不做官"的原则，但从他的用人开课这些措施中间，学生们逐渐懂得了，原来北京大学毕业并不等于科举时代的进士；学术并不是做官向上爬的梯子，学术就是学术。为什么研究学术呢？一不是为做官，二不是为发财，为的是求真理，这就叫"为学术而学术"。学生们逐渐知道，古今中外在学术上有所贡献的人，都是这样的一些人。就中国的历史说，那些在学术上有所贡献的人，都是在做官的余暇做学问的。他们都可以说是业余的学问家，学问的爱好者，虽然是业余做学问，可是成功以后，他们的成绩对于国家、人民和人类都大有好处。学问这种东西也很奇怪，你若是有所为而求它，大概是不能得到它。你若是无所为而求它，它倒是自己来了。作为业余的学术爱好者，为学术而学术，尚且可以得到成绩，有所贡献。如果有人能够把为学术而学术作为本业，那他的成绩必定更好，贡献必定更大。

在十年动乱时期，还批判了所谓"教授治校"。这也是蔡元培到北大后所推行的措施之一。其目的也是调动教授们的积极性，叫他们在大学中有当家作主的主人翁之感。当时的具体办法之一，是民主选举教务长。照当时的制度，校长之下，有两个长：一个是总务长，管理学校的一般行政事务；一个是教务长，管理教学科研方面的事务。蔡元培规定，教务长由教授选举，每两年改选一次。我在北大的时候，以学生的地位，还不很了解所谓"教授治校"究竟是怎么个治法。后来到了清华，以教授的地位，才进一步了解所谓"教授治校"的精神。

教授之所以为教授，在于他在学术上有所贡献，在他本行中是个权威，并不在于他在政治上有什么主张。譬如辜鸿铭，他的英文水平很高，他可以教英文，北大就请他教英文。这在蔡元培到校以前就是事实，蔡元培到校后不但没有改变这个事实，还又加聘了一个反动人物，就是刘师培（申叔）。刘师培出身于一个讲汉学的旧家，清朝末年他在日本留学，说是留学，实际上是在东京讲中国学问。袁世凯计划篡国称帝的时候，为了制造舆论，办了一个"筹安会"，宣传只有实行帝制才可以使中国转危为安。筹安会有六个发起人，当时被讥讽地称为"六君子"，其中学术界有两个名人，一个是严复，一个是刘师培。在袁世凯被推翻以后，这六个人都成了大反动派。就是在这个时候，蔡元培聘请刘师培为中国文学教授，开的课是《中国中古文学史》。我也去听过一次讲，当时觉得他的水平确实高，像个老教授的样子，虽然他当时还是中年。他上课既不带书，也不带卡片，随便谈起来，头头是道，援引资料，都是随口背诵，同学们都很佩服。

这就是所谓"兼容并包"。所谓"兼容并包"，在一个过渡时期，可能是为旧的东西保留地盘，也可能是为新的东西开辟道路。蔡元培的"兼容并包"在当时是为新的东西开辟道路的。因为他的"兼容并包"，固然是为辜鸿铭、刘师培之类的反动人物保留地盘，但更多的是为陈独秀、李大钊等革命人物开辟道路。

那个时候的北大，用一个褒义的名词说，是一个"自由王国"，用一个贬义的名词说，是一个资产阶级自由化的王国。蔡元培到北大以后，开课并不是先有一个预订的表，然后拉着教师去讲，而是让教师说出他们的研究题目，就把这个题目作为一门课。对于教师说，功课表真是活了。他所教的课，就是他的研究题目，他可以随时把他研究的新成就充实到课程的内容里去，也可以用在讲课时所发现的问题发展他的研究。讲课就是发表他的研究成果的机会，研究成果就直接充实了他的教学内容。这样，他讲起来就觉得心情舒畅，不以讲课为负担，学生听起来也觉得生动活泼，不以听课为负担。这样，就把研究和教学统一起来。说统一，还是多了两个字，其实它们本来就是一回事。开什么课，这是教师的自由，至于这个课怎么讲，那更是他的自由了。学生们，那就更自由了。他可以上本系的课，也可以上别系的课。你上什么课，不上什么课，没人管；你上课不上课也没人管。只到考试的时候你去参加就行。如果你不打算要毕业证书，不去参加考试也没人管。学校对于群众也是公开的。学校四门大开，上课铃一响，谁愿意来听课都可以到教室门口要一份讲义，进去坐下就听。发讲义的人，也不管你是谁，只要向他要，他就发，发完为止。有时应该上这门课的人，讲义没有拿到手，不应该上这门课的人倒先把讲义拿完了。当时有一种说法，说北大有三种学生，一种是正式学生，是经过入学考试进来的；一种是旁听生，虽然没有经过入学考试，可是办了旁听手续，得到许可的；还有一种是偷听生，既没有经过入学考试，也未办旁听手续，未经许可，自由来校听讲的。有些人在北大附近租了房子，长期住下当偷听生。

照上边所说的，北大当时的情况，似乎是乱七八糟，学生的思想，应该是一片混乱，派别分歧，莫衷一是。其实并不是那个样子。像上边所说的，辜鸿铭、刘师培、黄侃等人的言论行动，同学们都传为笑谈。传说的人是当成笑话说的，听的人也当成笑话听的。所谓"兼容并包"，不过是为几个个人保留领薪水的地方，说不上保留他们的影响。除了他们的业务外，他们也没有什么影响之可言。反之，为新事物开辟的道路，却是越来越宽阔，积极的影响越来越大。陈独秀当了文科学长以后，除了引进许多进步教授之外，还把他在上海举办的《青年》杂志，搬到北京，改名为《新青年》，成为北大进步教授发表言论的园地。学生们也写作了各种各样的文章，在校外报刊上发表。学生们还办了三个大型刊物，代表左、中、右三派。左派的刊物叫《新潮》，中派的刊物叫《国民》，右派的刊物叫《国故》。这些刊物都是由学生自己写稿、自己编辑、自己筹款印刷、自己发行，面向全国，影响全国的。派别是有的，但是只有文斗，没有武斗。

上边所引的那位中学校长说，学生是通情达理的，不仅通情达理，就是在大是大非的问题上，他们的判断水平也是不能低估的。当时已经是五四运动的前夕，新文化运动将近达到高潮，真是人才辈出，百花争艳，可以说是"汉之得人，于斯为盛"。就是这些人，提出了民主与科学的口号。就是这些人，采取了外抗强敌，内除国贼的行动。在中国历史中，类似的行动，在太学生中是不乏先例的，这是中国古代太学的传统。五四运动继承并且发挥了这个传统。

作者简介

冯友兰（1895～1990），字芝生，河南省南阳市唐河县祁仪镇人。中国当代著名哲学家、教育家。1918年毕业于北京大学哲学系，1924年获美国哥伦比亚大学哲学博士学位。回国后，任清华大学教授、哲学系主任、文学院院长，西南联合大学教授、文学院院长；第四届全国人大代表，第二至四届政协委员，第六、七届全国政协常委。曾获美国普林斯顿大学、印度德里大学、美国哥伦比亚大学名誉文学博士。

我上许多课仍然不放下那一本大书

沈从文

我改进了新式小学后，学校不背诵经书，不随便打人，同时也不必成天坐在桌边。每天不只可以在小院子中玩，互相扭打，先生见及，也不加以约束，七天照例又还有一天放假，因此我不必再逃学了。可是在那学校照例也就什么都不曾学到。每天上课时照例上上，下课时就遵照大的学生指挥，找寻大小相等的人，到操场中去打架。一出门就是城墙，我们便想法爬上城去，看城外对河的景致。上学散学时，便如同往常一样，常常绕了多远的路，去城外边街上看看那些木工手艺人新雕的佛像贴了多少金。看看那些铸铁犁的人一共出了多少新货。或者什么人家孵了小鸡，也常常不管远近必跑去看看。一到星期日，我在家中写了十六个大字后，就一溜出门，一直到晚方回家中。

半年后家中母亲相信了一个亲戚的建议，以为应从城内第二初级小学换到城外第一小学，这件事实行后更使我方便快乐。新学校临近高山，校屋前后各处是树，同学又多，当然十分有趣。到这学校我仍然什么也不学得，生字也没认识多少，可是我倒学会了爬树。几个人一下课，就在校后山边各自拣选一株合抱大梧桐树，看谁先爬到顶。我从这方面便认识约三十种树木的名称。因为爬树有时跌下或扭伤了脚，刺破了手，就跟同学去采药，又认识了十来种草药。我开始学会了钓鱼，总是上半天学，钓半天鱼。我学会了采笋子，采蕨菜。后山上到春天各处是野兰花，各处是可以充饥解渴的刺莓，在竹篁里且有无数雀鸟，我便跟他们认识了许多雀鸟，且认识许多野果树。去后山约一里，又有一个制瓷器的大窑，我们便常常过那里去看工人制造一切瓷器，看一块白泥在各样手续下如何就变成为一个饭碗，或一件别种用具的生产过程。

学校环境使我们在校外所学的实在比校内课堂上多十倍，但在学校也学会了一件事，便是各人用刀在座位板下镌雕自己的名字。又因为学校有做手工的白泥，我们就用白泥摹塑教员的肖像，且各为取一怪名："绵羊"、"耗子"、"老土地菩萨"，还有更古怪的称呼。总之随心所欲。在这些事情上我的成绩照例比学校功课好一点，但自然不能得到任何奖励。学校已禁止体罚，可是记过罚站还在执行。

照情形看来，我已不必逃学，但学校既不严格，四个教员恰恰又有我两个表哥在内，想要到什么地方去时，我便请假。看戏请假，钓鱼请假，甚至几个人到三里外田坪中去看人割禾、捉蚱蜢也向老师请假。至于教师本人，一下课就玩麻雀牌，久成习惯，当时麻雀牌是新事物，所以教师会玩并不以为是坏事情。

那时我家中每年还可收取租谷三百石左右，三个叔父二个姑母占两份，我家占一份。到秋收时，我便同叔父或其他年长亲戚，往二十里外的乡下去，督促佃户和一些临时雇来的工人割禾。等到田中成熟禾穗已空，新谷装满白木浅缘方桶时，便把新谷倾倒到大晒谷簟上来，与佃户平分。其一半应归佃户所有的，由他们去处置，我们把我家应得那一半，雇人押运回家。在那里最有趣处是可以辨别各种禾苗，认识各种害虫，学习捕捉蚱蜢分别蚱蜢。同时学用鸡笼去罩捕水田中的肥大鲤鱼鲫鱼，把鱼捉来即用黄泥包好塞到热灰里去煨熟分吃。又向佃户家讨小小斗鸡，且认识种类，准备带回家来抱到街上去寻找别人同等大小公鸡作战。又从农家小孩处学习抽稻草芯织小篓小篮，剥桐木皮做卷筒哨子，用小竹子做唢呐。有时捉得一个刺猬，有时打死一条大蛇，又有时还可跟叔父让佃户带到山中去，把雉媒抛出去，吹嗾哨招引野雉，鸟枪里装上一把散碎铁砂和黑色土药，猎取这华丽骄傲的禽鸟。

为了打猎，秋末冬初我们还常常去佃户家。我最欢喜的是猎取野猪同黄麂，看他们下围，跟着他们乱跑。有一次还被他们捆缚在一株大树高枝上，看他们把受惊的黄麂从树下追赶过去。我又看过猎狐，眼看着一对狡猾野兽在一株大树根下转，到后这东西便变成了我叔父的马褂。

学校既然不必按时上课，其余的时间我们还得想出几件事情来消磨，到下午三点才能散学。几个人爬上城去，坐在大铜炮上看城外风光，一面拾些石头奋力向河中掷去，这是一个办法。另外就是到操场一角沙地上去拿顶翻筋斗，每个人轮流来做这件事，不溜刷地便仿照技术班办法，在那人腰身上缚一条带子，两个人各拉一端，翻筋斗时用力一抬，日子一多，便无人不会翻筋斗了。

因为学校有几个乡下来的同学，身体壮大异常，便有人想出好主意，提议要这些乡下孩子装马，让较小的同学跨到马背上去，同另一匹马上另一员勇将来作战，在上面扭成一团，直到跌下地后为止。这些做马匹的同学，总照例非常忠厚可靠，在任何情形下皆不卸责。作战总有受伤的，不拘谁人头面有时流血了，就抓一把黄土，将伤口敷上，全不在乎似的。我常常设计把这些人马调度得十分如法，他们服从我的编排，比一匹真马还驯服规矩。

放学时天气若还早一些，几个人不是上城去坐坐，就常常沿了城墙走去。有时节出城去看看，有谁的柴船无人照料，看明白了这只船的的确确无人时，几人就匆忙跳上了船，很快地向河中心划去。等一会儿那船主人来时，若在岸上和和气气地说：兄弟，兄弟，你们快把船划回来，我得回家！遇到这种和平讲道理人时，我们也总得十分和气把船划回来，各自跳上了岸，让人家上船回家。若那人性格暴躁点，一见自己小船给一群胡闹小将把它送到河中打着圈儿转，心中十分愤怒，大声地喊骂，说出许多恐吓无礼的野话，那我们便一面回骂着，一面快快地把船向下游流去，尽他叫骂也不管他。到下游时几个人上了岸，就让这船搁在河滩上不再理会了。有时刚上船坐定，即刻便被船主人赶来，那就得担当一分儿惊险了。船主照例知道我们受不了什么簸荡，抢上船头，把身体故意向左右连续倾侧不已，因此小船就在水面胡乱颠簸，一个无经验的孩子担心会掉到水中去，必惊骇得大哭不已。但有了经验的人呢，你估计一下，先看看是不是逃得上岸，若已无可逃避，那就好好地坐在船中，尽那乡下人的磨炼，拼一身衣服给水湿透，你不慌不忙，只稳稳地坐在船中，不必作声告饶，也不必恶声相骂，过一会儿那乡下人看看你胆量不小，知道用这方法吓不了你，他就会让你明白他的行为不过是一种带恶意的玩笑，这玩笑到时应当结束了，必把手叉上腰边，向你微笑，抱歉似的微笑。

少爷，够了，请你上岸！于是几个人便上岸了。有时不凑巧，我们也会被人用小桨竹篙一路追赶着打我们，还一路骂我们。只要逃走远一点点，用什么话骂来，我们照例也就用什么话骂回去，追来时我们又很快地跑去。

那河里有鳜鱼，有鲫鱼，有小鲇鱼，钓鱼的人多向上游一点走去。隔河是一片苗人的菜园，不涨水，从跳石上过河，到菜园里去看花、买菜心吃的次数也很多。河滩上各处晒满了白布同青菜，每天还有许多妇人背了竹笼来洗衣，用木棒杵在流水中捶打，訇訇地从北城墙脚下应出回声。

天热时，到下午四点以后，满河中都是赤光光的身体。有些军人好事爱玩，还把小孩子，战马，看家的狗，同一群鸭雏，全部都带到河中来。有些人父子数人同来。大家皆在激流清水中游泳。不会游泳的便把裤子泡湿，扎紧了裤管，向水中急急地一兜，捕捉了满满的一裤空气，再用带子捆好，便成了极合用的"水马"。有了这东西，即或全不会漂浮的人，也能很勇敢地向水深处泅去。到这种人多的地方，照例不会出事故被水淹死的，一出了什么事，大家皆很勇敢地救人。

我们洗澡可常常到上游一点去。那里人既很少，水又极深，对我们才算合适。这件事自然得瞒着家中人。家中照例总为我担忧，唯恐一不小心就会为水淹死。每天下午既无法禁止我出去玩，又知道下午我不会到米厂上去同人赌骰子，那位对于管拘我侦察我十分负责的大哥，照例一到饭后我出门不久，他也总得到城外河边一趟。人多时不能从人丛中发现我，就沿河去找寻我的衣服，在每一堆衣服上来一分注意。一见到了我的衣服，一句话不说，就拿起来走去，远远地坐到大路上，等候我要穿衣时来同他会面。衣裤既然在他手上，我不能不见他了；到后只好走上岸来，从他手上把衣服取到手，两人沉沉默默地回家。回去不必说什么，只准备一顿打。可是经过两次教训后，我即或仍然在河中洗澡，也就不至于再被家中人发现了。我可以搬些石头把衣服压着，只要一看到他从城门洞边大路走来时，必有人告给我，我就快快地泅到河中去，向天仰卧，把全身泡在水中，只露出一张脸一个鼻孔来，尽岸上那一个搜索也不会得到什么结果。有些人常常同我在一处，哥哥认得他们，看到了他们时，就唤他们：熊澧南，印鉴远，你见我兄弟老二吗？

那些同学便故意大声答着：

"我们不知道，你不看看衣服吗？""你们不正是成天在一堆胡闹吗？""是呀，可是现在谁知道他在哪一片天底下？""他不在河里吗？""你不看看衣服吗？不数数我们的人数吗？"这好人便各处望望，果然不见到我的衣裤，相信我那朋友的答复不是谎话，于是站在河边欣赏了一阵河中景致，又弯下腰拾起两个放光的贝壳，用他那双常若含泪发愁的艺术家眼睛赏鉴了一下，或坐下来取出速写簿，随意画两张河景的素描，口上嘘嘘打着唿哨，又向原来那条路上走去了。等他走去以后，我们便来模仿我这个可怜的哥哥，互相反复着前后那种答问。"熊澧南，印鉴远，看见我兄弟吗？""不知道，不知道，你自己不看看这里一共有多少衣服吗？""你们成天在一堆！""是呀！成天在一堆，可是谁知道他现在到哪儿去了呢？"于是互相浇起水来，直到另一个逃走方能完事。

有时这好人明知道我在河中，当时虽无法擒捉，回头却常常隐藏在城门边，坐在卖荞粑的苗妇人小茅棚里，很有耐心地等待着，等到我十分高兴地从大路上同几个朋友走近身时，他便飞快地同一只公猫一样，从那小棚中跃出，一把攫住了我衣领。于是同行的朋友就大嚷大笑，伴送我到家门口，才自行散去。不过这种事也只有三两次，我从经验上既知道这一着棋时，进城时便常常故意慢一阵，有时且绕了极远的东门回去。

我人既长大了些，权利自然也多些了，在生活方面我的权利便是即或家中明知我下河洗了澡，只要不是当面被捉，家中可不能用爬搔皮肤方法决定我应否受罚了。同时我的游泳自然也进步多了，我记得我能在河中来去泅过三次，至于那个名叫熊澧南的，却大约能泅过五次。

　　下河的事若在平常日子，多半是晚饭以后才去。如遇星期日，则常常几人先一天就邀好，过河上游一点棺材潭的地方去，泡一个整天，泅一阵水又摸一会儿鱼，把鱼从水中石底捉得，就用枯枝在河滩上烧来当点心。有时那一天正当附近十里长宁哨苗乡场集，就空了两只手跑到那地方去玩一个半天。到了场上后，过卖牛处看看他们讨论价钱盟神发誓的样子，又过卖猪处看看那些大猪小猪，查看它，把后脚提起时，必锐声呼喊。又到赌场上去看看那些乡下人一只手抖抖地下注，替别人担一阵心。又到卖山货处去，用手摸摸那些豹子老虎的皮毛，且听听他们谈到猎取这野物的种种危险经验。又到卖鸡处去，欣赏欣赏那些大鸡小鸡，我们皆知道什么鸡战斗时厉害，什么鸡生蛋极多。我们且各自把那些斗鸡毛色记下来，因为这些鸡照例当天全将为城中来的兵士和商人买去，五天以后就会在城中斗鸡场出现。我们间或还可在敞坪中看苗人决斗，用扁担或双刀互相拼命。小河边到了场期，照例来了无数小船和竹筏，竹筏上且常常有长眉秀目脸儿极白奶头高肿的青年苗族女人，用绣花大衣袖掩着口笑，使人看来十分舒服。我们来回走二三十里路，各个人两只手既是空空的，因此在场上什么也不能吃。间或谁一个人身上有一两枚铜元，就到卖狗肉摊边割一块狗肉，蘸些盐水，平均分来吃吃。或者无意中谁一个人在人丛中碰着了一位亲长，被问道：吃过点心吗？大家正饿着，互相望了会儿，羞羞怯怯地一笑。那人知道情形了，便道："这成吗？不喝一杯还算赶场吗？"到后自然就被拉到狗肉摊边去，切一斤两斤肥狗肉，分割成几大块，各人来那么一块，蘸了盐水往嘴上送。

　　机会不好不曾碰到这么一个慷慨的亲戚，我们也依然不会瘪了肚皮回家。沿路有无数人家的桃树李树，果实全把树枝压得弯弯的，等待我们去为它们减除一分负担。还有多少黄泥田里，红萝卜大得如小猪头，没有我们去吃它赞美它，便始终委屈在那深土里！除此以外，路塍上无处不是莓类同野生樱桃，大道旁无处不是甜滋滋的地枇杷，无处不可得到充饥果腹的山果野莓。口渴时无处不可以随意低下头去喝水。至于茶油树上长的茶莓，则常年四季都可以随意采吃，不犯任何忌讳。即或任何东西没得吃，我们还是十分高兴。就为的是乡场中那一派空气，一阵声音，一份颜色，以及在每一处每一项生意人身上发出那一股臭味，就够使我们觉得满意！我们用各样官能吃了那么多东西，即使不再用口来吃喝也很够了。

到场上去我们还可以看各样水碾水碓，并各种形式的水车。我们必得经过好几个榨油坊，远远地就可以听到油坊中打油人唱歌的声音。一过油坊时便跑进去，看看那些堆积如山的桐子，经过些什么手续才能出油。我们只要稍稍绕一点路，还可以从一个造纸工作场过身，在那里可以看他们利用水力捣碎稻草同竹筱，用细篾帘子舀取纸浆做纸。我们又必须从一些造船的河滩上过身，有万千机会看到那些造船工匠在太阳下安置一只小船的龙骨，或把粗麻头同桐油石灰嵌进缝罅里补治旧船。

总而言之，这样玩一次，就只一次，也似乎比读半年书还有益处。若把一本好书同这种好地方尽我拣选一种，直到如今，我还觉得不必看这本弄虚作伪千篇一律用文字写成的小书，却应当去读那本色香俱备内容充实用人事写成的大书。

我不明白我为什么就学会了赌骰子。大约还是因为每早上买菜，总可剩下三五个小钱，让我有机会傍近用骰子赌输赢的糕类摊子。起始当三五个人蹲到那些戏楼下，把三粒骰子或四粒骰子或六粒骰子抓到手中，奋力向大土碗掷去，跟着它的变化喊出种种专门名词时，我真忘了自己也忘了一切。那富于变化的六骰子赌，七十二种"快""臭"，一眼间我皆能很得体地喊出它的得失。谁也不能在我面前占去便宜，谁也骗不了我。自从精明这一项玩意儿以后，我家里这一早上若派我出去买菜，我就把买菜的钱去做注，同一群小无赖在一个有天棚的米厂上玩骰子，赢了钱自然全部买东西吃，若不凑巧全输掉时，就跑回来悄悄地进门找寻外祖母，从她手中把买菜的钱得到。

但这是件相当冒险的事，家中知道后可得痛打一顿，因此赌虽然赌，经常总只下一个铜子的注，赢了拿钱走去，输了也不再来，把菜少买一些，总可敷衍下去。

由于赌术精明，我不大担心输赢。我倒最希望玩个半天结果无输无赢。我所担心的只是正玩得十分高兴，忽然后领一下子为一只强硬有力的瘦手攫定，一个哑哑的声音在我耳边响着："这一下捉到你了，这一下捉到你了！"先是一惊，想挣扎可不成。既然捉定了，不必回头，我就明白我被谁捉住，且不必猜想，我就知道我回家去应受些什么款待。于是提了菜篮让这个仿佛生下来给我作对的人把我揪回去。这样过街可真无脸面，因此不是请求他放和平点抓着我一只手，总是趁他不注意的情形下，忽然挣脱先行跑回家去，准备他回来时受罚。

每次在这件事上我受的处罚都似乎略略过分了些，总是被一条绣花的白绸腰带缚定两手，系在空谷仓里，用鞭子打几十下，上半天不许吃饭，或是整天不许吃饭。亲戚中看到觉得十分可怜，多以为哥哥不应当这样虐待弟弟。但这样不顾脸面地去同一些乞丐赌博，给了家中多少气恼，我是不理解的。

我从那方面学会了不少下流野话和赌博术语，在亲戚中身份似乎也就低了些。只是当十五年后，我能够用我各方面的经验写点故事时，这些粗话野话，却给了我许多帮助，增加了故事中人物的色彩和生命。

革命后，本地设了女学校，我两个姐姐一同被送过女学校读书。我那时也欢喜过女学校去玩，就因为那地方有些新奇的东西。学校外边一点，有个做小鞭炮的作坊，从起始用一根细钢条，卷上了纸，送到木机上一搓，吱的一声就成了空心的小管子，再如何经过些什么手续，便成了燃放时吧的一声的小炮仗，被我看得十分熟悉。我借故去瞧姐姐时，总在那里看他们工作一会儿。我还可看他们烘焙火药，碓舂木炭，筛硫黄，配合火药的原料，因此明白制烟火用的药同制炮仗用的药，硫黄的分配分量如何不同。这些知识远比学校读的课本有用。

一到女学校时，我必跑到长廊下去，欣赏那些平时不易见到的织布机器。

那些大小不一钢齿轮互相衔接，一动它时全部都转动起来，且发出一种异样陌生的声音，听来我总十分欢喜。我平时是个怕鬼的人，但为了欣赏这机器，黄昏中我还敢在那儿逗留，直到她们大声呼喊各处找寻时，我才从廊下跑出。

当我转入高小那年，正是民国五年，我们那地方为了上年受蔡锷讨袁战事的刺激，感觉军队非改革不能自存，因此本地镇守署方面，设了一个军官团。前为道尹后改成苗防屯务处方面，也设了一个将弁学校。另外还有一个教练兵士的学兵营，一个教导队。小小的城里多了四个军事学校，一切都用较新方式训练，地方因此气象一新。由于常常可以见到这类青年学生结队成排在街上走过，本地的小孩以及一些小商人，都觉得学军事较有意思，有出息。有人与军官团一个教官做邻居的，要他在饭后课余教教小孩子，先在大街上操练，到后却借了附近由皇殿改成的军官团操场使用，不上半月便招集了一百人左右。

有同学在里面受过训练来的，精神比起别人来特别强悍，显明不同于一般同学。我们觉得奇怪。这同学就告我们一切，且问我愿不愿意去。并告我到里面后，每两月可以考选一次，配吃一份口粮，做守兵战兵的，就可以补上名额当兵。在我生长那个地方，当兵不是耻辱。多久以来，文人只出了个翰林，即熊希龄，两个进士，四个拔贡。至于武人，随同曾国荃打入南京城的就出了四名提督军门，后来从日本士官学校出来的朱湘溪，还做蔡锷的参谋长，出身保定军官团的，且有一大堆。在湘西十三县似占第一位。本地的光荣原本是从过去无数男子的勇敢流血搏来的。谁都希望当兵，因为这是年轻人一条出路，也正是年轻人唯一的出路。同学说及进技术班时，我就答应试来问问我的母亲，看看母亲的意见，这将军的后人，是不是仍然得从步卒出身。

那时节我哥哥已过热河找寻父亲去了，我因不受拘束，生活已日益放肆，不易教管，母亲正想不出处置我的好方法，因此一来，将军后人就决定去做兵役的候补者了。

忆清华

梁实秋

　　我在清华读过八年书，由十四岁到二十二岁，自然有不可磨灭的印象，难以淡忘的感情。我曾写过一篇《清华八年》，略叙我八年的经过。兹篇所述，偏重我所接触的师友及一些琐事之回忆。

　　……我记得，北平清华园的大门，上面横匾"清华园"三个大字。字不见佳，是清大学士那桐题的。遇有庆典之日，门口交叉两面国旗——五色旗。通往校门的马路是笔直一条碎石路，上面铺黄土，经常有清道夫一勺一勺地泼水。校门前小小一块广场，对面是一座小桥。桥畔停放人力车，并系着几匹毛驴。

　　门口内，靠东边有小屋数楹，内有一土著老者，我们背后呼之为张老头。他职司门禁，我们中等科的学生非领有放行木牌不得越校门一步。他经常手托着水烟袋，穿着黑背心，笑容可掬。我们若是和他打个招呼，走出门外买烤白薯、冻柿子，他也会装糊涂点点头，连说"快点儿回来，快点儿回来"。

　　校门以内是一块大空地，绿草如茵。有一条小河横亘草原，河以南靠东边是高等科，额曰"清华学堂"，也是那桐手笔。校长办公室在高等科楼上。民国四年我考取清华，由父执陆听秋（震）先生送我入校报到。陆先生是校长周诒春（寄梅）先生的圣约翰同学。我们进校先去拜见校长。校长指着墙上的一副字要我念，我站到椅子上才看清楚。我没有念错，他点头微笑。我想我对他的印象比他对我的印象好。

河以北是中等科，一座教室的楼房之外，便是一排排的寝室。现在回想起来，像是编了号的监牢。我起初是六个人一间房，后来是四人一间。室内有地板，白灰墙白灰顶，四白落地。铁床草垫，外配竹竿六根以备夏天支设蚊帐。有窗户，无纱窗，无窗帘。每人发白布被单、白布床罩各二；又白帆布口袋二，装换洗衣服之用，洗衣作房隔日派人取送。每两间寝室共用一具所谓"俄罗斯火炉"，墙上有洞以通暖气，实际上也没有多少暖气可通。但是火炉下面可以烤白薯，夜晚香味四溢。浴室、厕所在西边毗邻操场。浴室备铝铁盆十几个。浴者先签到报备，然后有人来倒冷热水。一个礼拜不洗，要宣布姓名；仍不洗，要派员监视勒令就浴。这规矩好像从未严格执行，因为请人签到或签到之后就开溜，种种方法早就有人发明了。厕所有九间楼之称，不知是哪位高手设计。厕在楼上，地板挖洞，下承大缸。如厕者均可欣赏"板斜尿流急，坑深屎落迟"的景致。而白胖大蛆万头钻动争着要攀据要津，蹲踞失势者纷纷黜落的残像乃尽收眼底。严冬朔风鬼哭狼嚎，胆小的不敢去如厕，往往随地便溺，主事者不得已特备大木桶晚间抬至寝室门口阶下。桶深阶滑，有一位同学睡眼蒙眬不慎失足，几遭灭顶（这位同学我在抗战之初偶晤于津门，已位居银行经理，谈及往事相与大笑）。

大礼堂是后造的。起先集会都在高等科的一个小礼堂里，凡是演讲、演戏、俱乐会都在那里举行。新的大礼堂在高等科与中等科之间，背着小河，前临草地，是罗马式的建筑，有大石柱，有圆顶，能容千余人，可惜的是传音性能不甚佳。在这大礼堂里，周末放电影，每次收费一角，像白珠小姐（Peari White）主演的《蒙头人》（Hooded Terror）连续剧，一部接着一部，美女蒙难，紧张恐怖，虽是黑白无声，也很能引发兴趣，贾波林、陆克的喜剧更无论矣。我在这个礼堂演过两次话剧。

科学馆是后建的，体育馆也是。科学馆在大礼堂前靠右方。我在里面曾饱闻科罗芳的味道，切过蚯蚓，宰过田鸡（事实上是李先闻替我宰的，我怕在田鸡肚上划那一刀）。后来校长办公室搬在科学馆楼上。教务处也搬进去了。原来的校长室变成了学生会的会所，好神气！

体育馆在清华园的西北隅，虽然不大，有健身房，有室内游泳池，在当年算是很有规模的了。在健身房里我练过跳木马、攀杆子、翻筋斗、爬绳子、张飞卖肉……游泳池我不肯利用，水太凉，不留心难免喝一口，所以到了毕业之日游泳考试不及格者有两个人，一个是赵敏恒，一个不用说就是区区我。

图书馆在园之东北，中等科之东，原来是平房一座，后建大楼，后又添两翼，踵事增华，蔚为大观。阅览室二，以软木为地板，故走路无声，不惊扰人。书库装玻璃地板，故透光，不需开灯。在当时都算是新的装备。一座图书馆的价值，不在于其建筑之雄伟，亦不尽在于其庋藏之丰富，而是在于其是否被人充分加以利用。卷帙纵多，尘封何益。清华图书馆藏书相当丰富，每晚学生麇集，阅读指定参考书，座无虚席。大部头的手抄的四库全书，我还是在这里首次看到。

校医室在体育馆之南，小河之北。小小的平房一幢，也有病床七八张。舒美科医师主其事，后来换了一位肥胖的包克女医师。我因为患耳下腺炎曾住院两天，记得有两位男护士在病房对病人大谈其性故事与性经验，我的印象恶劣。

工字厅在河之南，科学馆之背后，乃园中最早之建筑，作工字形，故名。房屋宽敞，几净窗明，为招待宾客之处，平素学生亦可借用开会。工字厅的后门外有一小小的荷花池，池后是一道矮矮的土山，山上草木荟郁。凡是纯中国式的庭园风景，有水必有山，因为挖地作池，积土为山，乃自然的便利。有昆明湖则必安有万寿山，不过其规模较大而已。清华的荷花池，规模小而景色佳，厅后对联一副颇为精彩——

槛外山光历春夏秋冬万千变幻都非凡境
窗中云影任东西南北去来澹荡洵是仙居

横额是"水木清华"四个大字。联语原为广陵驾鹤楼杏轩沈广文之作，此为祁隽藻所书。祁隽藻是嘉庆进士、大学士。所谓"仙居"未免夸张，不过在一片西式建筑之中保留了这样一块纯中国式的环境，的确别有风味。英国诗人华次渥兹说，人在情感受了挫沮的时候，自然景物会有疗伤的作用。我在清华最后两年，时常于课余之暇，陟小山，披荆棘，巡游池畔一周，不知消磨了多少黄昏。闻一多临去清华时用水彩画了一幅"荷花池畔"赠我。我写了一首白话新诗《荷花池畔》刊在《创造季刊》上，不知是郭沫若还是成仿吾还给我改了两个字。

荷花池的东北角有个亭子，这是题中应有之义，有山有水焉能无亭无台？亭附近高处有一口钟，是园中报时之具，每半小时敲一次，仿一般的船上敲钟的方法，敲两下表示是一点或五点或九点，一点半是当、当，两点半是当当、当当、当。余类推。敲钟这份差事也不好当，每隔半小时就得去敲一次，分秒不爽而且风雨无阻。

工字厅的西南有古月堂，是几个小院落组成的中国式房屋，里面住的是教国文的老先生。有些位年轻的教英文的教师记得好像是住在工字厅，美籍教师则住西式的木造洋房，集中在图书馆以北一隅。从住房的分配上也隐隐然可以看出不同的身份。

清华园以西是一片榛莽未除的荒地，也有围墙圈起，中间有一小土山耸立，我们称之为西园。小河经过处有一豁口，可以走进沿墙巡视一周，只见一片片的"萑苇被渚，蓼蘋抽涯"，好像是置身于陶然亭畔。有一回我同翟桓赴西园闲步，水闸处闻拨剌声，俯视之有大鱼盈尺在石坂上翻跃，乃相率褰裳跣足，合力捕获之，急送厨房，烹而食之，大膏馋吻。

孩子没有不馋嘴的，其实岂止孩子？清华校门内靠近左边围墙有一家"嘉华公司"，招商承办，卖日用品及零食，后来收回自营，改称为售品所，我们戏称去买零食为"上售"。零食包括：热的豆浆，肉饺、栗子、花生之类。饿的时候，一碗豆浆加进砂糖，拿起一枚肉饺代替茶匙一搅，顷刻间三碗豆浆一包肉饺（十枚）下肚，鼓腹而出。最妙的是，当局怕学生把栗子皮剥得狼藉满地，限令栗子必须剥好皮才准出售，糖炒栗子从没有过这种吃法。在清华那几年，正是生长突盛的时期，食量惊人。清华的膳食比较其他学校为佳，本来是免费的，我入校那年改为缴半费，我每月交三元半，学校补助三元。八个人一桌，四盘四碗四碟咸菜，盘碗是荤素各半，馒头白饭管够。冬季四碗改为火锅。早点是馒头稀饭咸菜四色，萝卜干、八宝菜、腌萝卜、腌白菜，随意加麻油。每逢膳时，大家挤在饭厅门外，我的感觉不是饥肠辘辘，是胃里长鸣。我清楚地记得，上第四堂课《西洋文学大纲》时，选课的只有四五人，所以就到罗伯森先生家里去听讲，我需要用手按着胃，否则肚里会呜呜地大叫。我吃馒头的纪录是十二个。斋务人员在饭厅里单占一桌，学生们等他们散去之后纷纷喊厨房添菜，不是木樨肉，就是肉丝炒辣椒，每人呼呼地添一碗饭。

清华对于运动素来热心。校际球类比赛如获胜利，照例翌日放假一天，鼓舞的力量很大。跻身于校队，则享有特殊伙食以维持其体力，名之为"训练桌"，同学为之侧目。记得有一年上海南洋大学足球队北征，清华严阵以待。那一天朔风刺骨，围观的人个个打哆嗦而手心出汗。清华大胜，以中锋徐仲良半右锋关颂韬最为出色。徐仲良脚下劲足，射门时球应声入网，其疾如矢。关颂韬最善盘球，左冲右突不离身，三两个人和他抢都奈何不了他。其他的队员如陆懋德、华秀升、姚醒黄、孟继懋、李汝祺等均能称职。生平看足球比赛，紧张刺激以此为最。篮球赛之清华的对手是北师大，其次是南开，年年互相邀赛，全力以赴，互有胜负。清华的阵容主要的以时昭涵、陈崇武为前锋，以孙立人、王国华为后卫。昭涵悍锐，崇武刁钻，立人、国华则稳重沉着。五人联手，如臂使指，进退恍惚，胜算较多。不能参加校队的，可以参加级队，不能参加级队的甚至可以参加同乡队、寝室队，总之是一片运动狂。我非健者，但是也踢破过两双球鞋，打破过几只网拍。

当时最普通而又最简便的游戏莫过于"击嘎儿"。所谓"嘎儿"者，是用木头楦出来的梭形物，另备木棍一根如擀面杖一般，略长略粗。在土地上掘一小沟，以嘎儿斜置沟之一端，持杖猛敲嘎儿之一端，则嘎儿飞越而出，愈远愈好。此戏为两人一组。一人击出，另一人试接，如接到则二人交换位置；如未接到则拾起嘎儿掷击平放在沟上之木棍，如未击中则对方以木杖试量其差距，以为计分。几番交换击接，计分较少之一方胜。清华并不完全洋化，像这样的井市小儿的游戏实在很土，其他学校学生恐怕未必屑于一顾，而在清华有一阵几乎每一学生手里都持有一杖一梭。每天下午有一个老铜锁匠担着挑子来到运动场边，他的职业本来是配钥匙开锁，但是他的副业喧宾夺主，他管修网球拍，补皮球胎，缝破皮鞋，发售木杖木嘎儿，以及其他零碎委办之事，他是园中一个不可或缺的服务者。

......

我们的制服整齐美观，厚呢的帽子宽宽的帽檐，烫得平平的。户外活动比较有趣，圆明园旧址就在我们隔壁，野径盘纡，荒纤交互，正是露营的好去处。用一根火柴发火炊饭，不是一件容易事。饭煮成焦粑或稀粥，也觉得好吃。五四之后清华学生排队进城，队伍整齐，最能赢得都人喝彩。

我的课外活动不多，在中二中三时曾邀约同学组织成了一个专门练习书法的"戏墨社"，愿意参加的不多，大家忙着学英文，谁有那么多闲情逸致讨此笔砚生涯？和我一清早就提前起在吃早点点名之前作半小时余的写字练习的，有吴卓、张嘉铸等几个人。吴卓临赵孟頫的《床天冠山图咏》，柔媚潇洒，极有风致；张嘉铸写魏碑，学张廉卿，有古意；我写汉隶，临张迁，仅略得形似耳。我们也用白折子写小楷。包世臣的《艺舟双楫》、康有为的《广艺舟双楫》是我们这时候不断研习的典籍。我们这个结社也要向学校报备，还请了汪鸾翔（巩庵）先生做导师，几度以作业送呈过目，这位长髯飘拂的略有口吃的老师对我们有嘉勉但无指导。怪我毅力不够，勉强维持两年就无形散伙了。

进高等科之后，生活环境一变，我已近成年，对于文学发生热烈的兴趣。邀集翟桓、张忠绂、顾毓琇、李迪俊、齐学启、吴锦铨等人组织"小说研究社"，出版了一册《短篇小说作法》，还占据了一间寝室作为社址。稍后扩大了组织，改名为"清华文学社"，吸收了孙大雨、谢文炳、饶孟侃、杨世恩等以及比我们高三班的闻一多，共约三十余人。朱湘落落寡合，没有加入我们的行列，后终与一多失和，此时早已见其端倪。一多年长博学，无形中是我们这集团的领袖，和我最称莫逆。我们对于文学没有充分的认识，仅于课堂上读过少数的若干西方文学作品，对于中国文学传统亦所知不多，尚未能形成任何有系统的主张。有几个人性较浪漫，故易接近当时《创造社》一派。我和闻一多所作之《冬夜草儿评论》即成于是时。同学中对于我们这一批吟风弄月讴歌爱情的人难免有微词，最坦率的是梅汝璈，他写过一篇《辟文风》投给《清华周刊》，我是周刊负责的编辑之一，当即为之披露，但是于下一期周刊中我反唇相讥辞而辟之。

说起《清华周刊》，那是我在高四时致力甚勤的一件事。周刊为学生会主要活动之一，由学校负责经费开支，虽说每期五六十页不超过一百页，里面有社论、有专论、有新闻、有文艺，俨然是一本小型综合杂志，每周一期，编写颇为累人。总编辑是吴景超，他做事有板有眼，一丝不苟。景超和我、顾毓琇、王化成四人同寝室。化成另有一批交游，同室而不同道。每到周末，我们三个人就要聚在一起，商略下一期周刊内容。社论数则是由景超和我分别操作，交相评阅，常常秉烛不眠，务期斟酌于至当，而引以为乐。周刊的文艺一栏特别丰富，有时分印为增刊，厚达二百页。

高四的学生受到学校的优遇。全体住进一座大楼，内有暖气设备，有现代的淋浴与卫生设备。不过也有少数北方人如厕只能蹲而不能坐，则宁可远征中等科照顾九间楼。高四一年功课并不松懈，唯心情愉快，即将与校园告别，反觉依依不舍。我每周进城，有时策驴经大钟寺趋西直门，蹄声得得，黄尘滚滚，赶脚的跟在后面跑，气咻咻然。多半是坐人力车，荒原古道，老树垂杨，也是难得的感受，途经海甸少不得要停下，在仁和买几瓶莲花白或桂花露，再顺路买几篓酱瓜酱菜，或是一匣甜咸薄脆，归家共享。

这篇文字无法结束，若是不略略述及我所怀念的六十多年前的几位师友。

首先是王文显先生，他做教务长相当久，后为清华大学英语系主任，他的英文名字是 J. Wang Quincey，我没见过他的中文签名，听人说他不谙中文，从小就由一位英国人抚养，在英国受教育，成为一位十足的英国绅士。他是广东人，能说粤语，为人稳重而沉默，经常骑一辆脚踏车，单手扶着车把，岸然游行于校内。他喜穿一件运动上装，胸襟上绣着英国的校徽（是牛津还是剑桥我记不得了），在足球场上做裁判。他的英语讲得太好了，不但纯熟流利，而且出言文雅，音色也好，听他说话乃是一大享受，比起语言粗鲁的一般美国人士显有上下床之别。我不幸没有能在他班上听讲，但是我毕业之后任教北大时，曾两度承他邀请参加清华留学生甄试，于私下晤对言谈之间，听他叙述英国威尔逊教授如何考证莎士比亚的版本，头头是道，乃深知其于英国文学的知识之渊博。先生才学深邃，而不轻表露，世遂少知之者。

巢堃霖先生是我的英文老师，他也是受过英国传统教育的学者，英语流利而有风趣。我记得他讲解一首伯朗宁的小诗《法军营中轶事》，连读带做，有声有色。我在班上发问答问，时常故作刁难，先生不以为忤。

在中等科教过我英文的有马国骥、林玉堂、孟宪成诸先生。马先生说英语夹杂上海土话，亦庄亦谐，妙趣横生。林先生长我五六岁，圣约翰毕业后即来清华任校，先生后改名为语堂，当时先生对于胡适白话诗甚为倾倒，尝于英文课中在黑板上大书"人力车夫，人力车夫，车来如飞……"，然后朗诵，击节称赏。我们一九二三级的"级呼"（Class Yell）是请先生给我们作的：

Who are, Who are, Who are we？We are, We are, Twenty-three. Ssss bon-bah！

孟先生是林先生的同学，后来成为教育学家。林先生活泼风趣，孟先生凝重细腻。记得孟先生教我们读《汤伯朗就学记》（Tonm Brown's Schooldays），这是一部文学杰作，写英国勒格贝公共学校的学生生活，先生讲解精详，其中若干情况至今不能忘。

教我英文的美籍教师有好几位，我最怀念的是贝德女士（Miss Baeder），她教我们"作文与修辞"，我受益良多。她教我们作文，注重草拟大纲的方法。题目之下分若干部分，每部分又分若干节，每节有一个提纲挈领的句子。有了大纲，然后再敷衍成为一篇文字。这方法其实是训练思想，使不枝不蔓层次井然，用在国文上也同样有效。她又教我们议会法，一面教我们说英语，一面教我们集会议事的规则（也就是孙中山先生所讲的民权初步），于是我们从小就学会了什么动议、附议、秩序问题、权利问题，等等，终身受用。大抵外籍教师教我们英语，使用各种教材教法，诸如辩论、集会、表演、游戏之类，而不专门致力于写、读、背，而是于实际使用英语中学习英语。还有一位克利门斯女士（Miss Clemens）我也不能忘，她年纪轻，有轻盈的体态，未开言脸先绯红。

教我音乐的是西莱女士（Miss Seeley），教我图画的是斯塔女士（Miss starr）和李盖特女士（Miss Liggate），我上她们的课不是受教，是享受。所谓如沐春风不就是享受么？教我体育的是舒美科先生、马约翰先生，马先生黑头发绿眼珠，短小精悍，活力过人，每晨十时，一声铃响，全体自课室蜂拥而出，排列在一个广场上，"一、二、三、四，二、二、三、四……"连做十五分钟的健身操，风霜无阻，也能使大家出一头大汗。

我的国文教师当中，举人进士不乏其人，他们满腹诗书自不待言，不过传授多少给学生则是另一问题。清华不重国文，课都排在下午，毕业时成绩不计，教师全住在古月堂自成一个区域。我怀念徐镜澄先生，他教我作文莫说废话，少用虚字，句句要挺拔，这是我永远奉为圭臬的至理名言。我曾经写过一篇记徐先生的文章，兹不赘。陈敬侯先生是天津人，具有天津人特有的幽默，除了风趣的言谈之外，还逼我们默写过好多篇古文。背诵之不足，继之以默写，要把古文的格调声韵砸到脑子里去。汪鸾翔先生以他的贵州口音结结巴巴地说："有人说，国国文没没趣味，国国文怎能没没有趣味，趣味就在其中啦！"当时听了当作笑话，现在体会到国文的趣味之可意会而不可言传，真是只好说是"在其中"了。

八年同窗好友太多了，同级的七八十人如今记得姓名的约有七十，有几位我记得姓而忘其名，更有几位我只约记得面貌。

我在清华最后两年，因为热心于学生会的活动，和罗努生、何浩若、时昭瀛来往较多。浩若曾有一次对我说："当年清华学生中至少有四个人不是好人，一个是努生，一个是昭瀛，一个是区区我，一个是阁下你。应该算是四凶。常言道，'好人不长寿'，所以我对于自己的寿命毫不担心。如今昭瀛年未六十遽尔作古，我的信心动摇矣！"他确是信心动摇，不久亦成为九泉之客。其实都不是坏人，只是年少轻狂不大安分。我记得有一次演话剧，是陈大悲的《良心》，初次排演的时候斋务主任陈筱田先生在座（他也饰演一角），他指着昭瀛说："时昭瀛扮演那个坏蛋，可以无需化装。"哄堂大笑。昭瀛一瞪眼，眼睛比眼镜还大出一圈。他才思敏捷，英文特佳。为了换取一点稿酬，译了我的《雅舍小品》，孟瑶的《心园》，张其钧的《孔子传》。不幸在出使巴西任内去世。努生的公私生活高潮迭起，世人皆知，在校时扬言"九年清华三赶校长"，我曾当面戏之曰："足下才高于学，学高于品。"如今他已下世，我仍然觉得"世人皆欲杀，吾意独怜才"。至于浩若，他是清华同学中唯一之文武兼资者，他在清华的时候善写古文，波浪壮阔。在美国读书时倡国家主义最为激烈，返国后一度在方鼎英部下任团长，抗战期间任物资局长，晚年萧索，意气消磨。

我清华最后一年同寝室者，吴景超与顾毓琇，不可不述。景超徽州歙县人，永远是一袭灰布长袍，道貌岸然，循规蹈矩，刻苦用功。好读史迁，故大家称呼之为太史公。为文有法度，处事公私分明。供职经济部所用邮票分置两纸盒内，一供公事，一供私函，决不混淆。可见其为人之一斑。毓琇江苏无锡人，治电机，而于诗词戏剧小说无所不窥，精力过人。为人机警，往往适应局势猛着先鞭。还有两个我所敬爱的人物。一个是潘光旦，原名光亶，江苏宝山人，因伤病割去一腿。徐志摩所称道的"胡圣潘仙"，胡圣是适之先生，潘仙即光旦，以其似李铁拐也。光旦学问渊博，融贯中西，治优生学，后遂致力于我国之谱牒，时有著述，每多发明。其为人也，外圆内方，人皆乐与之游。还有一个是张心一，原名继忠，是我所知的清华同学中唯一的真正的甘肃人。他是一个传奇人物。他嫌理发一角钱太贵，尝自备小刀对镜剃光头，常是满头血迹斑斓。在校时外出永远骑驴，抗战期间一辆摩托机车跑遍后方各省。他作一个银行总稽核，外出查账，一向不受招待，某地分行为他设盛筵，他闻声逃匿，到小吃摊上果腹而归。他的轶事一时也说不完。

　　我在清华一住八年，由童年到弱冠，在那里受环境的熏陶，受师友的教益。这样的一个学校是名副其实的我的母校，我自然怀着一份深厚的感情。

用久别重逢的心情来爱你

两地相隔的亲子书信更多了一份牵肠挂肚，这些书信饱含深情，不管是长篇累牍亦或是只字片语，那份爱意却在字里行间流转不息。我的孩子，爱你是我的天职！本章节汇集了大师们给子女的家书名篇，篇篇精彩。

我们现在怎样做父亲

鲁迅

我作这一篇文的本意，其实是想研究怎样改革家庭；又因为中国亲权重，父权更重，所以尤想对于从来认为神圣不可侵犯的父子问题，发表一点意见。总而言之：只是革命要革到老子身上罢了。但何以大模大样，用了这九个字的题目呢？这有两个理由：

第一，中国的"圣人之徒"，最恨人动摇他的两样东西。一样不必说，也与我辈决不相干；一样便是他的伦常，我辈却不免偶然发几句议论，所以株连牵扯，很得了许多"铲伦常""禽兽行"之类的恶名。他们以为父对于子，有绝对的权力和威严；若是老子说话，当然无所不可，儿子有话，却在未说之前早已错了。但祖父子孙，本来各各都只是生命的桥梁的一级，绝不是固定不易的。现在的子，便是将来的父，也便是将来的祖。我知道我辈和读者，若不是现任之父，也一定是候补之父，而且也都有做祖宗的希望，所差只在一个时间。为想省却许多麻烦起见，我们便该无须客气，尽可先行占住了上风，摆出父亲的尊严，谈谈我们和我们子女的事；不但将来着手实行，可以减少困难，在中国也顺理成章，免得"圣人之徒"听了害怕，总算是一举两得之至的事了。所以说，"我们怎样做父亲。"

第二，对于家庭问题，我在《新青年》的《随感录》（二五，四十，四九）

中，曾经略略说及，总括大意，便只是从我们起，解放了后来的人。论到解放子女，本是极平常的事，当然不必有什么讨论。但中国的老年，中了旧习惯旧思想的毒太深了，决定悟不过来。譬如早晨听到乌鸦叫，少年毫不介意，迷信的老人，却总须颓唐半天。虽然很可怜，然而也无法可救。没有法，便只能先从觉醒的人开手，各自解放了自己的孩子。自己背着因袭的重担，肩住了黑暗的闸门，放他们到宽阔光明的地方去；此后幸福地度日，合理地做人。

还有，我曾经说，自己并非创作者，便在上海报纸的《新教训》里，挨了一顿骂。但我辈评论事情，总须先评论了自己，不要冒充，才能像一篇说话，对得起自己和别人。我自己知道，不特并非创作者，并且也不是真理的发现者。凡有所说所写，只是就平日见闻的事理里面，取了一点心以为然的道理；至于终极究竟的事，却不能知。便是对于数年以后的学说的进步和变迁，也说不出会到如何地步，单相信比现在总该还有进步还有变迁罢了。所以说，"我们现在怎样做父亲"。

我现在心以为然的道理，极其简单。便是依据生物界的现象，一、要保存生命；二、要延续这生命；三、要发展这生命（就是进化）。生物都这样做，父亲也就是这样做。

生命的价值和生命价值的高下，现在可以不论。单照常识判断，便知道既是生物，第一要紧的自然是生命。因为生物之所以为生物，全在有这生命，否则失了生物的意义。生物为保存生命起见，具有种种本能，最显著的是食欲。因有食欲才摄取食物，因有食物才发生温热，保存了生命。但生物的个体，总免不了衰老和死亡，为继续生命起见，又有一种本能，便是性欲。因性欲才有性交，因有性交才发生苗裔，继续了生命。所以食欲是保存自己，保存现在生命的事；性欲是保存后裔，保存永久生命的事。饮食并非罪恶，并非不净；性交也就并非罪恶，并非不净。饮食的结果，养活了自己，对于自己没有恩；性交的结果，生出子女，对于子女当然也算不了恩。——前前后后，都向生命的长途走去，仅有先后的不同，分不出谁受谁的恩典。

可惜的是中国的旧见解，竟与这道理完全相反。夫妇是"人伦之中"，却说是"人伦之始"；性交是常事，却以为不净；生育也是常事，却以为天大的大功。人人对于婚姻，大抵先夹带着不净的思想。亲戚朋友有许多戏谑，自己也有许多羞涩，直到生了孩子，还是躲躲闪闪，怕敢声明；独有对于孩子，却威严十足，这种行径，简直可以说是和偷了钱发迹的财主，不相上下了。我并不是说——如他们攻击者所意想的——人类的性交也应如别种动物，随便举行；或如无耻流氓，专做些下流举动，自鸣得意。是说，此后觉醒的人，应该先洗净了东方固有的不净思想，再纯洁明白一些，了解夫妇是伴侣，是共同劳动者，又是新生命创造者的意义。所生的子女，固然是受领新生命的人，但他也不永久占领，将来还要交付子女，像他们的父母一般。只是前前后后，都做一个过付的经手人罢了。

生命何以必须继续呢？就是因为要发展，要进化。个体既然免不了死亡，进化又毫无止境，所以只能延续着，在这进化的路上走。走这路须有一种内的努力，有如单细胞动物有内的努力，积久才会繁复，无脊椎动物有内的努力，积久才会发生脊椎。所以后起的生命，总比以前的更有意义，更近完全，因此也更有价值，更可宝贵；前者的生命，应该牺牲于他。

但可惜的是中国的旧见解，又恰恰与这道理完全相反。本位应在幼者，却反在长者；置重应在将来，却反在过去。前者做了更前者的牺牲，自己无力生存，却苛责后者又来专做他的牺牲，毁灭了一切发展本身的能力。我也不是说——如他们攻击者所意想的——孙子理应终日痛打他的祖父，女儿必须时时咒骂她的亲娘。是说，此后觉醒的人，应该先洗净了东方古传的谬误思想，对于子女，义务思想须加多，而权力思想却大可切实核减，以准备改作幼者本位的道德。况且幼者受了权力，也并非永久占有，将来还要对于他们的幼者，仍尽义务，只是前前后后，都做一切过付的经手人罢了。

"父子间没有什么恩"这一个断语，实是招致"圣人之徒"面红耳赤的一大原因。他们的误点，便在长者本位与利己思想，权力思想很重，义务思想和责任心却很轻。以为父子关系，只需"父兮生我"一件事，幼者的全部，便应为长者所有。尤其堕落的，是因此责望报偿，以为幼者的全部，理该做长者的牺牲。殊不知自然界的安排，却件件与这要求反对，我们从古以来，逆天行事，于是人的能力，十分萎缩，社会的进步，也就跟着停顿。我们虽不能说停顿便要灭亡，但较之进步，总是停顿与灭亡的路相近。

自然界的安排，虽不免也有缺点，但结合长幼的方法，却并无错误。他并不用"恩"，却给予生物以一种天性，我们称他为"爱"。动物界中除了生子数目太多——爱不周到的如鱼类之外，总是挚爱他的幼子，不但绝无利益心情，甚或至于牺牲了自己，让他的将来的生命，去上那发展的长途。

人类也不外此，欧美家庭，大抵以幼者弱者为本位，便是最合于这生物学的真理的办法。便在中国，只要心思纯白，未曾经过"圣人之徒"作践的人，也都自然而然地能发现这一种天性。例如一个村妇哺乳婴儿的时候，决不想到自己正在施恩；一个农夫娶妻的时候，也决不以为将要放债。只是有了子女，即天然相爱，愿他生存；更进一步的，便还要愿他比自己更好，就是进化。这离绝了交换关系利害关系的爱，便是人伦的索子，便是所谓"纲"。倘如旧说，抹杀了"爱"，一味说"恩"，又因此责望报偿，那便不但败坏了父子间的道德，而且也大反于做父母的实际的真情，播下乖剌的种子。有人做了乐府，说是"劝孝"，大意是什么"儿子上学堂，母亲在家磨杏仁，预备回来给他喝，你还不孝么"之类，自以为"拼命卫道"。殊不知富翁的杏酪和穷人的豆浆，在爱情上价值同等，而其价值却正在父母当时并无求报的心思；否则变成买卖行为，虽然喝了杏酪，也不异"人乳喂猪"，无非要猪肉肥美，在人伦道德上，丝毫没有价值了。

所以我现在心以为然的，便只是"爱"。

无论何国何人，大都承认"爱己"是一件应当的事。这便是保存生命的要义，也就是继续生命的根基。因为将来的运命，早在现在决定，故父母的缺点，便是子孙灭亡的伏线，生命的危机。易卜生作的《群鬼》（有潘家洵君译本，载在《新潮》一卷五号）虽然重在男女问题，但我们也可以看出遗传的可怕。欧士华本是要生活，能创作的人，因为父亲的不检，先天得了病毒，中途不能做人了。他又很爱母亲，不忍劳他服侍，便藏着吗啡，想待发作时候，由使女瑞琴帮他吃下，毒杀了自己；可是瑞琴走了。他于是只好托他母亲了。

> 欧："母亲，现在应该你帮我的忙了。"
> 阿夫人："我吗？"
> 欧："谁能及得上你。"
> 阿夫人："我！你的母亲！"
> 欧："正为那个。"
> 阿夫人："我，生你的人！"
> 欧："我不曾教你生我。并且给我的是一种什么日子？我不要他！你拿回去吧！"

这一段描写，实在是我们做父亲的人应该震惊戒惧佩服的；决不能昧了良心，说儿子理应受罪。这种事情，中国也很多，只要在医院做事，便能时时看见先天梅毒性病儿的惨状；而且傲然地送来的，又大抵是他的父母。但可怕的遗传，并不只是梅毒，另外许多精神上体质上的缺点，也可以传之子孙，而且久而久之，连社会都蒙着影响。我们且不高谈人群，单为子女说，便可以说凡是不爱己的人，实在欠缺做父亲的资格。就令硬做了父亲，也不过如古代的草寇称王一般，万万算不了正统。将来学问发达，社会改造时，他们侥幸留下的苗裔，恐怕总不免要受善种学（Eugenics）者的处置。

倘若现在父母并没有将什么精神上体质上的缺点交给子女，又不遇意外的事，子女便当然健康，总算已经达到了继续生命的目的。但父母的责任还没有完，因为生命虽然继续了，却是停顿不得，所以还须教这新生命去发展。凡动物较高等的，对于幼雏，除了养育保护以外，往往还教他们生存上必需的本领。例如飞禽便教飞翔，鸷兽便教搏击。人类更高几等，便也有愿意子孙更进一层的天性。这也是爱。上文所说的是对于现在，这是对于将来。只要思想未遭锢蔽的人，谁也喜欢子女比自己更强，更健康，更聪明高尚——更幸福；就是超越了自己，超越了过去。超越便须改变，所以子孙对于祖先的事，应该改变，"三年无改于父之道可谓孝矣"，当然是曲说，是退婴的病根。假使古代的单细胞动物，也遵着这教训，那便永远不敢分裂繁复，世界上再也不会有人类了。

幸而这一类教训，虽然害过许多人，却还未能完全扫尽了一切人的天性。没有读过"圣贤书"的人，还能将这天性在名教的斧钺底下，时时流露，时时萌蘖；这便是中国人虽然凋落萎缩，却未灭绝的原因。

所以觉醒的人，此后应将这天性的爱，更加扩张，更加醇化；用无我的爱，自己牺牲于后起新人。开宗第一，便是理解。往昔的欧人对于孩子的误解，是以为成人的预备；中国人的误解是以为缩小的成人。直到近来，经过许多学者的研究，才知道孩子的世界，与成人截然不同；倘不先行理解，一味蛮做，便大碍于孩子的发达。所以一切设施，都应该以孩子为本位，日本近来，觉悟的也很不少；对于儿童的设施，研究儿童的事业，都非常兴盛了。第二，便是指导。时势既有改变，生活也必须进化；所以后起的人物，一定尤异于前，决不能用同一模型，无理嵌定。长者须是指导者协商者，却不该是命令者。不但不该责幼者供奉自己；而且还须用全副精神，专为他们自己，养成他们有耐劳作的体力，纯洁高尚的道德，广博自由能容纳新潮流的精神，也就是能在世界新潮流中游泳，不被淹没的力量。第三，便是解放。子女是即我非我的人，但既已分立，也便是人类中的人，因为即我，所以更应该尽教育的义务，交给他们自立的能力；因为非我，所以也应同时解放，全部为他们自己所有，成一个独立的人。

这样，便是父母对于子女，应该健全地产生，尽力地教育，完全地解放。

但有人会怕，仿佛父母从此以后，一无所有，无聊至极了。这种空虚的恐怖和无聊的感想，也即从谬误的旧思想发生；倘明白了生物学的真理，自然便会消灭。但要做解放子女的父母，也应预备一种能力。便是自己虽然已经带着过去的色彩，却不失独立的本领和精神，有广博的趣味，高尚的娱乐。要幸福吗？连你的将来的生命都幸福了。要"返老还童"，要"老复丁"吗？子女便是"复丁"，都已独立而且更好了。这才是完了长者的任务，得了人生的慰安。倘若思想本领，样样照旧，专以"勃（奚谷）"为业，行辈自豪，那便自然免不了空虚无聊的苦痛。

或者又怕，解放之后，父子间要疏隔了。欧美的家庭，专制不及中国，早已大家知道；往者虽有人比之禽兽，现在却连"卫道"的圣徒，也曾替他们辩护，说并无"逆子叛弟"了。因此可知：唯其解放，所以相亲；唯其没有"拘挛"子弟的父兄，所以也没有反抗"拘挛"的"逆子叛弟"。若威逼利诱，便无论如何，决不能有"万年有道之长"。例便如我中国，汉有举孝，唐有孝悌力田科，清末也还有孝廉方正，都能换到官做。父恩谕之于先，皇恩施之于后，然而割股的人物，究属寥寥。足可证明中国的旧学说旧手段，实在从古以来，并无良效，无非使坏人增长些虚伪，好人无端地多受些人我都无利益的苦痛罢了。

都有"爱"是真的。路粹引孔融说："父之于子，当有何亲？论其本意，实为情欲发耳。子之于母，亦复奚为，譬如寄物瓶中，出则离矣。"（汉末的孔府上，很出过几个有特色的奇人，不像现在这般冷落，这话也许确是北海先生所说；只是攻击他的偏是路粹和曹操，教人发笑罢了。）虽然也是一种对于旧说的打击，但实于事理不合。因为父母生了子女，同时又有天性的爱，这爱又很深广很长久，不会即离。现在世界没有大同，相爱还有差等，子女对于父母，也便最爱，最关切，不会即离。所以疏隔一层，不劳多虑。至于一种例外的人，或者非爱所能勾连。但若爱力尚且不能勾连，那便任凭什么"恩威，名分，天经，地义"之类，更是勾连不住。

或者又怕，解放之后，长者要吃苦了。这事可分两层：第一，中国的社会，虽说"道德好"，实际却太缺乏相爱相助的心思。便是"孝""烈"这类道德，也都是旁人毫不负责，一味收拾幼者弱者的方法。在这样社会中，不独老者难于生活，既解放的幼者，也难于生活。第二，中国的男女，大抵未老先衰，甚至不到二十岁，早已老态可掬，待到真实衰老，便更须别人扶持。所以我说，解放子女的父母，应该先有一番预备；而对于如此社会，尤应该改造，使他能适于合理的生活。许多人预备着，改造着，久而久之，自然可望实现了。单就别国的往时而言，斯宾塞未曾结婚，不闻他侘傺无聊；瓦特早没有了子女，也居然"寿终正寝"，何况在将来，更何况有儿女的人呢？

或者又怕，解放之后，子女要吃苦了。这事也有两层，全如上文所说，不过一是因为老而无能，一是因为少不更事罢了。因此觉醒的人，愈觉有改造社会的任务。中国相传的成法，谬误很多：一种是锢闭，以为可以与社会隔离，不受影响，一种是教给他恶本领，以为如此才能在社会中生活。用这类方法的长者，虽然也含有继续生命的好意，但比照事理，却决定谬误。此外还有一种，是传授些周旋发法，教他们顺应社会。这与数年前讲"实用主义"的人，因为市上有假洋钱，便要在学校里遍教学生看洋钱的法子之类，同一错误。社会虽然不能不偶然顺应，但绝不是正当办法。因为社会不良，恶现象便很多，势不能一一顺应；倘都顺应了，又违反了合理的生活，倒走了进化的路。所以根本方法，只有改良社会。

就实际上说，中国旧理想的家族关系父子关系之类，其实早已崩溃。这也非"于今为烈"，正是"在昔已然"。历来都竭力表彰"五世同堂"，便足见实际上同居的为难；拼命地劝孝，也足见事实上孝子的缺少。而其原因，便全在一意提倡虚伪道德，蔑视了真的人情。我们试一翻大族的家谱，便知道始迁祖宗，大抵是单身迁居，成家立业；一到聚族而居，家谱出版，却已在零落的中途了。况在将来，迷信破了，便没有哭竹，卧冰；医学发达了，也不必尝秽，割骨。又因为经济关系，结婚不得不迟，生育因此也迟，或者子女才能自存，父母已经衰老，不及依赖他们供养，事实上也就是父母反尽了义务。世界潮流逼拶着，这样做的可以生存，不然的便都衰落；无非觉醒者多，加些人力，便危机可望较少就是了。

但既如上言，中国家庭，实际久已崩溃，并不如"圣人之徒"纸上的空谈，则何以至今依然如故，一无进步呢？这事很容易解答。第一，崩溃者自崩溃，纠缠者自纠缠，设立者又自设立；毫无戒心，也不想到改革，所以如故。第二，以前的家庭中间，本来常有勃谿谷，到了新名词流行之后，便都改称"革命"，然而其实也仍是嫖钱至于相骂，要赌本至于相打之类，与觉醒者的改革，截然两途。这一类自称"革命"的勃谿谷子弟，纯属旧式，待到自己有了子女，也决不解放；或者毫不管理，或者反要寻出《孝经》，勒令诵读，想他们"学于古训"，都做牺牲。这只能全归旧道德旧习惯旧方法负责，生物学的真理决不能妄任其咎。

既如上言，生物为要进化，应该继续生命，那便"不孝有三无后为大"，三妻四妾，也极合理了。这事也很容易解答。人类因为无后，绝了将来的生命，虽然不幸，但若用不正当的方法手段，苟延生命而害及人群，便该比一人无后，尤其"不孝"。因为现在的社会，一夫一妻制最为合理，而多妻主义，实能使人群堕落。堕落近于退化，与继续生命的目的，恰恰完全相反。无后只是灭绝了自己，退化状态的有后，便会毁到他人。人类总有些为他人牺牲自己的精神，而况生物自发生以来，交互关联，一人的血统，大抵总与他人有多少关系，不会完全灭绝。所以生物学的真理，绝非多妻主义的护符。

总而言之，觉醒的父母，完全应该是义务的，利他的，牺牲的，很不易做；而在中国尤不易做。中国觉醒的人，为想随顺长者解放幼者，便须一面清结旧账，一面开辟新路。就是开首所说的"自己背着因袭的重担，肩住了黑暗的闸门，放他们到宽阔光明的地方去；此后幸福地度日，合理地做人"。这是一件极伟大的要紧的事，也是一件极困苦艰难的事。

但世间又有一类长者，不但不肯解放子女，并且不准子女解放他们自己的子女；就是并要孙子曾孙都做无谓的牺牲。这也是一个问题；而我是愿意平和的人，所以对于这问题，现在不能解答。

一九一九年十月

作者简介

鲁迅（1881～1936），浙江绍兴人，原名周樟寿，后改名周树人，字豫山，后改豫才，"鲁迅"是他1918年发表《狂人日记》时所用的笔名，也是他影响最为广泛的笔名。著名的文学家、思想家、教育家，五四新文化运动的重要参与者，中国现代文学的奠基人。

致梁再冰

【一九三七年七月】

林徽因

【1937 年 7 月 7 日卢沟桥事变发生时，林徽因与梁思成正在山西五台山地区考察，7 月中旬出山后方得知消息，于是急忙绕道平绥线回到北平。他们的女儿再冰此时正随大姑母等在北戴河海滨度暑假】

宝宝：

妈妈不知道要怎样告诉你许多的事，现在我分开来一件一件地讲给你听。

第一，我从六月二十六日离开太原到五台山去，家里给我的信就没有法子接到，所以我同金伯伯、小弟弟所写的信我就全没有看见（那些信一直到我到了家，才由太原转来）。

第二，我同爹爹不只接不到信，连报纸在路上也没有法子看见一张，所以日本同中国闹的事情也就一点不知道！

第三，我们路上坐大车同骑骡子，走得顶慢，工作又忙，所以到了七月十二日才走到代县，有报，可以打电报的地方，才算知道一点外面的新闻。那时候，我听说到北平的火车，平汉路同同蒲路已然不通，真不知道多着急！

第四，好在平绥铁路没有断，我同爹就慌慌张张绕到大同由平绥路回北平。现在我画张地图你看看（图略——编者注），你就可以明白了。

注意万里长城、太原、五台山、代县、雁门关、大同、张家口等地方，及：

平汉铁路

正太铁路

平绥铁路

你就可以明白一切

第五，（现在你该明白我走的路线了）我要告诉你我在路上就顶记挂你同小弟，可是没法子接信。等到了代县一听见北平方面有一点战事，更急得了不得。好在我们由代县到大同比上太原还近，由大同坐平绥路火车回来也顶方便的（看地图）。可是又有人告诉我们平绥路只通到张家口，这下子可真急死了我们！

第六，后来居然回到西直门站（不能进前门车站）我真是欢喜得不得了。清早七点钟就到了家，同家里人同吃早饭，真是再高兴没有了。

第六，现在我要告诉你这一次日本人同我们闹什么。

你知道他们老要我们的"华北"地方，这一次又是为了点小事就大出兵来打我们！现在两边兵都停住，一边在开会商量"和平解决"，以后还打不打谁也不知道呢。

第七，反正你在北戴河同大姑、姐姐哥哥们一起也很安稳的，我也就不叫你回来。我们这里一时也很平定，你也不用记挂。我们希望不打仗事情就可以完；但是如果日本人要来占北平，我们都愿意打仗，那时候你就跟着大姑姑那边，我们就守在北平，等到打胜了仗再说。我觉得现在我们做中国人应该要顶勇敢，什么都不怕，什么都顶有决心才好。

第八，你做一个小孩，现在顶要紧的是身体要好，读书要好，别的不用管。现在既然在海边，就痛痛快快地玩。你知道你妈妈同爹爹都顶平安地在北平，不怕打仗，更不怕日本。过几天如果事情完全平下来，我再来北戴河看你，如果还不平定，只好等着。大哥（指梁再冰的大表哥——编者注）、三姑过两天就也来北戴河，你们那里一定很热闹。

第九，请大姐（指梁再冰的大表姐——编者注）多帮你忙学游水。游水如果能学会了，这趟海边的避暑就更有意思了。

第十，要听大姑姑的话。告诉她爹爹妈妈都顶感谢她照应你，把你"长了磅"。你要的衣服同书就寄来。

妈妈

作者简介

林徽因（1904～1955），福建闽县（今福州）人，出生于浙江杭州。原名林徽音，其名出自"《诗·大雅·思齐》：大姒嗣徽音，则百斯男"。后因常被人误认为当时一作家林微音，故改名徽因。文学上，著有散文、诗歌、小说、剧本、译文和书信等，代表作《你是人间四月天》、《莲灯》、《九十九度中》等。其中，《你是人间四月天》最为大众熟知，广为传诵。

《傅雷家书》致傅聪（节选）

傅雷

一九五四年

（一）

聪：

　　车一开动，大家都变了泪人儿，呆呆地直立在月台上，等到冗长的列车全部出了站方始回身。（一九五四年傅聪应波兰政府邀请，参加"第五届肖邦国际钢琴比赛"并留学波兰。一九五四年一月十七日全家在上海火车站送傅聪去北京准备出国。——编者注）出站时沈伯伯（沈知白，一九〇四——一九六八，中国音乐学家，上海音乐学院作曲系主任。原名登瀛，又名君闻、敦行。浙江吴兴人，傅雷挚友，傅聪青少年时期的乐理老师，"文革"中受迫害致死。——编者注）再三劝慰我。但回家的三轮车上，个个人都止不住流泪。敏一直抽抽噎噎。昨天一夜我们都没睡好，时时刻刻惊醒。今天睡午觉，刚刚朦胧合眼，又是心惊肉跳地醒了。昨夜月台上的滋味，多少年来没尝到了，胸口抽痛，胃里难过，只有从前失恋的时候有过这经验。今儿一天好像大病之后，一点劲都没有。妈妈随时随地都想哭——眼睛已经肿得不像样了，干得发痛了，还是忍不住要哭。只说了句"一天到晚堆着笑脸"，她又呜咽不成声了。真的，孩子，你这一次真是"一天到晚堆着笑脸"，叫人怎么舍得！老想到一九五三年正月的事。（一九五三年正月，就贝多芬小提琴奏鸣曲哪一首最重要的问题，傅聪与父亲争论激烈。

傅聪根据自己的音乐感受，不同意父亲认为第九首《"克勒策"奏鸣曲》最为重要的观点，认为《第十小提琴奏鸣曲》最重要。双方争执不下。父亲认为傅聪太狂妄，"才看过多少书！"而当时国外音乐界一般都认同第九首最为重要。所以父亲坚持己见，双方发生严重冲突。在父亲勃然大怒的情况下，倔强的傅聪毅然离家出走，住在父亲好友毛楚恩家一月余。后因傅雷姑夫去世，觉得人生在世何其短促，父子何必如此认真，感慨万千，遂让傅聪弟弟傅敏陪同母亲接傅聪回家，双方才和解。——编者注）我良心上的责备简直消释不了。孩子，我虐待了你，我永远对不起你，我永远补赎不了这种罪过！这些念头整整一天没离开过我的头脑，只是不敢向妈妈说。人生做错了一件事，良心就永久不得安宁！真的，巴尔扎克说得好：有些罪过只能补赎，不能洗刷！

十八日晚

昨夜一上床，又把你的童年温了一遍。可怜的孩子，怎么你的童年会跟我的那么相似呢？我也知道你从小受的挫折对于你今日的成就并非没有帮助；但我做爸爸的总是犯了很多很重大的错误。自问一生对朋友对社会没有做什么对不起的事，就是在家里，对你和你妈妈做了有亏良心的事（父亲教子极严，有时几乎不近人情，母亲也因此往往在精神上受折磨），这些都是近一年中常常想到的，不过这几天特别在脑海中盘旋不去，像噩梦一般。可怜过了四十五岁，父性才真正觉醒！

今天一天精神仍未恢复。人生的关是过不完的，等到过得差不多的时候，又要离开世界了。分析这两天来精神的波动，大半是因为：我从来没爱你像现在这样爱得深切，而正在这爱的最深切的关头，偏偏来了离别！这一关对我，对你妈妈都是从未有过的考验。别忘了妈妈之于你不仅仅是一般的母爱，而尤其因为她为了你花的心血最多，为你受的委屈——当然是我的过失——最多而且最深最痛苦。园丁以血泪灌溉出来的花果迟早得送到人间去让别人享受，可是在离别的关头怎么免得了割舍不得的情绪呢？

跟着你痛苦的童年一起过去的，是我不懂做爸爸的艺术的壮年。幸亏你得天独厚，任凭如何打击都摧毁不了你，因而减少了我一部分罪过。可是结果是一回事，当年的事实又是一回事：尽管我埋葬了自己的过去，却始终埋葬不了自己的错误。孩子，孩子，孩子，我要怎样地拥抱你才能表示我的悔与热爱呢！

爸爸

十九晚

一九五五年

亲爱的孩子：

我先要跟你办个交涉：凡我信上所问你的事，都有红笔圈出，希望都答复我。你每次复信都要把我的信放在旁边，把红圈的段落一一查看，未复的都要复。第49-50-51三信的问题，只有钢琴和合同二项得到回音，余下的只字未提。我今后把向你提的问题摘要登记在一本小册子上，只要你不答复，我还是要问个不休的。爸爸这个死脾气，你该知道而且能原谅的，同时也能满足它的，是不是？

巴黎 Pathe Marconi 公司又有复信，说从苏联转的航空邮包要获得苏联政府特别许可，这次未蒙批准，故原寄样片只得改走香港，尚需一个月可到。我今日又去信问他们，Concerto（《协奏曲》——编者注）灌音模糊，杂声极多，是否有法补救，或者样片本来不及正式片品质好。他们来信说送你的样片是双份，不知确否？我又要他们把合同打一份副本给我，也告诉他明年二月你将去捷克灌片，是否与他们有冲突。你十一月二十七日信中只批评你弹的 Mazurkas（《玛祖卡》——编者注），没提到其他的；是否因 Concerto（《协奏曲》——编者注）录音效果恶劣，根本无法下断语？ Fantasy（《幻想曲》——编者注）与 Berceuse（《摇篮曲》——编者注）两支曲子，望你再设法听一遍，写些意见来！等我们收到样片时，同时看看你的意见，以便知道你对肖邦的了解究竟是怎样的，也可知道你对自己的标准严格到什么程度。因巴黎的 Pathe Marconi 公司答应除样片外，将来再送我正式片两套；故我今天寄了一辑《敦煌画集》（大开本）去，以资酬答。昨天去买了十种理论书及学习文件，内八种都是小册子，分作两包，平信挂号寄出，约本月底可到。每次寄你的材料及书等，收到时务必在信中提明，千万勿忘，免我们挂心！

"毛选"中的《实践论》及《矛盾论》，可多看看，这是一切理论的根底。此次寄你的书中，一部分是纯理论，可以帮助你对马列主义及辩证法有深切了解。为了加强你的理智和分析能力，帮助你头脑冷静，彻底搞通马列及辩证法是一条极好的路。我本来富于科学精神，看这一类书觉得很容易体会，也很有兴趣，因为事实上我做人的作风一向就是如此的。你感情重，理智弱，意志尤其弱，亟须从这方面多下功夫。否则你将来回国以后，什么事都要格外赶不上的。

住屋及钢琴两事现已圆满解决，理应定下心来工作。倘使仍觉得心绪不宁，必定另有原因，索性花半天工夫仔细检查一下，病根何在？查清楚了才好对症下药，廓清思想。老是这样，不正视现实，不正视自己的病根，而拖泥带水，不晴不雨地糊下去，只有给你精神上更大的害处。该拿出勇气来，彻底清算一下。

廓清思想，心绪平定以后，接着就该周密考虑你的学习计划：把正规的学习和明春的灌片及南斯拉夫的演奏好好结合起来。事先多问问老师意见，不要匆促决定。决定后勿轻易更动。同时望随时来信告知这方面的情况。前信（五十一号）要你谈谈技巧与指法手法，与你今后的学习很有帮助：我们不是常常对自己的工作（思想方面亦然如此）需要来个"小结"吗？你给我们谈技巧，就等于你自己做小结。千万别懒洋洋地拖延！我等着。同时不要一次写完，一次写必有遗漏，一定要分几次写才写得完全；写得完全是表示你考虑得完全，回忆得清楚，思考也细致深入。你务必听我的话，照此办法做。这也是一般工作方法的极重要的一个原则。

以前我也问过你，住屋确定之后的日常开支，望即日来信报告！每月伙食费多少？宿舍要付租金吗？钢琴要负担租费吗？若要负担，有否向大使馆提过？（参看第四十九号信我与黄秘书的谈话。）

哥伦比亚的合同不会丢了的，大概没仔细寻找。以后要小心，重要文件都需妥藏，放在硬纸袋内，外面写好"要件、存"字样。给你带去一个小黑公事包做什么用的？

……你始终太容易信任人。我素来不轻信人言，等到我告诉你什么话，必有相当根据，而你还是不大重视，轻描淡写。这样的不知警惕，对你将来是危险的！一个人妨碍别人，不一定是因为本性坏，往往是因为头脑不清，不知利害轻重。所以你在这些方面没有认清一个人的时候，切忌随口吐露心腹。一则太不考虑和你说话的对象，二则太不考虑事情所牵涉的另外一个人。（还不止一个呢！）来信提到这种事，老是含混得很。去夏你出国后，我为另一件事写信给你，要你检讨，你以心绪恶劣推掉了。其实这种作风，这种逃避现实的心理是懦夫的行为，绝不是新中国的青年所应有的。你要革除小布尔乔亚根性，就要从这等地方开始革除！

别怕我责备！（这也是小布尔乔亚的怯懦。）也别怕引起我心烦，爸爸不为儿子烦心，为谁烦心？爸爸不帮助孩子，谁帮助孩子？儿子苦闷不向爸爸求救，向谁求救？你这种顾虑也是一种短视的温情主义，要不得！怯懦也罢，温情主义也罢，总之是反科学，反马列主义。为什么一个人不能反科学、反马列主义？因为要生活得好，对社会尽贡献，就需要把大大小小的事，从日常生活、感情问题，一直到学习、工作、国家大事，一贯地用科学方法、马列主义的方法，去分析，去处理。批评与自我批评所以能成为有力的武器，也就在于它能培养冷静的科学头脑，对己、对人、对事，都一视同仁，做不偏不倚地检讨。而批评与自我批评最需要的是勇气，只要存着一丝一毫怯懦的心理，批评与自我批评便永远不能做得彻底。我并非说有了自我批评（挖自己的根），一个人就可以没有烦恼。不是的，烦恼是永久免不了的，就等于矛盾是永远消灭不了的一样。但是不能因为眼前的矛盾消灭了将来照样有新矛盾，就此不把眼前的矛盾消灭。挖了根，至少可以消灭眼前的烦恼。将来新烦恼来的时候，再去消灭新烦恼。挖一次根，至少可以减轻烦恼的严重性，减少它危害身心的可能；不挖根，老是有些思想的、意识的、感情的渣滓积在心里，久而久之，成为一个沉重的大包袱，慢慢地使你心理不健全，头脑不冷静，胸襟不开朗，创造更多的新烦恼的因素。这一点不但与马列主义的理论相合，便是与近代心理分析和精神病治疗的研究结果也相合。

至于过去的感情纠纷，时时刻刻来打扰你的缘故，也就由于你没仔细挖根。我相信你不是爱情至上主义者，而是真理至上主义者；那么你就该用这个立场去分析你的对象（不论是初恋的还是以后的），你跟她（不管是谁）在思想认识上，真理的执着上，是否一致或至少相去不远？从这个角度上去把事情解剖清楚，许多烦恼自然迎刃而解。你也该想到，热情是一朵美丽的火花，美则美矣，无奈不能持久。希望热情能永久持续，简直是愚妄；不考虑性情、品德、品格、思想等，而单单执着于当年一段美妙的梦境，希望这梦境将来会成为现实，那么我警告你，你可能遇到悲剧的！世界上很少如火如荼的情人能成为美满的、白头偕老的夫妇的；传奇式的故事，如但丁之于裴阿脱里克斯，所以成为可哭可泣的千古艳事，就因为他们没有结合；但丁只见过几面（似乎只有一面）裴阿脱里克斯。歌德的太太克里斯丁纳是个极庸俗的女子，但歌德的艺术成就，是靠了和平宁静的夫妇生活促成的。过去的罗曼史，让它成为我们一个美丽的回忆，作为一个终生怀念的梦，我认为是最明哲的办法。老是自苦是只有消耗自己的精力，对谁都没有裨益的。孩子，以后随时来信，把苦闷告诉我，我相信还能凭一些经验安慰你呢。爸爸受的痛苦不能为儿女减除一些危险，那么爸爸的痛苦也是白受了。但希望你把苦闷的缘由写得详细些（就是要你自己先分析一个透彻），免得我空发议论，无关痛痒的对你没有帮助。好了，再见吧，多多来信，来信分析你自己就是一种发泄，而且是有益于心理卫生的发泄。爸爸还有足够的勇气担受你的苦闷，相信我吧！你也有足够的力量摆脱烦恼，有足够的勇气正视你的过去，我也相信你！

妈妈的照片该收到了吧？贝多芬第四、第五的材料共十六页，是前天（九日）平信挂号寄的。

爸爸

十二月十一日夜

一九六○年

亲爱的孩子：

八月二十日报告的喜讯使我们心中说不出的欢喜和兴奋。你在人生的旅途中踏上一个新的阶段，开始负起新的责任来，我们要祝贺你、祝福你、鼓励你。希望你拿出像对待音乐艺术一样的毅力、信心、虔诚，来学习人生艺术中最高深的一课。但愿你将来在这一门艺术中得到像你在音乐艺术中一样的成功！发生什么疑难或苦闷，随时向一两个正直而有经验的中、老年人讨教（你在伦敦已有一年八个月，也该有这样的老成的朋友吧）深思熟虑，然后决定，切勿单凭一时冲动：只要你能做到这几点，我们也就放心了。

对终身伴侣的要求，正如对人生一切的要求一样不能太苛。事情总有正反两面：追得你太迫切了，你觉得负担重；追得不紧了，又觉得不够热烈。温柔的人有时会显得懦弱，刚强了又近乎专制。幻想多了未免不切实际，能干的管家太太又觉得俗气。只有长处没有短处的人在哪儿呢？世界上究竟有没有十全十美的人或事物呢？抚躬自问，自己又完美到什么程度呢？这一类的问题想必你考虑过不止一次。我觉得最主要的还是本质的善良，天性的温厚，开阔的胸襟。有了这三样，其他都可以逐渐培养；而且有了这三样，将来即使遇到大大小小的风波也不致变成悲剧。做艺术家的妻子比做任何人的妻子都难；你要不预先明白这一点，即使你知道"责人太严，责己太宽"，也不容易学会明哲、体贴、容忍。只要能代你解决生活琐事，同时对你的事业感到兴趣就行，对学问的钻研等暂时不必期望过奢，还得看你们婚后的生活如何。眼前双方先学习相互的尊重、谅解、宽容。

对方把你作为她整个的世界固然很危险，但也很宝贵！你既已发觉，一定会慢慢点醒她；最好旁敲侧击而勿正面提出，还要使她感到那是为了维护她的人格独立，扩大她的世界观。倘若你已经想到奥里维的故事，不妨就把那部书叫她细读一二遍，特别要她注意那一段插曲。像雅葛丽纳（与前面提到的奥里维，均是罗曼·罗兰长篇小说《约翰·克利斯朵夫》中的人物）那样只知道 Love，Love，Love（爱——编者注）的人只是童话中人物，在现实世界中非但得不到 Love，连日子都会过不下去，因为她除了 Love 一无所知，一无所有，一无所爱。这样狭窄的天地哪像一个天地！这样片面的人生观哪会得到幸福！无论男女，只有把兴趣集中在事业上、学问上、艺术上，尽量抛开渺小的自我（Ego——编者注），才有快活的可能，才觉得活得有意义。未经世事的少女往往会存一个荒诞的梦想，以为恋爱时期的感情的高潮也能在婚后维持下去。这是违反自然规律的妄想。古语说，"君子之交淡如水"；又有一句话说，"夫妇相敬如宾"。可见只有平静、含蓄、温和的感情方能持久；另外一句的意义是说，夫妇到后来完全是一种知己朋友的关系，也即是我们所谓的终身伴侣。未婚之前双方能深切领会到这一点，就为将来打定了最可靠的基础，免除了多少不必要的误会与痛苦。

你是以艺术为生命的人，也是把真理、正义、人格等看作高于一切的人，也是以工作为乐的人；我用不着唠叨，想你早已把这些信念表白过，而且竭力灌输给对方了。我只想提醒你几点：第一，世界上最有力的论证莫如实际行动，最有效的教育莫如以身作则；自己做不到的事千万勿要求别人；自己也要犯的毛病先批评自己，先改自己的。第二，永远不要忘了我教育你的时候犯的许多过严的毛病。我过去的错误要是能使你避免同样的错误，我的罪过也可以减轻几分；你受过的痛苦不再施之于他人，你也不算白白吃苦。总的来说，尽管指点别人，可不要给人"好为人师"的感觉。奥诺丽纳（你还记得巴尔扎克那个中篇吗）的不幸一大半是咎由自取，一小部分也因为丈夫教育她的态度伤了她的自尊心。凡是童年不快乐的人都特别脆弱（也有训练得格外坚强的，但只是少数），特别敏感，你回想一下自己，就会知道对待你的爱人要如何 Delicate（温柔——编者注），如何 Discreet（谨慎——编者注）了。

我相信你对爱情问题看得比以前更郑重更严肃了；就在这考验时期，希望你更加用严肃的态度对待一切，尤其要对婚后的责任先培养一种忠诚、庄严、虔敬的心情！

你既要家中存一份节目单的全部记录，为什么不在家中留一份唱片的完整记录呢？那不是更实在而具体的纪念吗？捷克灌的正式片始终没有，一套样片早就唱旧了。波兰灌的更是连节目都不知道。你一定能想法给我们罗致得来，这是你所能给我们最大快乐之一……

Saga 灌的片子，你自己不满意，批评却甚好。我们一定要的。你不妨切实再追问一下，何月何日寄出的，公司有账可查。还有，每次寄出唱片，包外都要写明 Gift（礼品——编者注）字样，此与付税多少有关。

莫扎特的歌剧太美了。舒伯特的那个四重奏比 Death & the Maiden Quartet（《死神与少女四重奏》——编者注）一支难接受，也许是只听一次之故。巴赫的 Cantata（《康塔塔》——编者注）只听了女低音的一张，其余还来不及听。Oistrakh（奥伊斯特拉赫——编者注）的莫扎特 style（风格——编者注）如何？我无法评价，望告知。（Cantelli（坎泰利——编者注）（Guido Cantelli，一九二〇——一九五六年，意大利指挥家。——编者注）指挥的 Unfinished Symphony（《未完成交响曲》——编者注）第一句特别轻，觉得很怪，你认为怎样？

问了你四回关于勃隆斯丹太太的情形及地址，你一字不提，下次不能再忘了。妈妈前信问你中国指挥的成绩，也盼见告。

此信中写错了几个字："酝酿"误作"愠攘"（第二个字竟是创造），"培养"之"培"误作"土吉"（两次都如此）。英文 She was never allowed 误作 allow。

转达我对 Zamira 的祝福，我很愿意和她通信。（她通法文否，望告我。因我写法文比英文方便。）也望转致我们对她父亲的敬意和仰慕。

愿你诸事顺利，一切保重！

爸爸

一九六〇年八月二十九日

二十日的信（瑞士邮戳是二十二）昨日收到，我立即丢开工作写回信，怕你搬家收不着。

一九六二年

（一）

聪，亲爱的孩子：

每次接读来信，总是说不出的兴奋、激动、喜悦、感慨、惆怅！最近报告美澳演出的两信，我看了在屋内屋外尽兜圈子，多少的感触使我定不下心来。人吃人的残酷和丑恶的把戏多可怕！你辛苦了四五个月落得两手空空，我们想到就心痛。固然你不以求利为目的，做父母的也从不希望你发什么洋财——而且还一向鄙视这种思想；可是那些中间人凭什么来霸占艺术家的劳动所得呢！眼看孩子被人剥削到这个地步，像你小时候被强暴欺凌一样，使我们对你又疼又怜惜，对那些吸血鬼又气又恼，恨得牙痒痒的！相信早晚你能从魔掌之下挣脱出来，不再做鱼肉。巴尔扎克说得好：社会踩不死你，就跪在你面前。在西方世界，不经过天翻地覆的革命，这种丑剧还得演下去呢。当然四个月的巡回演出在艺术上你得益不少，你对许多作品又有了新的体会，深入了一步。可见唯有艺术和学问从来不辜负人：花多少劳力，用多少苦功，拿出多少忠诚和热情，就得到多少收获与进步。写到这儿，想起你对新出的莫扎特唱片的自我批评，真是高兴。一个人停滞不前才会永远对自己的成绩满意。变就是进步——当然也有好的变质，成为坏的——眼光一天天不同，才窥见学问艺术的新天地，能不断地创造。妈妈看了那一段叹道："聪真像你，老是不满意自己，老是在批评自己！"

美国的评论绝大多数平庸浅薄，赞美也是皮毛。英国毕竟还有音乐学者兼写报刊评论，如伦敦 Times（《泰晤士报》——编者注）和曼彻斯特的《导报》，两位批评家水平都很高；纽约两家大报的批评家就不像样了，那位《纽约时报》的更可笑。很高兴看到你的中文并不退步，除了个别的词汇（我们说"心乱如麻"，不说"心痛如麻"。形容后者只能说"心痛如割"或"心如刀割"。又鄙塞、鄙陋不能说成"陋塞"；也许是你笔误）。读你的信，声音笑貌历历在目；议论口吻所流露的坦率、真诚、朴素、热情、爱憎分明，正和你在琴上表现出来的一致。孩子，你说过我们的信对你有如一面镜子；其实你的信对我们也是一面镜子。有些地方你我二人太相像了，有些话就像是我自己说的。平时盼望你的信即因为"薰莸同臭"，也因为对人生、艺术，周围可谈之人太少。不过我们很原谅你，你忙成这样，怎么忍心再要你多写呢？此次来信已觉出于望外，原以为你一回英国，演出那么多，不会再动笔了。可是这几年来，我们俩最大的安慰和快乐，的确莫过于定期接读来信。还得告诉你，你写的中等大的字（如此次评论封套上写的）非常好看；近来我的钢笔字已难看得不像话了。你难得写中国字，真难为你了！

三月二十五日

（二）

　　以上二十五日写，搁了一星期没写下去，在我也是破天荒。近来身体疲劳，除了每天工作以外，简直没精神再做旁的事，走一小段路也累得很。眼睛经常流泪，眼科医生检查，认为并非眼睛本身有毛病，而是一般性疲劳。三月初休息过半个月，并未好转。从一九六一年起饮食已大改进，现在的精力不济，大概是本身衰老；或者一九五九、一九六〇两年的营养不足，始终弥补不来。总而言之，疲劳是实，原因弄不清。

　　来信说到中国人弄西洋音乐比日本人更有前途，因为他们虽用苦功而不能化。化固不易，用苦功而得其法也不多见。以整个民族性来说，日华两族确有这点儿分别。可是我们能化的人也是凤毛麟角，原因是接触外界太少，吸收太少。近几年营养差，也影响脑力活动。我自己深深感到比从前笨得多。在翻译工作上也苦于化得太少，化得不够，化得不妙。艺术创造与再创造的要求，不论哪一门都性质相仿。音乐因为抽象，恐怕更难。理会的东西表达不出，或是不能恰到好处，跟自己理想的境界不能完全符合，不多不少。心、脑、手的神经联系，或许在音乐表演比别的艺术更微妙，不容易掌握到成为Automatic（得心应手，收放自如——编者注）的程度。一般青年对任何学科很少能做独立思考，不仅缺乏自信，便是给了他们方向，也不会自己摸索。原因极多，不能怪他们。十余年来的教育方法大概有些缺陷。青年人不会触类旁通，研究哪一门学问都难有成就。思想统一固然有统一的好处，但到了后来，念头只会往一个方向转，只会走直线，眼睛只看到一条路，也会陷于单调、贫乏、停滞。往一个方向钻并非坏事，可惜没钻得深。

月初看了盖叫天口述、由别人笔录的《粉墨春秋》，倒是解放以来谈艺术最好的书。人生—教育—伦理—艺术，再没有结合得更完满的了。从头至尾都有实例，绝不是枯燥的理论。关于学习，他提出"慢就是快"，说明根基不打好，一切都筑在沙上，永久爬不上去。我觉得这一点特别值得我们深思。倘若一开始就猛冲，只求速成，临了非但一无结果，还造成不踏实的坏风气。德国人要不在整个十九世纪的前半期埋头苦干，在每一项学问中用死功夫，哪会在十九世纪末一直到今天，能在科学、考据、文学各方面放异彩？盖叫天对艺术更有深刻的体会。他说学戏必须经过一番"默"的功夫。学会了唱、念、做，不算数；还得坐下来叫自己"魂灵出窍"，就是自己分身出去，把一出戏默默地做一遍、唱一遍；同时自己细细观察，有什么缺点该怎样改，然后站起身来再做、再唱、再念。那时定会发觉刚才思想上修整很好的东西又跑了，做起来同想的完全走了样。那就得再练，再下苦功，再"默"，再做。如此反复做去，一出戏才算真正学会了，拿稳了。你看，这段话说得多透彻，把自我批评贯彻得多好！老艺人的自我批评绝不放在嘴边，而是在业务中不断实践。其次，经过一再"默"练，作品必然深深地打进我们心里，与我们的思想感情完全化为一片。此外，盖叫天现身说法，谈了不少艺术家的品德、操守、做人，必须与艺术一致的话。我觉得这部书值得写一长篇书评：不仅学艺术的青年、中年、老年人，不论学的哪一门，应当列为必读书，便是从上到下一切的文艺领导干部也该细读几遍；做教育工作的人读了也有好处。不久我就把这书寄给你，你一定喜欢，看了也一定无限兴奋。

再有两件事——去年春天你在德国演出的评论，望即选几篇（弥拉能读德文，不妨挑几篇内容充实的）托人译为英文（或法文），速即寄来。我替你编的"评论摘要"，自一九六〇年七月起至一九六一年年底为止的部分，迄今无从着手，就因为缺了一九六一年四月的德国剪报。你们忙，自己无法整理，至少可以把材料寄回。而且此事已延搁一年，也该了结了。澳大利亚部分的评论也望汇集寄沪。美洲部分的已全部由妈妈打字打下，原本全部挂号（非航空）寄回伦敦。因来信未说明哪几份未有复本，故只能全部退给你。以后遇此等情形，可在原件上角注一 Single（单份——编者注）字样。随信附寄一九六一年六月以后的"演出日程表"，望修正后寄回来。今年三月回伦敦后的演出日程，上次弥拉答应再寄一份完全的，我等着呢！

　　又 Music & Musicians（《音乐与音乐家》）已否续定本年的？二月的迄未收到。唱片亦未到。一年多没见到你们的照片了，很想要几张！下次再写，一切保重！

爸爸

四月一日

一九六四年

亲爱的孩子：

　　你从北美回来后还没来过信，不知心情如何？写信的确要有适当的心情，我也常有此感。弥拉去迈阿密后，你一日三餐如何解决？生怕你练琴出了神，又怕出门麻烦，只吃咖啡面包了事，那可不是日常生活之道。尤其你工作消耗多，切勿饮食太随便，营养（有规律进食）毕竟是要紧的。你行踪无定，即使在伦敦，琴声不断，房间又隔音，挂号信送上门，打铃很可能听不见，故此信由你岳父家转，免得第三次退回。瑞士的 Tour（游历——编者注）想必满意，地方既好，气候也好，乐队又是老搭档，瑞士人也喜爱莫扎特，效果一定不坏吧？六月南美之行，必有巴西在内；近来那边时局突变，是否有问题，出发前务须考虑周到，多问问新闻界的朋友，同伦敦的代理人多商量商量，不要临时找麻烦，切记切记！三月十五日前后欧美大风雪，我们看到新闻也代你担忧，幸而那时不是你飞渡大西洋的时候。此间连续几星期春寒春雨，从早到晚，阴沉沉的，我老眼昏花，只能常在灯下工作。天气如此，人也特别闷塞，别说郊外踏青，便是跑跑书店古董店也不成。即使风和日暖，

用久别重逢的心情来爱你　　119

也舍不得离开书桌。要做的事、要读的书实在太多了，不能怪我吝惜光阴。从二十五岁至四十岁，我浪费了多少宝贵的时日！

近几月老是研究巴尔扎克，他的一部分哲学味特别浓的小说，在西方公认为极重要，我却花了很大的劲才勉强读完，也花了很大的耐性读了几部研究这些作品的论著。总觉得神秘气息玄学气息不容易接受，至多是了解而已，谈不上欣赏和共鸣。中国人不是不讲形而上学，但不像西方人抽象，而往往用诗化的意境把形而上学的理论说得很空灵，真正的意义固然不易捉摸，却不至于像西方形而上学那么枯燥，也没那种刻舟求剑的宗教味儿叫人厌烦。西方人对万有的本原，无论如何要归结到一个神，所谓 God（神，上帝——编者注），似乎除了 God，不能解释宇宙，不能说明人生，所以非肯定一个造物主不可。好在谁也提不出证明 God 是没有的，只好由他们去说；可是他们的正面论证也牵强得很，没有说服力。他们首先肯定人生必有意义，灵魂必然不死，从此推论下去，就归纳出一个有计划有意志的神！可是为什么人生必有意义呢？灵魂必然不死呢？他们认为这是不辩自明之理，我认为欧洲人比我们更骄傲、更狂妄、更 Ambitious（野心勃勃——编者注），把人这个生物看作天下第一，所以千方百计要造出一套哲学和形而上学来，证明这个"人为万物之灵"的看法，仿佛我们真是负有神的使命，执行神的意志一般。在我个人看来，这都是 Vanity（虚荣心——编者注）作祟。东方的哲学家玄学家要比他们谦虚得多。除了程朱一派理学家 Dogmatic（武断——编者注）很厉害之外，别人就是讲什么阴阳太极，也不像西方人讲 God 那么绝对，凿凿有据，咄咄逼人，也许骨子里我们多少是怀疑派，接受不了太强的 Insist（坚持——编者注），太过分的 Certainty（肯定——编者注）。

前天偶尔想起，你们要是生女孩子的话，外文名字不妨叫 Gracia（葛拉齐亚——编者注）系罗曼·罗兰小说《约翰·克利斯朵夫》中之人物，此字来历想你一定记得。意大利字读音好听，Grace（雅致——编者注）一字的意义也可爱。弥拉不喜欢名字太普通，大概可以合乎她的条件。阴历今年是甲辰，辰年出生的人肖龙，龙从云，风从虎，我们提议女孩子叫"凌云"（Lin Yun——编者注），男孩子叫"凌霄"（Lin Sio——编者注）。你看如何？男孩的外文名没有 Inspiration（灵感——编者注），或者你们决定，或者我想到了以后再告。这些我都另外去信讲给弥拉听了（凌云=To tower over the clouds，凌霄=To tower over the sky，我和 Mira（弥拉——编者注）就是这样解释的）。

爸爸

四月十二日

一九六五年

聪：

九月二十九日起眼睛忽然大花，专科医生查不出原因，只说目力疲劳过度，且休息一个时期再看。其实近来工作不多，不能说用眼过度，这几日停下来，连书都不能看，枯坐无聊，沉闷至极。但还想在你离英以前给你一信，也就勉强提起笔来。

两周前看完《卓别林自传》，对一九一〇年至一九五四年间的美国有了一个初步认识。那种物质文明给人的影响，确非我们意料所及。一般大富翁的穷奢极欲，我实在体会不出有什么乐趣而言。那种哄闹取乐的玩意儿，宛如五花八门、光怪陆离的万花筒，在书本上看看已经头晕目迷，更不用说亲身经历了。像我这样，简直一天都受不了；不仅心理上憎厌，生理上神经上也吃不消。东方人的气质和他们相差太大了。听说近来英国学术界也有一场论战，有人认为要消灭贫困必须工业高度发展，有的人说不是这么回事。记得一九三〇年我在巴黎时，也有许多文章讨论过类似的题目。改善生活固大不容易；有了物质享受而不受物质奴役，弄得身不由己，无穷无尽地追求奢侈，恐怕更不容易。过惯淡泊生活的东方旧知识分子，也难以想象二十世纪西方人对物质要求的胃口。其实人类是最会生活的动物，也是最不会生活的动物；我看关键是在于自我克制。以往总觉得奇怪，为什么结婚离婚在美国会那么随便。《卓别林自传》中提到他最后一个（也是至今和好的一个）妻子乌娜时，有两句话：As I got to know Oona I was constantly surprised by her sense of humor and tolerance; she could always see the other person's point of view…（我认识乌娜后，发觉她既幽默，又有耐性，常令我惊喜不已；她总是能设身处地，善解人意……——编者注）从反面一想，就知道一般美国女子的性格，就可部分地说明美国婚姻生活不稳固的原因。总的印象：美国的民族太年轻，年轻人的好处坏处全有；再加工业高度发展，个人受着整个社会机器的疯狂般的Tempo（节奏——编者注）推动，越发盲目，越发身不由己，越来越身心不平衡。这等人所要求的精神调剂，也只能是粗暴、猛烈、简单、原始的娱乐；长此以往，恐怕谈不上真正的文化了。

第二次大战前后卓别林在美的遭遇，以及那次大审案，都非我们所能想象。过去只听说法西斯在美国抬头，到此才看到具体的事例。可见在那个国家，所谓言论自由、司法独立等的好听话，全是骗人的。你在那边演出，说话还得谨慎小心，犯不上以一个青年艺术家而招来不必要的麻烦。于事无补、于己有害的一言一语、一举一动，都得避免。当然你早领会这些，不过你有时仍旧太天真，太轻信人（便是小城镇的记者或居民也难免没有 Spy（密探——编者注）注意你），所以不能不再提醒你！

九月底在意大利灌片成绩如何？节目有没有临时更动？HMV 版的巴赫和亨德尔已收到。现在只缺舒曼和肖邦两支协奏曲的复本了。前信和你提过：其他各片都来了三份。

……

你家里保姆走了，弥拉一定忙得不可开交，更无暇执笔；希望你在此情形之下，要强迫一下自己，给我们多写写信，否则我们更得不到你们的消息了。九月二十三日寄的照片十一张，想必收到。寄回马尼拉各地的评论，不是航空的，大约要十一月初才到伦敦。一路小心！如可能，随时写几行由弥拉转来！

爸爸

十月四日

作者简介

傅雷（1908～1966），字怒安，号怒庵，生于原江苏省南汇县下沙乡（现浦东新区航头镇），中国著名的翻译家、作家、教育家、美术评论家。早年留学法国巴黎大学。他翻译了大量的法文作品，其中包括巴尔扎克、罗曼·罗兰、伏尔泰等名家著作。

小端端

巴金

一

我们家庭年纪最小的成员是我的小外孙女，她的名字叫端端。

端端现在七岁半，念小学二年级。她生活在成人中间，又缺少小朋友，因此讲话常带"大人腔"。她说她是我们家最忙，最辛苦的人，"比外公更辛苦"。她的话可能有道理。在我们家连她算在内大小八口中，她每天上学离家最早。下午放学回家，她马上摆好小书桌做功课，常常做到吃晚饭的时候。有时为了应付第二天的考试，她吃过晚饭还要温课，而考试的成绩也不一定很好。

我觉得孩子的功课负担不应当这样重，偶尔对孩子的父母谈起我的看法，他们说可能是孩子贪玩不用心听讲，理解力差，做功课又做得慢，而且常常做错了又重做。他们的话也许不错，有时端端的妈妈陪孩子复习数学，总要因为孩子"头脑迟钝"不断地大声训斥。我在隔壁房里听见叫声，不能不替孩子担心。

我知道自己没有发言权，因为我对儿童教育毫无研究。但是我回顾了自己的童年，回想起过去的一些事情，总觉得灌输和责骂并不是好办法。为什么不使用"启发"和"诱导"，多给孩子一点思索的时间，鼓励他们多用脑筋？

我想起来了：我做孩子的时候，人们教育我的方法就是责骂和灌输；我学习的方法也就是"死记"和"硬背"（诵）。七十年过去了，我们今天要求于端端的似乎仍然是死记和硬背，用的方法也还是灌输和责骂。只是课本的内容不同罢了，岂但不同，而且大不相同！可是学生功课负担之重，成绩要求之严格，却超过从前。端端的父母经常警告孩子：考试得分在九十分以下就不算及格。我在旁听见也胆战心惊。我上学时候最怕考试，走进考场万分紧张，从"死记"和"硬背"得来的东西一下子忘得精光。我记得在高中考化学我只得三十分，是全班最末一名，因此第二次考试前我大开夜车死记硬背，终于得到一百分，否则我还毕不了业。后来虽然毕了业，可是我对化学这门课还是一无所知。我年轻时候记性很好，读两三遍就能背诵，但是半年以后便逐渐忘记。我到了中年才明白强记是没有用的。

几十年来我常常想，考核学习成绩的办法总得有所改变吧。没有人解答我这个问题。到了一九六八年我自己又给带进考场考核学习毛泽东思想的成绩。这是"革命群众"在考"反动权威"，不用说我的成绩不好，闹了笑话。但是出乎我的意外，我爱人萧珊也被"勒令"参加考试，明明是要看她出丑。她紧张起来，一个题目也答不出来，交了白卷。她气得连中饭也不吃。我在楼梯口遇见她，她不说一句话，一张苍白色的脸，眼睛里露出怨恨和绝望的表情，我至今不会忘记。

我还隐约记得（我的记忆力已经大大地衰退了）亚·赫尔岑在西欧亡命的时期中梦见在大学考试，醒来感到轻松。我不如他，我在六十几岁还给赶进考场，甚至到了八十高龄也还有人找我"命题作文"。那么我对考试的畏惧只有到死方休了。

我常常同朋友们谈起端端，也谈起学校考试和孩子们的功课负担。对考试各人有不同的看法。但是我们一致认为，减轻孩子们精神上的负担是一件必须做的事情。朋友们在一起交流经验，大家都替孩子们叫苦，有的说，学习上有了进步，身体却搞坏了；有的说：孩子给功课压得透不过气来，思想上毫无生气；有的说：我们不需要培养出唯唯诺诺的听话的子弟……意见很多，各人心里有数。大家都愿意看见孩子"活泼些"。大家都认为需要改革，都希望改革，也没有人反对改革。可是始终不见改革。几年过去了，还要等待什么呢？从上到下，我们整个国家、整个社会都把孩子们当作花朵，都把希望寄托在孩子们的身上，那么为什么这样一个重要问题都不能得到解决，必须一天天地拖下去呢？

"拖"是目前我们这个社会的一个大毛病。我不知道我是不是可以这样说，不过我的确是这样想的。

二

也还是端端的事情。

端端有一天上午在学校考数学，交了卷，九点钟和同学们走出学校。她不回家，却到一个同学家里去玩了两个小时，到十一点才回来。她的姑婆给她开门，问她为什么回家这样迟。她答说在学校搞大扫除。她的姑婆已经到学校去过，知道了她离校的时间，因此她的谎话就给揭穿了。孩子受到责备哭了起来，承认了错误。她父亲要她写一篇"检查"，她推不掉，就写了出来。

孩子的"检查"很短，但有一句话我现在还记得："我深深体会到说谎是不好的事。"这是她自己写出来的。又是"大人腔"！大家看了都笑起来。我也大笑过。端端当然不明白我们发笑的原因，她也不会理解"深深体会到"这几个字的意义。但是我就能够理解吗？我笑过后却感到一阵空虚，有一种想哭的感觉。十年浩劫中（甚至在这之前）我不知写过、说过多少次"我深深体会到"。现在回想起来，我何尝有一个时期苦思冥想，或者去"深深地体会"？我那许多篇"检查"不是也和七岁半孩子的检查一样，只是为了应付过关吗？固然我每次都过了关，才能够活到现在，可是失去了的宝贵时间究竟有没有给夺回了呢？

空话、大话终归是空话、大话，即使普及到七、八岁孩子的嘴上，也解决不了问题。难道我们还没有吃够讲空话、大话的苦头，一定要让孩子们重演我们的悲剧?

我唯一的希望是：孩子们一定要比我们这一代幸福。

一月二十日

作者简介

巴金（1904～2005），原名李尧棠，另有笔名有佩竿、极乐、黑浪、春风等，字芾甘。中国作家、翻译家、社会活动家、无党派爱国民主人士。1904年11月生在四川成都一个封建官僚家庭里，五四运动后，巴金深受新潮思想的影响，1923年巴金离家赴上海、南京等地求学，从此开始了他长达半个世纪的文学创作生涯。

再说端端

巴金

一

我还想谈谈外孙女小端端的事情。

前一篇关于她的文章是三年前发表的，现在端端不再是"我们家庭最小的成员"了（我儿子结了婚，家里添了一个一岁的小孙女），但她仍然是全家最忙的人。她在小学读到了五年级，每天还是带了不少的课外作业回家，到家后休息不过半小时，就埋头用功，常常做到晚上八九点钟，中间只除去吃一顿晚饭的时间。她在家做功课，常常借用我的写字台。我算了算，她一天伏案的时间比我多。我是作家嘛，却没有想到连一个小学生也比我写得更勤奋。"有这样的必要吗？"我不止一次地问自己。我总觉得：儿童嘛，应当让她有时间活动活动，多跑跑，多笑笑，多动动脑筋。整天坐着看书写字，就不像小孩了。我自己也有过童年，我并不曾忘记我是怎样过来的。虽然生活在封建或半封建的社会里，我也还是一个跳跳蹦蹦的孩子，常常用自己的脑筋想主意，我有时背书背不出来挨板子，但也有痛痛快快和同伴们游戏的时候。我始终不曾感觉到读书像一种沉重的负担，是一件苦事。所以有一天我听见端端一个人自言自语发牢骚："活下去真没劲！"不觉大吃一惊，我对孩子的父母谈起这件事，我看得比较严重，让一个十岁多的孩子感觉到活下去没有意思，没有趣味，这种小学教育值得好好考虑。孩子的父母并不完全同意我的看法，特别是做母亲的总以为孩子不肯多动脑筋，作业做得太慢，自己又没有工夫辅导孩子，有时看见到九点了孩子还在用功，就动了气，放连珠炮似的大骂一顿，逼着孩子上床睡觉。孩子只得第二天提早起床做功课。孩子的父亲偶尔和我同声说一句："孩子睡眠不足。"但是他也不得不警告孩子：将来念中学，考重点学校，功课更多，老师抓得更紧，现在不练就一些本领，以后怎样过日子？

端端并不理解这个警告的严重性。

端端也不知道如何练就应付那些功课的本领。她母亲责备她"窍开得慢"，似乎也有道理。我的两篇文章写成相隔三年，这就说明三年中她的情况并未改善，可见进步很小。她的学习成绩始终不稳定，而且常常不大好。但孩子既爱面子，又怕挨骂，每逢考试成绩在九十分以上，她回到家，就马上告诉大人；要是成绩在八十分以下，她便支支吾吾，设法拖延一两天，终于给妈妈知道，还是挨一顿痛骂。说也奇怪，我女儿思想很开放，但是要她抓孩子的功课，或者她发现了孩子的毛病，就缺乏耐心，不由分说，迎头来一阵倾盆大雨，有时甚至上纲上线，吓得孩子无话可说。我不同意这种教育方法，我心里想：她不开窍，你帮忙她开窍嘛。可是我女儿、女婿都在为自己的"事业"忙碌着，抽不出时间来照顾孩子的学习。我在旁边冷静地观察，也看得出来：孩子挨骂的时候，起初有些紧张，后来挨骂的次数多了，她也就不大在乎了。所以发生过的事情又继续不断地发生。做母亲的却从未想过：为什么孩子会有"活下去真没劲"的思想。她大概以为"不要紧，大家都是这样被教育成人的"。

当然，谁也不必把孩子的话看得太认真。的确大家都是这样过来的。孩子不会因为功课重就"看破红尘"，也不会因为挨骂多就起来"造反"。一切会照常进行，不必紧张。孩子虽爱面子，但也不会去考"重点学校"，她父母也不会强迫她考"重点学校"，我更不鼓励她念"重点学校"，因为做"重点"学生，要付出更大的代价，她还不够条件。

我三年前就曾指出，现在的教学方法好像和我做孩子时候的差不太多，我称它为"填鸭式"，一样是灌输，只是填塞进去的东西不同罢了。过去把教育看得很简单，认为教师人人可做，今天也一样，无非是照课本宣讲，"我替你思考，只要你听话，照我说的办。"崇高理想，豪言壮语，遍地皆是；人们相信，拿起课本反复解释，逐句背诵，就可以终生为四化献身，向共产主义理想迈进了。

我是受过"填鸭式"教育的，我脑子里给填满了所谓孔孟之道，可是我并没有相信过那些圣贤书，人们从来不教我开动脑筋思考，到了我自己"开窍"的时候，我首先就丢开那些背得烂熟的封建糟粕或者封建精华。我总是顺着自己的思路想问题，也只能顺着自己的思路想问题，那些填进去的东西总不会在我的脑子里起作用，因为我是人，不是鸭子。

今天的孩子当然也不是鸭子，即使我们有十分伟大，极其崇高的理想也不能当做"饲料"使用吧。要是作为"饲料"，再伟大的东西也会走样的。何况用"饲料"填鸭只是为了让鸭子快快长肥给人吃掉。我们给孩子受教育却是为了让他们做有用的人，为建设祖国长期尽力，这是"百年大计"，绝不是单单把他们"养肥"就解决问题。

为孩子们着想，培养他们最好是"引导"、"启发"，使他们信服，让他们善于开动脑筋，学会自己思考问题。真正懂得什么是伟大，什么是崇高，什么是好，什么是美，他们才有可能向伟大、崇高、好和美的方面追求。听话的孩子不一定就是好学生，肯动脑筋的孩子总比不动脑筋的好。人总是不停地前进的，人类社会总是不断地发展的。不论是人，不论是社会，都不可能照一个模式世世代代不变地传下去。依赖父母的子女是没有出息的。下一代不会让我们牵着鼻子走，他们一定会把我们抛在后面，因为我们常说：孩子是我们的未来，我们的希望。是希望，是未来，就得跟"填鸭式教育"决裂。未来绝不会跟过去和现在一模一样。

最近人们又在谈论教育改革，这是好事。改革教育，人人有份，它不只是少数专家的事情。大家都希望这一次能改出一点成绩来。我看，单单伸起颈项等待是没有用的，有意见就讲出来。不能再走几千年、几百年、几十年前的老路了。多考虑，多议论，多征求意见，一切认真对待。总之，千万不要忘记认真二字。

二

我的前一篇关于端端的短文是一口气写下去的。这一段《随想》则写得很吃力，还删改了三次。为什么会这样困难？我找出一个原因：我把自己同端端混在了一起，我写端端，却想到自己。我的书橱里有二三十册笔记本或者更多一些，都是"文革"期间给造反派抄走后来落实政策又退了回来的。本子上记录着"老师们"的"讲课"，全是我的字迹。在那段漫长的时间里我经常像小学生那样战战兢兢地应付没完没了的作业，背诵、死记"老师们"的教诲；我强迫自己顺着别人的思路想事情，我把一连串的指示当做精饲料一股脑儿吞在肚里。是的，这全是为我准备、而我消化不了的精饲料。为了讨好"老师"，争取分数，我发奋，我虔诚，埋头苦学到夜深，只换来连夜的噩梦：到处寻找失去的东西，却一样也找不回来。应该说，有一个时候我也是"全家最忙的人"。我也是一个"没有开窍"的小学生，永远记不牢"老师们"的教导和批评，花费了那么多的学习时间，我得到的却常常是迎头的倾盆大雨。头发在灌输和责骂中变成了银丝，拿笔的手指颤抖得不由自己控制，写作成为惩罚的苦刑，生活好似长期的挣扎。"没劲！没劲！"甚至在梦里我也常常哀求："放学吧！"我真想做一个逃学的"小学生"。说老实话，我同情端端，我也怜悯过去的自己。

三

关于端端我还得讲几句公道话。固然在学习方面她有缺点，成绩也属于中等，但正如她自己所说"不能把人看死"，她还是一个"在发展中的"十一岁的姑娘。她也是要变的。

我妹妹批评我"偏爱"端端，我不否认，生活把我和这孩子拴在一起了。我常常想起狄更斯的《老古玩店》。我和端端都看过根据这小说改编的电视连续剧。老外公和小外孙女的形象常常在我的眼前出现。我摔伤后从医院回家，生活不能自理，我和孩子的两张床放在一个房间里，每天清早她六点起身后就过来给我穿好袜子，轻轻地说声"再见"，然后一个人走下楼去。晚上她上楼睡觉，总是先给我铺好床。星期天我比她早起，就叫她过来给我穿好袜子，让她再上床睡一会，我笑着说："这是包给你的。"她得意地回答："我承包下来了。"似乎她为这种没有报酬的"承包"感到自豪。

她不会想到每天早晨那一声"再见"让我的心感到多么暖和。

三说端端

巴金

　　一九八二年一月，我写过一篇短文谈我的外孙女端端。一九八五年五月，我又写了《再说端端》。我写端端，也讲了我对儿童教育的想法。第一篇文章发表后好像有两份报刊先后转载，我并没有注意，可是有些熟人在晚报上看到端端写"检查"，说什么"我深深体会到说谎是不好的事情"，觉得有趣，以后遇见端端就要问她读过我的文章没有。端端不喜欢看书，也没有时间看书，我的《随想录》她一本也没有翻过。不过她懂得写检查不是什么光彩的事情，听见人提我那篇文章就脸红，偶尔还对我说："下次把我写得好一点吧。"她并不知道我还写了第二篇。这一篇在《大公报》发表后，我那位在晚报当编辑的朋友又来信通知我晚报还想转载关于端端的第二篇随想，征求我的同意。晚报发表我的文章，我当然愿意，可是考虑了半天，我还是回信说：文章在晚报刊出，读者很多，会使端端感到大的压力，她不愿意我谈她的缺点，那么就请晚报不要转载吧。

　　文章不见报，压力似乎小一点，但是问题并没有解决，也不会解决。一年多的时间又过去了，端端在小学毕业了。小学之后当然就是初中。今年孩子运气好，减少一次考试，小学毕业由区里考试，就根据这次的成绩作为升学初中的标准。孩子的父母希望孩子升入重点中学，端端本人倒无所谓，不过考得好，她当然高兴。为了准备考试，端端不能说是不努力。她常常五点半钟就起床做作业复习功课，晚上也总是忙到八九点钟。家里的人都说她动作太慢，可能是这样，但是我冷眼旁观，觉得像这样过日子实在"没劲"。像端端这样年纪，一星期总得有几小时跳跳蹦蹦，和两三小朋友一起谈笑，才算是有了自己的童年。现在好像只是背着分数的沉重包袱在登山。不幸的是孩子放弃休息，放弃娱乐，辛辛苦苦，过了一年多，却仍然不曾取得高的分数，看来升入重点中学是没有指望了。考试成绩公布后孩子回家哭一场，挨了妈妈一顿骂。正是吃中饭的时候，大家都有些扫兴，做母亲的照常放连珠炮，批评孩子不肯动脑筋，不爱看书，做功课做得慢，我们一家人似乎都同意我女儿的看法，只有我一个人有不同的意见。我想，进不了重点学校，做一个普通人也好，不论在中国或者其他大小国家，总是普通人占多数，而且正因为有很多、很多的普通人，"重点"人才可以在上面发号施令。要想把工作做好，就得先把多数的普通人教育好，因为干实事的是他们。孩子既然进不了重点学校，那么就规规矩矩地做一个普通人有什么不好？！不过，孩子的父母和其他长辈也有一些难处，因为一，据说有些非重点学校校风不好，担心孩子染上不良习惯。（"文革"以来这样的事的确常见，我也不能闭上眼睛矢口否认。倘使没有人来大抓一下，不良的校风也难改好。但是拿目前的条件来说，似乎连小抓都有困难。大家都明白要办好学校必须有一批好的老师。平日不培养，到了需要时哪里去找？）二，孩子进非重点学校念书，让做父母的感到丢脸，虽然没有人逼着写"教子无方"的检查，但想到自己在教育孩子身上不曾花费多少功夫总觉惭愧。三，重点学校倒很合喜欢把人分为等级的社会的口味，分好等级把注意力集中在高等人身人，只要办好重点学校就行了，不必去管非重点人的死活。他们可能是这样错误地理解办教育者的苦心，所以看见孩子的考分低，进不了重点学校，就以为前途一片黑暗、万事大吉了。

　　只有我一个人不像他们那样悲观，虽然在家里我完全孤立，但是我相信社会主义的教育事业并不在于办重点学校，正如它的教学方法也绝不是灌输和死记。你尽量地塞进来，我只好全吞下去，不管能不能消化；你照本宣讲，我只好拼命强记，你不教我用自己的脑子思考，因为我"脑子迟钝"就拿那么多的作业和功课来惩罚我，不让我有试一下开动自己脑筋的念头和时间，我也只好叹一口气，丢开一切的希望，靠一碗大锅饭混过这一生了。

这是我在设身处地替端端想，她本人可能另有想法。我这样关心她，因为我想到自己的童年，她那些缺点我都有，我也是一个"头脑迟钝"、"窍开得慢"的孩子。倘使我晚生七十年，今天我也得在非重点的学校里受填鸭式教育吧。幸运的是我做孩子的时候并没有那么多的作业、那么多的功课，我还有时间开动自己的脑筋胡思乱想。不要轻视胡思乱想，思想有它自己的路，而且总是顺着思路缓缓前进，只有多用自己脑子思考的人才有真正的是非，才有认真的探索和追求。为了这个，就需要用"开导"、"启发"的方法教会孩子们经常开动脑筋独立思考，顺着思路自己解决问题，逐渐做到举一反三、一通百通。自学成才的人不就是靠自己开动脑筋？

大家知道教育（首先是儿童教育）的重要。可是却没有人站出来说："教育，甚至儿童教育也绝不是：我替你思考，你只消吞下去、牢记住！"因为有这种想法的人确实很多。我年轻时候也是这样主张：要是大家都听一个人话，照一个人的意见办事，那么一切都简单化了；全国人民只有一个思想，一个主张，做起事来岂不是十分方便？其实这种想法并不聪明，全国人民要是只靠一个人动脑筋，一定想不出好主意。俗话说："三个臭皮匠，抵得上一个诸葛亮。"人民都懂得需要大家开动脑筋，为什么还要把学校办成培养"填鸭"的场所？

讲过的话用不着再讲了。但历史对人是不会宽容的，轻视教育的人会受到惩罚。普及教育绝不是单单制造大批只知唯唯诺诺、举手、盖章的人，即使再好的老师，也得重视学生的脑子。学生要肯动脑筋，会动脑筋，才有希望做到青出于蓝，否则单靠灌输和强记，那么教出来的学生就会一代不如一代了。这是很明显的事情。

但是老师也有老师的苦衷。人们的注意常常集中在考分上，集中在升学率上；人们都喜欢听话的孩子。跳跳蹦蹦的孩子，爱动脑筋的孩子不一定听话。要培养什么样的学生？老师们也得看上级，看家长，看社会，老师们也常常感到压力。我想老师们也不一定愿意多给学生布置作业，作业多了，老师看起卷子来也很吃力。不过谁都愿意教出更多的好学生，总想好好地干啊。那么怎么干呢？靠填鸭的方式总是不行的。老师也得开动脑筋啊！

所以人们常常谈起"尊重老师"的风气。这的确重要，办成好的学校，培养好的学生，都要靠好的老师。不尊重老师，就办不好学校。我年轻时候读过意大利作家亚米契斯的小说《心》，最初是包天笑的改编本《馨儿就学记》，然后是夏丏尊的全译本《爱的教育》。小说写的是一个意大利市立小学三年级学生一年中的见闻。原书是很有名的儿童读物。夏译本的读者很多，影响很大。小说描写当时社会中人与人之间的关系，有不少美化的成分。可是书中叙述师生间的感情和同学间的感情非常动人。我以为办儿童教育，首先就应当在学校中培养尊师爱生、同学互助的感情。在一般情况下，学生总是尊敬老师的。但是在"文革"时期，我却见到了完全不同，而且非常普遍的景象：学生把老师当作仇敌。在那些日子里学生殴打老师，批斗老师，侮辱老师，让许多善良的知识分子惨死在红卫兵的拳打脚踢之下。我记得那些十四五岁的男女学生强占房子、设司令部、抄家打人抢东西的情景，我也没有忘记，一个初中学生拿着铜头皮带在作协分会后院里打我追我的情景，都是在二十年前发生的事情！我们还会再有这样的学生吗？我们还会再有这样的孩子吗？

关于端端，我不想再写什么了。倘使三年后我还能执笔，我倒想写写她升学高中的事。这次动笔写《三说》的时候，我绝未想到那些打死人不眨眼的小小红司令，可是疑问自己出现了：填鸭式的教育，怎么会产生那些昙花一现的小小红司令呢？

这是值得大家深思的问题。

七月二十三日

一堂关于读书的公开课

　　大师们学富五车学贯东西，从多年的读书经验中提炼出了最最精华的部分，从为什么读书到读书的方法，从古典诗词到外国文学，从读书的经验到详尽的藏书目录，这些读书的经验是青年学生们一笔宝贵的财富。本章汇集了各位大师们关于读书方方面面的心得体会，值得认真学习研读。

从我怎样学国文说起

朱光潜

我学国文，走过许多迂回的路，受过极旧的和极新的影响。如果用自然科学家解剖形态和穷究发展的方法将这过程做一番检讨，倒是一件很有趣的事情。

我在十五岁左右才进小学，以前所受的都是私塾教育。从六岁起读书，一直到进小学，我没有从过师，我唯一的老师就是我的父亲。我的祖父做的很好的八股文，父亲处在八股文和经义策论交替的时代。他们读什么书，也就希望我读什么书。应付科举的一套家当委实可怜，四书、五经、纲鉴、《唐宋八大家文选》、《古唐诗选》之外就几乎全是闱墨制义。五经之中，我幼时全读的是《书经》、《左传》。《诗经》我没有正式地读，家塾里有人常在读，我听了多遍，就能成诵大半。于今我记得最熟的圣书，除《论语》外，就是听会的一套《诗经》。我因此想到韵文入人之深，同时，读书用目有时不如用耳。私塾的读书程序是先背诵后讲解。在"开讲"时，我能了解的很少，可是熟读成诵，一句一句地在舌头上滚将下去，还拉一点腔调，在儿童时却是一件乐事。这早年读经的教育我也曾跟着旁人咒骂过，平心而论，其中也不完全无道理。我现在所记得的书大半还是儿时背诵过的，当时虽不甚了了，现在回忆起来，不断地有新领悟，其中意味确是深长。

父亲有些受过学校教育的朋友，教我的方法多少受了新潮流的影响。我"动笔"时，他没有教我做破题起讲，只教我做日记。他先告诉我日间某事可记，并且指出怎样记法，记好了，他随看随改，随时讲给我听。有一次我还记得很清楚，宅旁发现一个古墓，掘出两个瓦瓶，父亲和伯父断定它们是汉朝的古物（他们的考古知识我无从保证），把它们洗干净，供在香炉前的条几上，两人磋商了一整天，做了一篇"古文"的记，用红纸楷书恭写，贴在瓶子上面。伯父提议让我也写一篇，父亲说："他！还早呢。"言下大有鄙夷之意。我当时对于文字起了一种神秘意识，仿佛此事非同小可，同时也渴望有一天能够得上记古瓶。

日记能记到一两百字时，父亲就开始教我做策论经义。当时科举已废除，他还传给我这一套应付科举的把戏，无非是"率由旧章"，以为读书人原就应该弄这一套。现在的读者恐怕对这些名目已很茫然，似有略加解释的必要。所谓"经义"是在经书中挑一两句做题目，就抱着那题目发挥成一篇文章，例如，题目是"知耻近乎勇"，你就说明知耻何以近乎勇，"耻"与"勇"须得一番解释，"近乎"两个字更大有文章可做。所谓"策"是在时事中挑一个问题，让你出一个主意，例如，题目是"肃清匪患"，你就条陈几个办法，并且详述利弊，显出你有经邦济世的本领。所谓"论"就是议论是非长短，或是评衡人物，刘邦和项羽究竟哪一个高明，或是判断史事，孙权究竟该不该笼络曹操。做这几类文章，你都要说理，所说的尽管是歪理，只要能自圆其说，歪也无妨。翻案文章往往见得独出心裁。这类文章有它们的传统做法。开头要一个帽子，从广泛的大道理说起，逐渐引到本题，发挥一段意思，于是转到一个"或者曰"式的相反的议论，把它驳倒，然后做一个结束。这就是所谓"起承转合"。这类文章没有什么文学价值，人人都知道。但是当作一种写作训练看，它也不是完全无用。在它的窄狭范围内，如果路走得不错，它可以启发思想，它的形式尽管是呆板，它究竟有一个形式。我从十岁左右起到二十岁左右止，前后至少有十年的光阴都费在这种议论文上面。这训练造成我的思想的定型，注定我的写作的命运。我写说理文很容易，有理我都可以说得出，很难说的理我能用很浅的话说出来。这不能不归功于幼年的训练。但是就全盘计算，我自知得不偿失。在应该发展想象的年龄，我的空洞的脑袋被歪曲到抽象的思想工作方面去，结果我的想象力变成极平凡，我把握不住一个有血有肉有光有热的世界，在旁人脑里成为活跃的戏景画境的，在我脑里都化为干枯冷酷的理。我写不出一篇过得去的描写文，就吃亏在这一点。

我自幼就很喜欢读书。家中可读的书很少，而且父亲向来不准我乱翻他的书箱。每逢他不在家，我就偷尝他的禁果。我翻出储同人评选的《史记》、《战国策》、《国语》、西汉文之类，随便看了几篇，就觉得其中趣味无穷。本来我在读《左传》，可是当作正经功课读的《左传》文章虽好，却远不如自己偷着看的《史记》《战国策》那么引人入胜。像《项羽本纪》那种长文章，我很早就熟读成诵。王应麟的《困学纪闻》也有些地方使我很高兴。父亲没有教我读八股文，可是家里的书大半是八股文，单是祖父手抄的就有好几箱，到无书可读时，连这角落里我也钻了进去。坦白地说，我颇觉得八股文也有它的趣味。它的布置很匀称完整，首尾条理线索很分明，在窄狭范围与固定形式之中，翻来覆去，往往见出作者的匠心。我于今还记得一篇《止子路宿》，写得真唯妙唯肖，入情入理。八股文之外，我还看了一些七杂八拉的东西，试帖诗，《楹联丛话》《广治平略》《事类统论》《历代名臣言行录》《粤匪纪略》，以至于《验方新编》《麻衣相法》《太上感应篇》和牙牌起数用的词。家住在穷乡僻壤，买书甚难。距家二三十里地有一个牛王集，每年清明前后附近几县农人都到此买卖牛马。各种商人都来兜生意，省城书贾也来卖书籍文具。我有一个族兄每年都要到牛王集买一批书回来，他的回来对于我是一个盛典。我羡慕他有去牛王集的自由，尤其是有买书的自由。书买回来了，他很慷慨地借给我看。由于他的慷慨，我读到《饮冰室文集》。这部书对于我启示一个新天地，我开始向往"新学"，我开始为《意大利三杰传》的情绪所感动。作者那一种酣畅淋漓的文章对于那时的青年人真有极大的魔力，此后有好多年我是梁任公先生的热烈的崇拜者。有一次报纸误传他在上海遇难，我这个素昧平生的小子在一个偏僻的乡村里为他伤心痛哭了一场。也就从饮冰室的启示，我开始对于小说戏剧发生兴趣。父亲向来不准我看小说，家里除一套《三国演义》以外，也别无所有，但是《水浒传》《红楼梦》《琵琶记》《西厢记》几种我终于在族兄处借来偷看过。因为读这些书，金圣叹，"才子"、"情种"之类观念开始在我脑里盘旋。总之，我幼时头脑所装下的书好比一个灰封尘积的荒货摊，大部分是废铜烂铁，中间也夹杂有几件较名贵的古董。由于这早年的习惯，我至今读书不能专心守一个范围，总爱东奔西窜，许多不同的东西令我同样感觉兴趣。

我在小学里只住了一学期就跳进中学。中学教育对于我较深的影响是"古文"训练。说来也很奇怪，我是桐城人，祖父和古文家吴挚甫先生有交谊，他所廪保的学生陈剑潭先生做古文也曾享一时盛名，可是我家里从没有染着一丝毫的古文派风气。科举圈人，于此可见一斑。进了中学，我才知道有桐城派古文这么一回事。那时候我的文字已粗精通，年纪在同班中算是很小，特别受国文教员们赏识。学校里做文章的风气确是很盛，考历史、地理可以做文章，考物理、化学也还可以做文章，所以我到处占便宜。教员们希望这小子可以接古文一线之传，鼓励我做，我越做也就越起劲。读品大半选自《古文辞类纂》和《经史百家杂钞》。各种体裁我大半都试做过。那时候我的模仿性很强，学欧阳修、归有光有时居然学得很像。学古文别无奥诀，只要熟读范作多篇，头脑里甚至筋内里都浸润下那一套架子，那一套腔调和那一套用字造句的姿态，等你下笔一摇，那些"骨力"、"神韵"就自然而然地来了，你就变成一个扶乩手，不由自主地动作起来。桐城派古文曾博得"谬种"的称呼。依我所知，这派文章大道理固然没有，大毛病也不见得很多。它的要求是谨严典雅，它忌讳浮词堆砌，它讲究声音节奏，它着重立言得体。古今中外的上品文章似乎都离不掉这几个条件。它的唯一毛病就是文言文，内容有时不免空洞，以至谨严到干枯，典雅到俗滥。这些都是流弊，作始者并不主张如此。

兴趣既偏向国文，在中学毕业后我就决定升大学入国文系。我很想进北京大学，因为路程远，花费多，家贫无力供给，且好就近进了武昌高等师范学校。

在武昌待了一年光景，使我至今还留恋的只有洪山的红菜薹，蛇山的梅花和江边几条大街上的旧书肆。至于学校却使我大失所望，里面国文教员还远不如在中学教我的那些老师。那位以地理名家的系主任以冬烘学究而兼有海派学者的习气，走的全是左道旁门，一面在灵学会里扶乩请仙，一面在讲台上提倡孔教，讲书一味穿凿附会，黑水变成黑海，流沙便是非洲沙漠。另外有一位教员讲《孟子》，在每章中都发现一个文章义法，章章不同，这章是"开门见山"，那章是"一针见血"，另一章又是"拨茧抽丝"。一团乌烟瘴气，弄得人啼笑皆非。我从此觉得一个人嫌恶文学上的低级趣味可以比嫌恶仇敌还更深入骨髓。我在武昌却并非毫无所得，我开始发现世间有那么多的书。其次，学校里有文字学一门功课，我规规矩矩地把段玉裁的《许氏说文解字注》从头看到尾，约略窥见清朝学者们治学的方法。

塞翁失马，因祸可以得福。我到武昌是失。但是我因此得到被遣送到香港大学的机会。这是我生平一个大转机。假若没有得到那个机会，说不定我现在还是冬烘学究。从那时到现在，二十余年之中，我虽没有完全丢开线装书，大部分工夫却花来学外国文，读外国书。这对于我学中国文，读中国书的影响很大，待下文再说，现在先说一个同样重要的事件，那就是"新文化运动"。大家都知道，这运动是对于传统的文化、伦理、政治、文学各方面的全面攻击。它的鼎盛期正当我在香港读书的年代。那时我是处在怎样一个局面呢？我是旧式教育培养起来的，脑里被旧式教育所灌输的那些固定观念全是新文化运动的攻击目标。好比一个商人，库里藏着多年辛苦积蓄起来的一大堆钞票，方自以为富足，一夜睡过来，满市人都宣传那些钞票全不能兑现，一文不值。你想我心服不心服？尤其是文言文要改成白话文一点于我更有切肤之痛。当时许多遗老遗少都和我处在同样的境遇。他们咒骂过，我也跟着咒骂过。《新青年》发表的吴敬斋的那封信虽不是我写的（天知道那是谁写的，我祝福他的在天之灵），却大致能表现当时我的感想和情绪。但是我那时正开始研究西方学问。一点浅薄的科学训练使我看出新文化运动是必需的，经过一番剧烈的内心冲突，我终于受了它的洗礼。我放弃了古文，开始做白话文，最初好比放小脚，裹布虽扯开，走起路来终有些不自在；后来小脚逐渐变成天足，用小脚曾走过路，改用天足特别显得轻快，发现从前小脚走路的训练功夫，也并不算完全白费。

文言白话之争到于今似乎还没有终结，我做过十五年左右的文言文，二十年左右的白话文，就个人经验来说，究竟哪一种比较好呢？把成见撇开，我可以说，文言和白话的分别并不如一般人所想象的那样大。第一，就写作的难易说，文章要做得好都很难，白话也并不比文言容易。第二，就流弊说，文言固然可以空洞俗滥板滞，白话也并非天生地可以免除这些毛病。第三，就表现力说，白话与文言各有所长，如果要写得简练，又含蓄，富于伸缩性，宜于用文言，如果要写得生动，直率，切合于现实生活，宜于用白话。这只是大体说，重要的关键在作者的技巧，两种不同的工具在有能力的作者的手里都可运用自如。我并没有发现某种思想和感情只有文言可表现，或者只有白话可表现。第四，就写作技巧说，好文章的条件都是一样，第一是要有话说，第二要把话说得好。思想条理必须清楚，情致必须真切，境界必须新鲜，文字必须表现得恰到好处，谨严而生动，简朴不致枯涩，高华不致浮杂。文言文要好须如此，白话文要好也还须如此。话虽如此说，我大体上比较爱写白话。原因很简单，语文的重要功用是传达，传达是作者与读者中间的交际，必须作者说得痛快，读者听得痛快，传达才能收到最大的效果。为作者着想，文言和白话的分别固不大；为读者着想，白话确远比文言方便。不过这里我要补充一句：白话的定义很难下，如果它指大多数人日常所用的语言，它的字和词都太贫乏，绝不够用。较好的白话文都不免要在文言里面借字借词，与日常流行的话语究竟有别。这就是说，白话没有和文言严密分家的可能。本来语文都有历史的继续性，字与词有部分的新陈代谢，绝无全部的死亡。提倡白话文的人们欢喜说文言是死的，白话是活的。我以为这话语病很大，它使一般青年读者们误信只要会说话就会做文章，对于文字可以不研究，对于旧书可以一概不读，这是为白话文作茧自缚。白话文必须继承文言的遗产，才可以丰富，才可以着土生根。

因为有这个信念，我写白话文，不忌讳在文言中借字借词。我觉得文言文的训练对于写白话文还大有帮助。但是我极力避免用文言文的造句法和文言文所习用的虚字如"之乎者也"之类。因为文言文有文言文的空气，白话文有白话文的空气，除借字借词之外，文白杂糅很难得谐和。俞平伯诸人的玩意只可聊备一格，不可以为训。

我对于白话文，除着接收文言文的遗产一个信念以外，还另有一个信念，就是它需要适宜程度的欧化。我从略通外国文学，就时时考虑怎样采取外国文学风格和文字组织的优点，来替中国文学创造一种新风格和新组织。我写白话文，除得力于文言文的底子以外，从外国文字训练中也得了很不少的教训。头一点我要求合逻辑。一番话在未说以前，我必须把思想先弄清楚，自己先明白，才能让读者明白，糊里糊涂地混过去，表面堂皇铿锵，骨子里不知所云或是暗藏矛盾，这个毛病极易犯，我总是小心提防着它。我不敢说中国文人天生有这毛病，不过许多中国文人常犯这毛病却是事实。我知道提防它，是得力于外国文字的训练。我爱好法国人所推崇的明晰。第二点我要求合文法。文法本由习惯造成，各国语文都有它的习惯，就有它的文法。不过我们中国人对于文法向来不大研究，行文还求文从字顺，说话就不免随便。中国文法组织有两个显著的缺点。第一是缺乏逻辑性，一句话可以无主词，"虽然""但是"可以连着用。第二是缺乏弹性，单句易写，混合句与复合句不易写，西文中含有"关系代名词"的长句无法译成中文，可以为证。我写白话文，常尽量采用西文的文法和语句组织，虽然同时我也顾到中国文字的特性，不要文章露出生吞活剥的痕迹。第二点在造句布局上我很注意声音节奏。我要文字响亮而顺口，流畅而不单调。古文本来就很讲究这一点，不过古文的腔调必须哼才能见出，白话文的腔调哼不出来，必须念出来，所以古文的声音节奏很难应用在白话文里。近代西方文章大半是用白话，所以它的声音节奏的技巧和道理很可以为我们借鉴。这中间奥妙甚多，粗略地说，字的平仄单复，句的长短骈散，以及它们的错综配合都须得推敲。这事很难，成就距理想总是很远。

我主张中文要有"适宜程度的"欧化，这就是说，欧化须有它的限度，它不应和本国的文字的特性相差太远。有两种过度的欧化我颇不赞成。第一种是生吞活剥地模仿西文语言组织。这风气倡自鲁迅先生的直译主义。"我遇见他在街上走"变成"我遇见他走在街上"，"园里有一棵树"变成"那里有一棵树在园里"，如此等类的歪曲我以为不必要。第二种是堆砌形容词和形容子句，把一句话拖得冗长啼肿。这在西文里本不是优点，许多作者偏想在这上面卖弄风姿，要显出华丽丰富，他们不知道中文句字负不起那样重载。为了这个问题，我和一位朋友吵过几回嘴。我不反对文字的华丽，但是我不欢喜村妇施朱敷粉，以多为贵。

　　这牵涉风格问题，"风格就是人格"。每个作者有他的特性，就有他的特殊风格。所以严格地说，风格不是可模仿的或普遍化的，每个作者如果在文学上能有特殊的成就，他必须成就一种他所独有的风格。但是话虽如此说，他在成就独有的风格的过程中，不能不受外来的影响。他所用的语言是大家所公用的，他所承受的精神遗产来源很久远，他与他的环境的接触影响到他的生活，就能影响到他的文章。他的风格的形成有他的特异点，也有他与许多人的共同点。如果把这共同点叫作类型，我们可以说，一时代的文学有它的类型的风格，一民族的文学也有它的类型的风格。这类型的风格对于个别作家的风格是一个基础。文学需要"学"，原因就在此。像其他人类活动一样，文艺离不开模仿，不模仿而能创造，那是无中生有，不可想象。许多作家的厄运在不学而求创造，也有许多作家的厄运在安心模仿而不求创造。安于模仿，类型的风格于是成为呆板形式，而模仿者只是拿这呆板形式来装腔作势，装腔作势与真正文艺毫无缘分。从历史看，一个类型的风格到了相当时期以后，常易变成呆板形式供人装腔作势，要想它重新具有生命，必须有很大的新的力量来震撼它，滋润它。这新的力量可以从过去另一时代来，如唐朝作家撇开六朝回到两汉，十九世纪欧洲浪漫派撇开假古典时代回到中世纪；也可从另一民族来，如六朝时代接受佛典，英国莎士比亚时代接受意大利的文艺复兴。从整个的中国文学史看，中国文学的类型风格到了唐宋以后不断地在走下坡路，我们早已到了"文敝"的阶段，个别作家如果株守故辙，虽有大力也无能为力。西方文化的东流，是中国文学复苏的一个好机会。我们这一个时代的人所负的责任真重大，我们不应该错过这机会。我以为中国文的欧化将来必须逐渐扩大，由语句组织扩大到风格。这事很不容易，有文学天才的人不一定有时间与精力研究西方文学，有时间精力研究西方文学的人也不一定有文学天才。假如我有许多年轻作家的资禀，再加上丰富的生活经验，也许多少可以实现我的愿望，无如天注定了我资禀平凡，注定了我早年受做时文的教育，又注定了我奔波劳碌，不得一刻闲，一切愿望于是成为苦恼。

文学是人格的流露。一个文人先须是一个人，须有学问和经验所逐渐铸就的丰富的精神生活。有了这个基础，他让所见所闻所感所触借文字很本色地流露出来，不装腔，不作势，水到渠成，他就成就了他的独到的风格，世间也只有这种文字才算是上品文字。除着这个基点以外，如果还另有什么资禀使文人成为文人的话，依我想，那就只有两种敏感。一种是对于人生世相的敏感。事事物物的哀乐可以变成自己的哀乐，事事物物的奥妙可以变成自己的奥妙。"一花一世界，一草一精神。"有了这种境界，自然也就有同情，就有想象，就有彻悟。其次是对于语言文字的敏感。语言文字是流通到光滑污滥的货币，可是每个字在每一个地位有它的特殊价值，丝毫增损不得，丝毫搬动不得。许多人在这上面苟且敷衍，得过且过，对于语言文字有敏感的人便觉得这是一种罪过，发生嫌憎。只有这种人才能有所谓"艺术上的良心"，也只有这种人才能真正创造文学，欣赏文学。诗人济慈说："看一个好句如一个爱人。"在恋爱中除着恋爱以外，一切都无足轻重；在文艺活动中，除着字句的恰当选择与安排以外，也一切都无足轻重。在那一刻中（无论是恋爱或是创作文艺），全世界就只有我所经心的那一点真实，其余都是虚幻。在这两种敏感之中，对于文人，最重要的是第二种。古今有许多哲人和神秘主义的宗教家不愿用文字泄露他们的敏感，像柏拉图所说的，他们宁愿在诗里过生活，不愿意写诗。世间也有许多匹夫匹妇在幸运的时会中偶然发现生死是一件沉痛的事，或是墙角一片阴影是一幅美妙的景象，可是他们无法用语言文字把心中的感触说出来，或是说的不是那么一回事。文人的本领不只在见得到，尤其在说得出。说得出，必须说得"恰到好处"，这需要对于语言文字的敏感。有这敏感，他才能找到恰好的字，给它一个恰好的安排。

人生世相的敏感和语言文字的敏感都大半是天生的，人力也可培养成几分。我在这两方面得之于天的异常稀薄，然而我对于人生世相有相当的了悟，运用语言文字也有相当的把握。虽然是自己达不到的境界，我有时也能欣赏，这大半是辛苦训练的结果。我从许多哲人和诗人方面借得一副眼睛看世界，有时能学屈原、杜甫的执着，有时能学庄周、列御寇的徜徉凌卢，莎士比亚教会我在悲痛中见出庄严，莫里哀教会我在乖讹丑陋中见出隽妙，陶潜和华兹华斯引我到自然的胜境，近代小说家引我到人心的曲径幽室。我能感伤也能冷静，能认真也能超脱。能应俗随时，也能潜藏非尘世的丘壑。文艺的珍贵的雨露浸润到我的灵魂至深处，我是一个再造过的人，创造主就是我自己。但是，天！我能再造自己，我不能把接收过来的世界再造成一世界。莪菲丽雅问哈姆雷特读什么，他回答说："字，字，字！"我一生都在"字"上做功夫，到现在还只能用"字"来做这世界里面的日常交易，再造另一世界所需要的"字"常是没到手就滑了去。圣约翰说："太初有字，字和上帝在一起，字就是上帝。"我能了解字的威权，可是我常慑服在它的威权之下，原来它是和上帝在一起的。

读书的习惯重于方法

胡适

读书会进行的步骤，也可以说是采取的方式大概不外三种：

第一种是大家共同选定一本书来读，然后互相交换自己的心得及感想。

第二种是由下往上的自动方式，就是先由会员共同选定某一个专题，限定范围，再由指导者按此范围拟定详细节目，指定参考书籍。每人须于一定期限内做成报告。

第三种是先由导师拟定许多题目，再由各会员任意选定。研究完毕后写成报告。

至于读书的方法我已经讲了十多年，不过在目前我觉到读书全凭先养成好读书的习惯。读书无捷径，是没有什么简便省力的方法可言的。读书的习惯可分为三点：一是勤，二是慎，三是谦。

勤苦耐劳是成功的基础，做学问更不能欺己欺人，所以非勤不可。其次，谨慎小心也是很需要的，清代的汉学家著名的如高邮王氏父子，段茂堂等的成功，都是遇事不肯轻易放过，旁人看不见的自己便可看见了。如今的放大几千万倍的显微镜，也不过想把从前看不见的东西现在都看见罢了。谦就是态度的谦虚，自己万不可先存一点成见，总要不分地域门户，一概虚心地加以考察后，再决定取舍。这三点都是很要紧的。

其次，还有个买书的习惯也是必要的，闲时可多往书摊上逛逛，无论什么书都要去摸一摸，你的兴趣就是凭你伸手乱摸后才知道的。图书馆里虽有许多的书供你参考，然而这是不够的。因为你想往上圈画一下都不能，更不能随便地批写。所以至少像对于自己所学的有关的几本必备书籍，无论如何，就是少买一双皮鞋，这些书是非买不可的。

　　青年人要读书，不必先谈方法，要紧的是先养成好读书、好买书的习惯。

藏书与读书

季羡林

有一个平凡的真理，直到耄耋之年，我才顿悟：中国是世界上最喜藏书和读书的国家。

什么叫书？我没有能力，也不愿意去下定义。我们姑且从孔老夫子谈起吧。他老人家读《周易》，至于韦编三绝，可见用力之勤。当时还没有纸，文章是用漆写在竹简上面的，竹简用皮条拴起来，就成了书。翻起来很不方便，读起来也有困难。我国古时有一句话，叫作"学富五车"，说一个人肚子里有五车书，可见学问之大。这指的是用纸做成的书，如果是竹简，则五车也装不了多少部书。

后来发明了纸。这一来写书方便多了；但是还没有发明印刷术，藏书和读书都要用手抄，这当然也不容易。如果一个人抄的话，一辈子也抄不了多少书。可是这丝毫也阻挡不住藏书和读书者的热情。我们古籍中不知有多少藏书和读书的故事，也可以叫作佳话。我们浩如烟海的古籍，以及古籍中所寄托的文化之所以能够流传下来，历千年而不衰，我们不能不感谢这些爱藏书和读书的先民。

后来我们又发明了印刷术。有了纸，又能印刷，书籍流传方便多了。从这时起，古籍中关于藏书和读书的佳话，更多了起来。宋版、元版、明版的书籍被视为珍品。历年都有一些藏书家，什么绛云楼、天一阁、铁琴铜剑楼、海源阁等，说也说不完。有的已经消失，有的至今仍在，为我们新社会的建设服务。我们不能不感激这些藏书的祖先。

至于专门读书的人，历代记载更多。也还有一些关于读书的佳话，什么"囊萤映雪"之类。有人做过试验，无论萤和雪都不能亮到让人能读书的程度，然而在这一则佳话中所蕴含的鼓励人们读书的热情则是大家都能感觉到的。还有一些鼓励人读书的话和描绘读书乐趣的诗句"书中自有颜如玉"之类的话，是大家都熟悉的，说这种话的人的"活思想"是非常不高明的，不会得到大多数人的赞赏。关于"四时读书乐"一类的诗，也是大家所熟悉的。可惜我童而习之，至今老朽昏聩，只记住了一句"绿满窗前草不除"，这样的读书情趣也是颇能令人向往的，此外如"红袖添香夜读书"之类的读书情趣，代表另一种趣味。据鲁迅先生说，连大学问家刘半农也向往，可见确有动人之处了。"雪夜闭门读禁书"代表的情趣又自不同，又是"雪夜"，又是"闭门"，又是"禁书"，不是也颇有人向往吗？

这样藏书和读书的风气，其他国家不能说一点没有；但是据浅见所及，实在是远远不能同我国相比。因此我才悟出了"中国是世界上最爱藏书和读书的国家"这一条简明而意义深远的真理，中国古代光辉灿烂的文化有极大一部分是通过书籍传流下来的。到了今天，我们全体炎黄子孙如何对待这个问题，实际上每个人都回避不掉。我们必须认真继承这个在世界上比较突出的优秀传统，要读书，读好书。只有这样，我们才能上无愧于先民，下造福于子孙万代。

读书不求强记，却需弄个明白

曾国藩

【题解】

本篇选取了曾国藩自咸丰五年到同治元年间写给弟弟与儿子的八封信中有关读书的内容。

这些信有五封是写给弟弟的，只有三封是写给儿子的，但是即便写给弟弟，也大都谈到儿子的读书问题。在这些谈论中，体现出一个很重要的思想，即因材施教。这是因为儿子纪泽记性不好，或者说记忆力平常。因此他一再告诉弟弟在教纪泽读书时不要要求他强记或者熟读乃至背诵。他对弟弟说：纪泽儿读书记忆不好，悟性比较好。如果让他句句熟读，就会越读越蠢，将来仍然不能读完经书。不用强记，却必须遵守勤、敏二字，每天至少看二十页，不能间断，就像煮饭一样，歇了火就冷，小了火就不熟，要用大柴大火，那才容易成功。

而在给儿子的信中，更直接说道：不必要求记住，但要求弄个明白。如果确实看明白以后，时间长一定能体会到其中的意味，心中就会出现心旷神怡的感觉，那样就会大略记得了。

在这里，曾国藩同样将读书的范围扩大到写作，指出儿子长和短处：你看书天分很高，写字天分也高，作诗写文章天分稍差些，如果在十五六岁的时候有好的教导方法，今天也许不只是现在这样；作诗文是你的短处，最好从短处努力下功夫；看书写字是你所擅长的，就最好再发扬光大。关于写字方面，他告诉儿子：你写字笔力太弱，今后就常常临摹柳帖才好。家里有柳书《元秘塔》《琅邪碑》《西平碑》各种，你可以用《琅邪碑》每天临帖一百字、仿摹一百字。临帖是为了学其神气，模仿是为了仿其间架结构。关于作文方面，他看出儿子诗笔远胜文笔，故此鼓励儿子经常写诗；又看出儿子才思古雅而不雄俊，故此指出儿子适合作五言诗，而不适宜作七言诗。针对儿子所需，让他选取和自己性情相近的曹、阮、陶、谢、鲍、谢六人的诗专心去读。不过却还没有忘记让儿子开拓心胸，扩充气魄，故此教他读唐代的李杜韩白、宋金的苏黄陆元这八家的诗文，尽管儿子的性情不与这八家相近，但作为弥补，也不可不将这八个人的文集悉心研究一番。正因为看出儿子气质不够雄峻，也就是偏弱偏轻，进而便叮嘱儿子走路应该稳重，说话应当慎重，让儿子时常记在心上。一颗为父的拳拳之心、殷殷之爱，已经由读书拓展到做人。

至于同九弟所谈，同是读书不求强记，则是教他借读书养病：身体多病，得到名人文集静心阅读，也足以养病的。同样体现出曾国藩因材施教的思想。即便谈此，也能讲出很切实的道理来：凡是想要强记的，还有好名的想法横在心里，就更记不住；如完全没有爱好虚名的想法，记住也行，不记住也行，这种心理宽松无牵挂，反倒觉得安心舒泰，也许倒能记住一二处也未可知。

记性平常，读书不必求熟
【原文】

澄侯、温甫、子植、季洪老弟足下：

纪泽儿读书，记性不好，悟性较佳。若令其句句读熟，或责其不可再生，则愈读愈蠢，将来仍不能读完经书也。请子植弟将泽儿未读之经，每日点五六百字教一遍，解一遍，令其读十遍，不必能背诵也，不必常温习也。待其草草点完之后，将来看经解，亦可求熟；若蛮读蛮记蛮温，断不能久熟，徒耗日工而已。诸弟必以兄言为不然，吾阅历甚多，问之朋友皆以为然，植弟教泽儿即草草一读可也。儿侄辈字亦要紧，须令其多临帖，临行草字亦自有益，不必禁之。

（咸丰五年二月廿九日与诸弟书）

澄侯、温甫、子植、季洪老弟足下：

纪泽儿读书记忆不好，悟性比较好。如果让他句句熟读，或者他不能够再生疏，却会越读越蠢，将来仍然不能读完经书。请子植弟把泽儿没有读完的经书，每天选五六百字教一遍，解释一遍，让他读十遍就行了，用不着能背诵，也不用经常温习。等他草草读完后，将来再看经解，也能够求得熟练。如果硬读硬记硬温习，绝不可能久熟，只是白白消耗每天的工夫而已。兄弟们肯定不赞成为兄的话。我阅历很多，问朋友这事，都认为是这样，植弟教泽儿只要草草一读就行了。儿侄辈写字也很重要，必须叫他们多临摹字帖。临摹草书行书也会有好处。不必禁止。

【原文】

澄侯、温甫、子植、季洪四弟足下：

季洪弟尽可不必教书，宜在家中读书，文理尚未甚通，不可误人子弟。去年季弟带兵在益阳等处，所出告示，人有传以为笑者，笔墨之间，不可不慎。沅弟要方望溪、姚姬传文集，霞仙已代为买得，可用心细看，能阅过一遍，通加圈点自不患不长进也。

纪泽儿记性极平常，不必力求背诵，但宜常看生书，讲解数遍，自然有益。八股文、试帖诗，皆非今日之急务，尽可不看不作。史鉴略熟，宜因而加功，看朱子《纲目》一遍为要。纪鸿儿亦不必读八股文，徒费时日，实无益也。修身齐家之道，无过陈文恭公《五种遗规》一书，诸弟与儿侄辈皆宜常常阅看。

（咸丰五年三月廿日与诸弟书）

【译文】

澄侯、温甫、子植、季洪四弟足下：

季洪弟不必教书，应在家中读书。文理还不很通，不能误人子弟。去年季弟带兵到益阳等处，所出的告示让人传为笑话。动笔写作，不能不慎重。沅弟所要方望溪、姚姬传的文集，霞仙已代为买到，可用心细看。如能阅读一遍，都加圈点，自然不怕不长进。

纪泽儿记性极平常，读书不必一定要求背诵，但应该常看新书，讲解几遍，自会有好处。八股文、试帖诗都不是现在迫切要学的，尽可不看不写。史书比较熟，应当趁热打铁，加把力气，看朱子《纲目》一遍为最重要。纪鸿儿也不必读八股文，白白浪费时间，实在没有益处。修身齐家的道理，没有能够超过陈文恭公《五种遗规》一书的，诸弟和儿侄们都应当常常阅读。

【原文】

澄、温、沅、洪四弟足下：

纪泽儿读书记性平常，读书不必求熟，且将《左传》《礼记》于今秋点毕，以后听儿之自读自思。成败勤惰，儿当自省而图自立焉。吾与诸弟唯思以身垂范教子侄，不在诲言之谆谆也。

（咸丰五年三月廿六日与诸弟书）

【译文】

澄、温、沅、洪四弟足下：

纪泽儿读书记性一般，不必要求他熟读。暂且让他把《左传》、《礼记》到今年秋天点读完即可，以后任他自己阅读思考。勤奋成功，懒惰失败，纪泽应该自省求自立。我与诸位弟弟应该考虑以身作则来教育子侄，而不在于说教很多。

【原文】

澄、温、沅、季四位老弟足下：

沅弟买得方、姚集，近已阅否？体气多病，得名人文集静心读之，亦自足以养病。凡读书有难解者，不必遽求甚解。有一字不能记者，不必苦求强记。只须从容涵泳，今日看几篇，明日看几篇，久久自然有益。但于已阅过者，自作暗号，略批几字，否则历久忘其为已阅未阅矣。筠仙来江西时，余作会合诗一首，一时和者数十人，兹命书办抄一本寄家一阅。

（咸丰五年五月廿六日与诸弟书）

【译文】

澄、温、沅、季四位老弟足下：

沅弟买到方、姚文集，最近读了吗？身体多病，得到名人文集静心阅读，也足以养病的。读书有难于理解的地方，不必立即求得透彻的理解。有一个字不能记住，也没必要苦求强记，只要从容理解领会，今天看几篇，明天看几篇，时间长了自然有好处；只是对已经读过的部分要做出记号，稍微批几个字，否则时间久了就会忘记是已经读过了的，还是没有读过的。筠仙来江西时，我作了一首会合诗，一时间唱和的有几十人，现在叫书办抄录一本寄回家中给大家看。

【原文】

澄侯、温甫、子植、季洪四位老弟左右：

植弟前信言身体不健，吾谓读书不求强记，此亦养身之道。凡求强记者，尚有好名之心横亘于方寸，故愈不能记；若全无名心，记亦可，不记亦可，此心宽然无累，反觉安舒，或反能记一二处亦未可知，此余阅历语也，植弟试一体验行之。

（咸丰五年七月初八与诸弟书）

【译文】

澄侯、温甫、子植、季洪四位老弟左右：

植弟上次来信说身体不健康。我认为读书不求强记，这也是养身之道。凡是想要强记的，还有好名的想法横在心里，就更记不住。如完全没有爱好虚名的想法，记住也行，不记住也行，这种心理宽松无牵挂，反倒觉得安心舒平，也许倒能记住一二处也未可知，这是我的经验之谈，植弟试着去体验看看。

澄侯四弟左右：

余身体平安，癣疾虽发，较之往在京师则已大减。幕府乏好帮手，凡奏折、书信、批禀均须亲手为之，以是未免有延搁耳。余性喜读书，每日仍看数十页，亦不免抛荒军务，然非此则更无以自怡也。

纪泽看《汉书》，须以勤敏行之。每日至少亦须看二十页，不必惑于在精不在多之说，今日半页，明日数页，又明日耽搁间断，或数年而不能毕一部。如煮饭然，歇火则冷，小火则不熟，须用大柴大火，乃易成也。甲五经书已读毕否？须速点速读，不必一一求熟，恐因求熟之一字，而终身未能读完经书。吾乡子弟，未读完经书者甚多，此后当力戒之。诸外甥如未读完经书，当速补之，至嘱至嘱。

（咸丰六年十一月廿九日与四弟国潢书）

【译文】

澄侯四弟左右：

我身体平安，癣疾虽然发了，比较在京城时，还是大大减轻了。幕府内缺乏好帮手，凡奏折、书信、批票都必须亲自动手，所以未免有所延搁。我生性喜好读书，每天仍看几十页，虽然也不免抛荒军务，但不这样则更无他法让自己高兴一下了。

纪泽看《汉书》，必须遵守勤、敏二字，每天至少看二十页，不必听所谓"在精不在多"说法的迷惑，今天读半页，明天读数页，再明天却耽搁、间断，估计几年也读不完一部书。就像煮饭一样，歇了火就冷，小了火就不熟，要用大柴大火，那才容易成功。甲五的经书已经读完没有？一定要快点阅读，没必要一一求熟，恐怕只为求熟一个字，而一辈子也读不完经书。我乡子弟没有读完经书的人很多，以后应当力戒这样。诸位外甥如果没有读完经书，应当尽快补上。至嘱至嘱。

切记随笔点过一遍

【原文】

字谕纪泽儿：

接尔二十九、三十号两禀，得悉《书经》注疏看《尚书》已毕。《书经》注疏颇庸陋，不如《诗经》之该博。我朝儒者，如阎百诗、姚姬传诸公皆辨别古文《尚书》之伪。孔安国之传，亦伪作也。盖秦燔书后，汉代伏生所传，欧阳及大小夏侯所习，皆仅二十八篇，所谓今文《尚书》者也。厥后孔安国家有古文《尚书》，多十余篇，遭巫蛊之事，未得立于学官，不传于世。厥后张霸有《尚书》百两篇，亦不传于世。后汉贾逵、马、郑作古文《尚书》注解，亦不传于世。

至东晋梅赜始献古文《尚书》并孔安国传，自六朝唐宋以来承之，即今通行之本也。自吴才老及朱子、梅鼎祚、归震川，皆疑其为伪，至阎百诗遂专著一书以痛辨之，名曰《疏证》。自是辨之者数十家，人人皆称伪古文、伪孔氏也。《日知录》中略著其原委。王西庄、孙渊如、江艮庭三家皆详言之。此亦《六经》中一大案，不可不知也。

尔读书记性平常，此不足虑。所虑者第一怕无恒，第二怕随笔点过一遍，并未看得明白，此却是大病。若实看明白了，久之必得些滋味，寸心若有怡悦之境，则自略记得矣。尔不必求记，却宜求个明白。

邓先生讲书，仍请讲《周易折中》。余圈过之《通鉴》，暂不必讲，恐污坏耳。尔每日起得早否？并问。此谕。

涤生手示

（咸丰九年六月十四日）

【译文】

字谕纪泽儿：

收到你二十九、三十日两封来信，得知你《书经》注疏已看完了《尚书》。《书经》注疏比较浅显，不如《诗经》博大精深。我朝大儒，如阎百诗、姚姬传等人都辨别古文《尚书》是伪书。孔安国的传，也是伪作。自秦焚书以后，汉代伏生所作的传,欧阳和大小夏侯所研习的只有二十八篇,就是所谓的今文《尚书》。以后孔安国家有古文《尚书》多十几篇,但因为遭受巫蛊的祸事,没有立于学官,所以不传于后世。以后张霸又有《尚书》一百零二篇,也不传于后世。后汉贾逵、马、郑作的古文《尚书》注释,也不传于后世。

到了东晋梅赜始献古文《尚书》及孔安国的传,从六朝唐宋就一直传承下来,也就是现在的通行本。自吴才老和朱子、梅鼎祚、归震川,都怀疑它是伪作,到了阎百诗专门写了一本书痛加辩驳,书名为《疏证》。这以后辨别真伪的有几十家,人人都说这些是伪古文、伪孔氏。《日知录》中对这些原委稍加说明,王西庄、孙渊如、江艮庭三家都讲得很详细。这也是六经中的一个大案件,不能不了解。

你读书记忆力平常,这不用担心。所担心的第一是无恒,第二是怕随意用笔点过一篇,并没有看明白,这可是个大毛病。如果确实看明白以后,时间长一定能体会到其中的意味,心中就会出现心旷神怡的感觉,那样就会大略记得了。不必要求记住,但要求弄个明白。

邓先生讲课,还是请他讲《周易折中》。我圈阅过的《通鉴》暂时可不必讲解,恐怕会把它弄脏弄坏。你每天起得早不早? 并问,此谕。

宜从短处痛下功夫
【原文】

字谕纪泽儿:

尔求抄古文目录,下次即行寄归。尔写字笔力太弱,以后即常摹柳帖亦好。家中有柳书《元秘塔》《琅邪碑》《西平碑》各种,尔可取《琅邪碑》日临百字、摹百字。临以求其神气,摹以仿其间架。每次家信内,各附数纸送阅。

《左传》注疏阅毕,即阅看《通鉴》。将京中带回之《通鉴》,仿我手校本,将目录写于面上。其去秋在营带去之手校本,便中仍当寄送祁门。余常思翻阅也。

尔言鸿儿为邓师所赏,余甚欣慰。鸿儿现阅《通鉴》,尔亦可时时教之。尔看书天分甚高,作字天分甚高,作诗文天分略低,若在十五六岁时教导得法,亦当不止于此。今年已二十三岁,全靠尔自己扎挣发愤,父兄师长不能为力。

作诗文是尔之所短，即宜从短处痛下功夫。看书写字尔之所长，即宜拓而充之。走路宜重，说话宜迟，常常记忆否？

（咸丰十一年正月十四日）

【译文】

字谕纪泽儿：

你要求抄古文目录，下次就寄回去。你写字笔力太弱，今后就常常临摹柳帖才好。家里有柳书《元秘塔》《琅邪碑》《西平碑》各种，你可以用《琅邪碑》每天临帖一百字、仿摹一百字。临帖是为了学其神气，模仿是为了仿其间架结构。每次寄到信里面，分别附上几张纸让我看一看。

《左传》注疏看完，就阅读《通鉴》。将京城带回来的《通鉴》，仿照我的手校本，将目录写在上面。去年秋天在军营中带去的手校本，方便的时候应当寄到祁门。我常常想翻阅。

你说鸿儿被邓老师夸赞，我很高兴。鸿儿现在读《通鉴》，你也可以时常指点他。你看书天分很高，写字天分也高，作诗写文章天分稍差些，如果在十五六岁的时候有好的教导方法，今天也许不只是现在这样。你今年已二十三岁，全靠自己发愤努力，父母兄长师父都帮不上忙。作诗文是你的短处，最好从短处努力下功夫。看书写字是你所擅长的，就最好再发扬光大。走路应该稳重，说话应当慎重，时常记在心上没有？

【原文】

字谕纪泽儿：

尔诗一首阅过发回。尔诗笔远胜于文笔，以后宜常常为之。余久不作诗，而好读诗。每夜分辄取古人名篇高声朗诵，用以自娱。今年亦当间作二三首，与尔曹相和答，仿苏氏父子之例。尔之才思，能古雅而不能雄俊，大约宜作五言，而不宜作七言。余所选十八家诗，凡十厚册，在家中，此次可交来丁带至营中。尔要读古诗，汉魏六朝，取余所选曹、阮、陶、谢、鲍、谢六家，专心读之，必与尔性质相近。至于开拓心胸，扩充气魄，穷极变态，则非唐之李杜韩白，宋金之苏黄陆元八家不足以尽天下古今之奇观。尔之性质，虽与八家者不相近，而要不可不将此八人之集悉心研究一番，实《六经》外之巨制，文字中之尤物也。尔于小学粗有所得，深用为慰。欲读周汉古书，非明于小学无可问津。余于道光末年，始好高邮王氏父子之说，从事戎行未能卒业，冀尔竟其绪耳。

（同治元年正月十四日）

【译文】

字谕纪泽：

你的一首诗看过了，再给你寄回去。你的诗笔远胜于文笔，我以为应常写些诗。我很久没写诗了，但喜欢读诗。每天夜里拿来古人的名篇高声朗读，用以自娱自乐。今年也应该在空闲时做两三首诗，和你们相互和答，仿照苏氏父子的先例。你的才思古雅而不雄俊，大概适合作五言诗，而不适宜作七言诗。我选的十八家诗，共十厚册，放在家中，下次可以交由来人给我带到营中来。你要读古诗，汉魏六朝的古诗，只取我选的曹、阮、陶、谢、鲍、谢六人的诗专心去读，一定和你的性情相近。至于开拓心胸，扩充气魄，穷尽形态，则非唐代的李杜韩白、宋金的苏黄陆元这八家，不足以写尽天下古今的奇观。你的性情，虽不与这八家相近，但不可不将这八个人的文集悉心研究一番。这八个人的诗文，实在是《六经》以外的巨作，文字中的珍品。你对于"小学"有一些收获，我很感欣慰。要读周汉古书，不弄明白"小学"就无法入门。我在道光末年，开始喜好高邮王氏父子的学说，从军之后未能完成这项事业，希望你继承我的事业。

作者简介

曾国藩（1811～1872），初名子城，字伯涵，号涤生，宗圣曾子七十世孙。中国近代政治家、战略家、理学家、文学家，湘军的创立者和统帅。与胡林翼并称曾胡，与李鸿章、左宗棠、张之洞并称"晚清四大名臣"。官至两江总督、直隶总督、武英殿大学士，封一等毅勇侯，谥曰文正。

为什么读书

青年会叫我在未离南方赴北方之前在这里谈谈，我很高兴，题目是"为什么读书"。现在读书运动大会开始，青年会拣定了三个演讲题目。我看第二题目"怎样读书"很有兴味，第三题目"读什么书"更有兴味，第一题目无法讲，"为什么读书"，连小孩子都知道，讲起来很难为情，而且也讲不好。所以我今天讲这个题目，不免要侵犯其余两个题目的范围，不过我仍旧要为其余两位演讲的人留一些余地。现在我就把这个题目来试一下看。我从前也有过一次关于读书的演讲，后来我把那篇演讲录略事修改，编入三集《文存》里面，那篇文章题目叫作《读书》，其内容性质较近于第二个题目，诸位可以拿来参考。今天我就来试试"为什么读书"这个题目。

从前有一位大哲学家做了一篇《读书乐》，说到读书的好处，他说："书中自有千钟粟，书中自有黄金屋，书中自有颜如玉。"这意思就是说，读了书可以做大官，获厚禄，可以不至于住茅草房子，可以娶得年轻的漂亮太太（台下哄笑）。诸位听了笑起来，足见诸位对于这位哲学家所说的话不十分满意。现在我就讲所以要读书的别的原因。

为什么要读书？有三点可以讲：第一，因为书是过去已经知道的智识学问和经验的一种记录，我们读书便是要接受这人类的遗产；第二，为要读书而读书，读了书便可以多读书；第三，读书可以帮助我们解决困难，应付环境，并可获得思想材料的来源。我一踏进青年会的大门，就看见许多关于读书的标语。为什么读书？大概诸位看了这些标语就都已知道了，现在我就把以上三点更详细地说一说。

第一，因为书是代表人类老祖宗传给我们的智识的遗产，我们接受了这遗产，以此为基础，可以继续发扬光大，更在这基础之上，建立更高深更伟大的智识。人类之所以与别的动物不同，就是因为人有语言文字，可以把智识传给别人，又传至后人，再加以印刷术的发明，许多书报便印了出来。人的脑很大，与猴不同，人能造出语言，后来更进一步而有文字，又能刻木刻字；所以人最大的贡献就是能累积过去的智识和经验，使后人可以节省许多脑力。非洲野蛮人在山野中遇见鹿，他们就画了一个人和一只鹿以代信，给后面的人叫他们勿追。但是把智识和经验遗给儿孙有什么用处呢？这是有用处的，因为这是前人很好的教训。现在学校里各种教科书，如物理、化学、历史等，都是根据几千年来进步的智识编纂成书的，一年、两年，或者三年教完一科。自小学、中学，而至大学毕业，这十六年中所受的教育，都是代表我们老祖宗几千年来得来的智识学问和经验。所谓进化，就是叫人节省劳力，蜜蜂虽能筑巢，能发明，但传下来就只有这一点智识，没有继续去改革改良，以应付环境，没有做格外进一步的工作。人呢，达不到目的，就再去求进步，而以前人的智识学问和经验做参考。如果每样东西，要个个从头学起，而不去利用过去的智识，那不是太麻烦吗？所以人有了这智识的遗产，就可以自己去成家立业，就可以缩短工作，使有余力做别的事。

第二点稍复杂，就是为读书而读书。读书不是那么容易的一件事情，不读书不能读书，要能读书才能多读书。好比戴了眼镜，小的可以放大，糊涂的可以看得清楚，远的可以变为近。读书也要戴眼镜。眼镜越好，读书的了解力也越大。王安石对曾子固说："读经而已，则不足以知经。"所以他对于本草、内经、小说，无所不读，这样对于经才可以明白一些。王安石说："致其知而后读。"

请你们注意，他不说读书以致知，却说，先致知而后读书。读书固然可以扩充知识；但知识越扩充了，读书的能力也越大。这便是"为读书而读书"的意义。

试举《诗经》做一个例子。从前的学者把《诗经》看作"美""刺"的圣书，越讲越不通。现在的人应该多预备几副好眼镜，人类学的眼镜、考古学的眼镜、文法学的眼镜、文学的眼镜。眼镜越多越好，越精越好。例如"野有死麕，白茅包之。有女怀春，吉士诱之"；我们若知道比较民俗学，便可以知道打了野兽送到女子家去求婚，是平常的事。又如"钟鼓乐之，琴瑟友之"，也不必说什么文王太姒，只可看作少年男子在女子的门口或窗下奏乐唱和，这也是很平常的事。再从文法方面来观察，像《诗经》里"之子于归""黄鸟于飞""凤凰于飞"的"于"字；此外，《诗经》里又有几百个的"维"字，还有许多"助词"、"语词"，这些都是有作用而无意义的虚字，但以前的人却从未注意及此。这些字若不明白，《诗经》便不能懂。再说在《墨子》一书里，有点光学、力学；又有点经济学。但你要懂得光学，才能懂得墨子所说的光；你要懂得各种智识，才能懂得《墨子》里一些最难懂的文句。总之，读书是为了要读书，多读书更可以读书。最大的毛病就在怕读书，怕读难书。越难读的书我们越要征服它们，把它们作为我们的奴隶或向导，我们才能够打倒难书，这才是我们的"读书乐"。若是我们有了基本的科学知识，那么，我们在读书时便能左右逢源。我再说一遍，读书的目的在于读书，要读书越多才可以读书越多。

第三点，读书可以帮助解决困难，应付环境，供给思想材料。知识是思想材料的来源。思想可分作五步。思想的起源是大的疑问。吃饭拉屎不用想，但逢着三岔路口，十字街头那样的环境，就发生困难了。走东或走西，这样做或是那样做，有了困难，才有思想。第二步要把问题弄清，究竟困难在哪一点上。第三步才想到如何解决，这一步，俗话叫作出主意。但主意太多，都采用也不行，必须要挑选。但主意太少，或者竟全无主意，那就更没有办法了。第四步就是要选择一个假定的解决方法。要想到这一个方法能不能解决。

若不能，那么，就换一个；若能，就行了。这好比开锁，这一个钥匙开不开，就换一个；假定是可以开的，那么，问题就解决了。第五步就是证实。凡是有条理的思想都要经过五步，或是逃不了这五个阶段。科学家要解决问题，侦探要侦探案件，多经过这五步。

这五步之中，第三步是最重要的关键。问题当前，全靠有主意（Idea）。主意从哪儿来呢？从学问经验中来。没有智识的人，见了问题，两眼白瞪瞪，抓耳挠腮，一个主意都不来。学问丰富的人，见着困难问题，东一个主意，西一个主意，挤上来，涌上来，请求你录用。读书是过去智识学问经验的记录，而智识学问经验就要用在这时候，所谓养军千日，用在一朝。否则，学问一些都没有，遇到困难就要糊涂起来。例如达尔文把生物变迁现象研究了几十年，却想不出一个原则去整统他的材料。后来无意中看到马尔萨斯的《人口论》，说人口是按照几何学级数一倍一倍地增加，粮食是按照数学级数增加，达尔文研究了这原则，忽然触机，就把这原则应用到生物学上去，创了"物竞天择"的学说。读了经济学的书，可以得着一个解决生物学上的困难问题，这便是读书的功用，古人说"开卷有益"，正是此意。读书不是单为文凭功名，只因为书中可以供给学问智识，可以帮助我们解决困难，可以帮助我们思想。又譬如从前的人以为地球是世界的中心，后来天文学家哥白尼却主张太阳是世界的中心，地球绕着而行。据罗素说，哥白尼所以这样解说，是因为希腊人已经讲过这句话；假使希腊没有这句话，恐怕更不容易有人敢说这句话吧。这也是读书的好处。有一家书店印了一部旧小说叫作《醒世姻缘》，要我作序。这部书是西周生所著的，印好后在我家藏了六年，我还不曾考出西周生是谁。这部小说讲到婚姻问题，其内容是这样：有个好老婆，不知何故，后来忽然变坏，作者没有提及解决方法，也没有想到可以离婚，只说是前世作孽，因为在前世男虐待女，女就投生换样子，压迫者变为被压迫者。这种前世作孽，起先相爱，后来忽变的故事，我仿佛什么地方看见过。后来忽然想起《聊斋》一书中有一篇和这相类似的笔记，也是说到一个女子，起先怎样爱着她的丈夫，后来怎样变为凶太太，便想到这部小说大约是蒲留仙或是蒲留仙的朋友做的。

去年我看到一本杂记，也说是蒲留仙做的，不过没有证据。今年我在北京，才找到了证据。这一件事可以解释刚才我所说的第二点，就是读书可以帮助读书，同时也可以解释第三点，就是读书可以供给出主意的来源。当初若是没有主意，到了逢着困难时便要手足无措，所以读书可以解决问题，就是军事、政治、财政、思想等问题，也都可以解决，这就是读书的用处。

我有一位朋友，有一次傍着灯看小说，洋灯装有油，但是不亮，因为灯芯短了。于是他想到《伊索寓言》里有一篇故事，说是一只老鸦要喝瓶中的水，因为瓶太小，得不到水，它就衔石投瓶中，水乃上来。这位朋友是懂得化学的，于是加水于灯中，油乃碰到灯芯。这是看《伊索寓言》给他看小说的帮助。读书好像用兵，养兵求其能用，否则即使坐拥十万、二十万的大兵也没有用处，难道只好等他们"兵变"吗？

至于"读什么书"，下次陈钟凡先生要讲演，今天我也附带地讲一讲。我从五岁起到了四十岁，读了三十五年的书。我可以很诚恳地说，中国旧籍是经不起读的。中国有五千年文化，"四部"的书已是汗牛充栋。究竟有几部书应该读，我也曾经想过。其中有条理有系统的精心结构之作，两千五百年以来恐怕只有半打。"集"是杂货店，"史"和"子"还是杂货店。至于"经"，也只是杂货店，讲到内容，可以说没有一些东西可以给我们改进道德增进智识的帮助的。中国书不够读，我们要另开生活，辟殖民地，这条生路，就是每一个少年人必须至少要精通一种外国文字。读外国语要读到有乐而无苦，能做到这地步，书中便有无穷乐趣。希望大家不要怕读书，起初的确要查阅字典，但假使能下一年苦功，继续不断做去，那么，在一二年中定可开辟一个乐园，还只怕求知的欲望太大，来不及读呢。我总算是老大哥，今天我就根据我过去三十五年读书的经验，给你们这一个临别的忠告。

谈读书

朱光潜

朋友:

中学课程很多,你自然没有许多时间去读课外书。但是你试抚心自问:你每天真抽不出一点钟或半点钟的功夫么?如果你每天能抽出半点钟,你每天至少可以读三四页,每月可以读一百页,到了一年也就可以读四五本书了。何况你在假期中每天断不会只能读三四页呢?你能否在课外读书,不是你有没有时间的问题,是你有没有决心的问题。

世间有许多人比你忙得多。许多人的学问都在忙中做成的。美国有一位文学家科学家和革命家富兰克林,幼时在印刷局里做小工,他的书都是在做工时抽暇读的。不必远说,你应该还记得,国父孙中山先生,难道你比那一位奔走革命席不暇暖的老人家还要忙些么?他生平无论忙到什么地步,没有一天不偷暇读几页书。你只要看他的《建国方略》和《孙文学说》,你便知道他不仅是一个政治家,而且还是一个学者。不读书讲革命,不知道"光"的所在,只是窜头乱撞,终难成功。这个道理,孙先生懂得最清楚的,所以他的学说特别重"知"。

人类学问逐天进步不止,你不努力跟着跑,便落伍退后,这固不消说。尤其要紧的是养成读书的习惯,是在学问中寻出一种兴趣。你如果没有一种正常嗜好，没有一种在闲暇时可以寄托你的心神的东西，将来离开学校去做事，说不定要被恶习惯引诱。你不看见现在许多叉麻雀抽鸦片的官僚们绅商们乃至于教员们，不大半由学生出身么？你慢些鄙视他们，临到你来，再看看你的成就吧！但是你如果在读书中寻出一种趣味，你将来抵抗引诱的能力比别人定要大些。这种兴趣你现在不能寻出，将来永不会寻出的。凡人都越老越麻木，你现在已比不上三五岁的小孩子那样好奇、那样兴味淋漓了。你长大一岁，你感觉兴味的锐敏力便须迟钝一分。达尔文在自传里曾经说过，他幼时颇好文学和音乐，壮时因为研究生物学，把文学和音乐都丢开了，到老来他再想拿诗歌来消遣，便寻不出趣味来了。兴味要在青年时设法培养，过了正常时节，便会萎谢。比方打网球，你在中学时欢喜打，你到老都欢喜打。假如你在中学时代错过机会，后来要发愿去学，比登天边要难十倍。养成读书习惯也是这样。

你也许说，你在学校里终日念讲义看课本就是读书吗？讲义课本着意在平均发展基本知识，固亦不可不读。但是你如果以为念讲义看课本，便尽读书之能事，就是大错特错。第一，学校功课门类虽多，而范围究极窄狭。你的天才也许与学校所有功课都不相近，自己在课外研究，去发现自己性之所近的学问。再比方你对于某种功课不感兴趣，这也许并非由于性不相近，只是规定课本不合你的口胃。你如果能自己在课外发现好书籍，你对于那种功课的兴趣也许就因而浓厚起来了。第二，念讲义看课本，免不掉若干拘束，想借此培养兴趣，颇是难事。比方有一本小说，平时自由拿来消遣，觉得多么有趣，一旦把它拿来当课本读，用预备考试的方法去读，便不免索然寡味了。兴趣要逍遥自在地不受拘束地发展，所以为培养读书兴趣起见，应该从读课外书入手。

书是读不尽的，就读尽也是无用，许多书没有一读的价值。你多读一本没有价值的书，便丧失可读一本有价值的书的时间和精力；所以你须慎加选择。你自己自然不会选择，须去就教于批评家和专门学者。我不能告诉你必读的书，我能告诉你不必读的书。许多人曾抱定宗旨不读现代出版的新书，因为许多流行的新书只是迎合一时社会心理，实在毫无价值，经过时代淘汰而巍然独存的书才有永久性，才值得读一遍两遍以至于无数遍。我不敢劝你完全不读新书，我却希望你特别注意这一点，因为现代青年颇有非新书不读的风气。别的事都可以学时髦，唯有读书做学问不能学时髦。我所指不必读的书，不是新书，是谈书的书，是值不得读第二遍的书。走进一个图书馆，你尽管看见千卷万卷的纸本子，其中真正能够称为"书"的恐怕难上十卷百卷。你应该读的只是这十卷百卷的书。在这些书中间，你不但可以得较真确的知识，而且可以于无形中吸收大学者治学的精神和方法。这些书才能撼动你的心灵，激动你的思考。其他像"文学大纲"、"科学大纲"以及杂志报章上的书评，实在都不能供你受用。你与其读千卷万卷的诗集，不如读一部《国风》或《古诗十九首》，你与其读千卷万卷谈希腊哲学的书籍，不如读一部柏拉图的《理想国》。

你也许要问我像我们中学生究竟应该读些什么书呢？这个问题可是不易回答。你大约还记得北平京报副刊曾征求"青年必读书十种"，结果有些人所举十种尽是几何代数，有些人所举十种尽是史记汉书。这在旁人看起来似近于滑稽，而应征的人却各抱有一番大道理。本来这种征求的本意，求以一个人的标准做一切人的标准，好像我只喜欢吃面，你就不能吃米，完全是一种错误见解。各人的天资、兴趣、环境、职业不同，你怎么能定出万应灵丹似的十种书，供天下无量数青年读之都能感觉同样趣味发生同样效力？

我为了写这封信给你，特地去调查了几个英国公共图书馆。他们的青年读物部最流行的书可以分为四类。（一）冒险小说和游记，（二）神话和寓言，（三）生物故事，（四）名人传记和爱国小说。就中代表的书籍是凡尔纳的《八十天环游地球》（Jules Verne：Around the World in Eighty Days）和《海底二万里》（Twenty Thousand Leagues Under the Sea），笛福的《鲁滨孙漂流记》（Defoe：Robinson Crusoe），大仲马的《三剑客》（A.Dumas：Three Musketeers），霍桑的《奇书》和《丹谷闲话》（Hawthorne：Wonder Book and Tangle Wood Tales），金斯利的《希腊英雄传》

（Kingsley：Heroes），法布尔的《鸟兽故事》（Fabre：Story Book of Birds and Beasts），安徒生的《童话》（Andersen：Fairy Tales），骚塞的《纳尔逊传》（Southey：Life of Nelson），房龙的《人类故事》（Vanloon：The Story of Mankind）之类。这些书在国外虽流行，给中国青年读，却不十分相宜。中国学生们大半是少年老成，在中学时代就欢喜煞有介事地谈一点学理。他们——你和我自然都在内——不仅欢喜谈谈文学，还要研究社会问题，甚至于哲学问题。这既是一种自然倾向，也就不能漠视，我个人的见解也不妨提起和你商量商量。十五六岁以后的教育宜注重发达理解，十五六岁以前的教育宜注重发达想象。所以初中的学生们宜多读想象的文字，高中的学生才应该读含有学理的文字。

　　谈到这里，我还没有答复应读何书的问题。老实说，我没有能力答复，我自己便没曾读过几本"青年必读书"，老早就读些壮年必读书。比方在中国书里，我最欢喜《国风》、《庄子》、《楚辞》、《史记》、《古诗源》、《文选》中的书笺、《世说新语》、《陶渊明集》、《李太白集》、《花间集》、张惠言《词选》、《红楼梦》等等。在外国书里，我最欢喜济慈（Keats）、雪莱（Shelly）、柯尔律治（Coleridge）、布朗宁（Browning）诸人的诗集，索福克勒斯（Sophocles）的七悲剧，莎士比亚的《哈姆雷特》（Shakespeare：Hamlet）、《李尔王》（King Lear）和《奥瑟罗》（Othello），歌德的《浮士德》（Goethe：Fasuts），易卜生（Ibsen）的戏剧集，屠格涅夫（Turgenef）的《处女地》（Virgin Soil）和《父与子》（Fathers and Children），陀思妥耶夫斯基的《罪与罚》（Dostoyevsky：Crime and Punishment），福楼拜的《包法利夫人》（Flaubert：Madame Bovary），莫泊桑（Maupassant）的小说集，小泉八云（Lafcadio Hearn）关于日本的著作等等。如果我应北平京报副刊的征求，也许把这些古董洋货捧上，凑成"青年必读书十种"。但是我知道这是荒谬绝伦。所以我现在不敢答复你应读何书的问题。你如果要知道，你应该去请教你所知的专门学者，请他们各就自己所学范围以内指定三两种青年可读的书。你如果请一个人替你面面俱到地设想，比方他是学文学的人，他也许明知青年必读书应含有社会问题科学常识等等，而自己又没甚把握，姑且就他所知的一两种拉来凑数，你就像问道于盲了。同时，你要知道读书好比探险，也不能全靠别人指导，你自己也须得费些功夫去搜求。我从来没有听见有人按照别人替他定的"青年必读书十种"或"世界名著百种"读下去，便成就一个学者。别人只能介绍，抉择还要靠你自己。

关于读书方法。我不能多说，只有两点须在此约略提起。第一，凡值得读的书至少须读两遍。第一遍须快读，着眼在醒豁全篇大旨与特色。第二遍须慢读。须以批评态度衡量书的内容。第二，读过一本书，须笔记纲要和精彩的地方和你自己的意见。记笔记不仅可以帮助你记忆，而且可以逼得你仔细，刺激你思考。记着这两点，其他琐细方法便用不着说。各人天资习惯不同，你用哪种方法收效较大，我用哪种方法收效较大，不是一概论的。你自己终究会找出你自己的方法，别人决不能给你一个方单，使你可以"依法炮制"。

你嫌这封信太冗长了吧？下次谈别的问题，我当力求简短。再会！

你的朋友 孟实

十几年前我曾经写过一篇短文谈读书，这问题实在是谈不尽，而且这些年来我的见解也有些变迁，现在再就这问题谈一回，趁便把上次谈学问有未尽的话略加补充。

学问不只是读书，而读书究竟是学问的一个重要途径。因为学问不仅是个人的事而是全人类的事，每科学问到了现在的阶段，是全人类分工努力日积月累所得到的成就，而这成就还没有湮没，就全靠有书籍记载流传下来。书籍是过去人类的精神遗产的宝库，也可以说是人类文化学术前进轨迹上的里程碑。我们就现阶段的文化学术求前进，必定根据过去人类已得的成就做出发点。如果抹杀过去人类已得的成就，我们说不定要把出发点移回到几百年甚至几千年前，纵然能前进，也还是开倒车落伍。读书是要清算过去人类成就的总账，把几千年的人类思想经验在短促的几十年内重温一遍，把过去亿万人辛苦获来的知识教训，集中到读者一个人身上去受用。有了这种准备，一个人才能在学问途程上做万里长征，去发见新的世界。

历史愈前进，人类的精神遗产愈丰富，书籍愈浩繁，而读书也就愈不易。书籍固然可贵，却也是一种累赘，可以变成研究学问的障碍。它至少有两大流弊。第一，书多易使读者不专精。我国古代学者因书籍难得，皓首穷年才能治一经，书虽读得少，读一部却就是一部，口诵心唯，咀嚼得烂熟，透入身心，变成一种精神的原动力，一生受用不尽。现在书籍易得，一个青年学者就可夸口曾过目万卷，"过目"的虽多，"留心"的却少，譬如饮食，不消化的东西积得愈多，愈易酿成肠胃病，许多浮浅虚骄的习气都由耳食肤受所养成。其次，书多易使读者迷方向。任何一种学问的书籍现在都可装满一个图书馆，其中真正绝对不可不读的基本著作往往不过数十部甚至于数部。许多初学者贪多而不务得，在无足轻重的书籍上浪费时间与精力，就不免把基本要籍耽搁了，比如学哲学的尽管看过无数种的哲学史和哲学概论，却没有看过一种柏拉图的《对话集》；学经济学的尽管读过无数种的教科书，却没有看过亚当·斯密的《原富》。做学问如作战，须攻坚挫锐，占住要塞。目标太多了，掩埋了坚锐所在，只东打一拳，西踢一脚，就成了"消耗战"。

读书并不在多，最重要的是选得精，读得彻底，与其读十部无关轻重的书，不如以读十部书的时间和精力去读一部真正值得读的书；与其十部书都只能泛览一遍，不如取一部书精读十遍。"旧书不厌百回读，熟读深思子自知"，这两句诗值得每个读书人悬为座右铭。读书原为自己受用，多读不能算是荣誉，少读也不能算是羞耻。少读如果彻底必能养成深思熟虑的习惯，涵泳优游，以至于变化气质；多读而不求甚解，譬如驰骋十里洋场，虽珍奇满目，徒惹得心烦意乱，空手而归。世间许多人读书只为装点门面，如暴发户炫耀家私，以多为贵。这在治学方面是自欺欺人，在做人方面是趣味低劣。

读的书当分种类，一种是为获得现世界公民所必需的常识，一种是为做专门学问。为获常识起见，目前一般中学和大学初年级的课程，如果认真学习，也就很够用。所谓认真学习，熟读讲义课本并不济事，每科必须精选要籍三五种来仔细玩索一番。常识课程总共不过十数种，每种选读要籍三五种，总计应读的书也不过五十部左右。这不能算是过奢的要求。一般读书人所读过的书大半不止此数，他们不能得实益，是因为他们没有选择，而阅读时又只潦草滑过。

常识不但是现世界公民所必需，就是专门学者也不能缺少它。近代科学分野严密，治一科学问者多故步自封，以专门为借口，对其他相关学问毫不过问。这对于分工研究或许是必要，而对于淹通深造却是牺牲。宇宙本为有机体，其中事理彼此息息相关，牵其一即动其余，所以研究事理的种种学问在表面上虽可分别，在实际上却不能割开。世间绝没有一科孤立绝缘的学问。比如政治学须牵涉到历史、经济、法律、哲学、心理学以至于外交、军事等等，如果一个人对于这些相关学问未曾问津，入手就要专门习政治学，愈前进必愈感困难，如老鼠钻牛角，愈钻愈窄，寻不着出路。其他学问也大抵如此，不能通就不能专，不能博就不能约。先博学而后守约，这是治任何学问所必守的程序。我们只看学术史，凡是在某一科学问上有大成就的人，都必定于许多它科学问有深广的基础。目前我国一般青年学子动辄喜言专门，以至于许多专门学者对于极基本的学科毫无常识。这种风气也许是在国外大学做博士论文的先生们所酿成的。它影响到我们的大学课程，许多学系所设的科目"专"到不近情理，在外国大学研究院里也不一定有。这好像逼吃奶的小孩去嚼肉骨，岂不是误人子弟？

有些人读书，全凭自己的兴趣。今天遇到一部有趣的书就把预拟做的事丢开，用全副精力去读它；明天遇到另一部有趣的书，仍是如此办，虽然这两书在性质上毫不相关。一年之中可以时而习天文，时而研究蜜蜂，时而读莎士比亚。在旁人认为重要而自己不感兴趣的书都一概置之不理。这种读法有如打游击，亦如蜜蜂采蜜。它的好处在使读书成为乐事，对于一时兴到的著作可以深入，久而久之，可以养成一种不平凡的思路与胸襟。它的坏处在使读者泛滥而无所归宿，缺乏专门研究所必需的"经院式"的系统训练，产生畸形的发展，对于某一方面知识过于重视，对于另一方面知识可以很蒙昧。我的朋友中有专门读冷僻书籍，对于正经正史从未过问的，他在文学上虽有造就，但不能算是专门学者。如果一个人有时间与精力允许他过享乐主义的生活，不把读书当作工作而只当作消遣，这种蜜蜂采蜜式的读书法原亦未尝不可采用。但是一个人如果抱有成就一种学问的志愿，他就不能不有预定计划与系统。对于他，读书不仅是追求兴趣，尤其是一种训练，一种准备。有些有趣的书他须得牺牲，也有些初看很枯燥的书他必须咬定牙关去硬啃，一久了他自然还可以啃出滋味来。

读书须有一个中心去维持兴趣，或是科目，或是问题。以科目为中心时，就要精选那一科要籍，一部一部地从头到尾读，以求对于该科得到一个概括的了解，做进一步高深研究的准备。读文学作品以作家为中心，读史学作品以时代为中心，也属于这一类。以问题为中心时，心中先须有一个待研究的问题。然后采关于这问题的书籍去读，用意在搜集材料和诸家对于这问题的意见，以供自己权衡去取，推求结论。重要的书仍须全看，其余的这里看一章，那里看一节，得到所要搜集的材料就可以丢手。这是一般做研究工作者所常用的方法，对于初学不相宜。不过初学者以科目为中心时，仍可约略采取以问题为中心的微意。一书作几遍看，每一遍只着重某一方面。苏东坡与王郎书曾谈到这个方法：

少年为学者，每一书皆作数次读之。当如入海百货皆有，人之精力不能并收尽取，但得其所欲求者耳。故愿学者每一次作一意求之，如欲求古今兴亡治乱圣贤作用，且只做此意求之，勿生余念；又别做一次求事迹文物之类，亦如之。他皆仿此。若学成，八面受敌，与慕涉猎者不可同日而语。

朱子尝劝他的门人采用这个方法。它是精读的一个要诀，可以养成仔细分析的习惯。举看小说为例，第一次但求故事结构，第二次但注意人物描写，第三次但求人物与故事的穿插，以至于对话、辞藻、社会背景、人生态度等等都可如此逐次研究。

读书要有中心，有中心才易有系统组织。比如看史书，假定注意的中心是教育与政治的关系，则全书中所有关于这问题的史实都被这中心联系起来，自成一个系统。以后读其他书籍如经子专集之类，自然也常遇着关于政教关系的事实与理论，它们也自然归到从前看史书时所形成的那个系统了。一个人心里可以同时有许多系统中心，如一部字典有许多"部首"，每得一条新知识，就会依物以类聚的原则，汇归到它的性质相近的系统里去，就如拈新字贴进字典里去，是人旁的字都归到人部，是水旁的字都归到水部。大凡零星片段的知识，不但易忘，而且无用。每次所得的新知识必须与旧有的知识联络贯穿，这就是说，必须围绕一个中心归聚到一个系统里去，才会生根，才会开花结果。

记忆力有它的限度，要把读过的书所形成的知识系统，原本枝叶都放在脑里储藏起，在事实上往往不可能。如果不能储藏，过目即忘，则读亦等于不读。我们必须于脑以外另辟储藏室，把脑所储藏不尽的都移到那里去。这种储藏室在从前是笔记，在现代是卡片。记笔记和做卡片有如植物学家采集标本，须分门别类订成目录，采得一件就归入某一门某一类，时间过久了，采集的东西虽极多，却各有班位，条理井然。这是一个极合乎科学的办法，它不但可以节省脑力，储有用的材料，供将来的需要，还可以增强思想的条理化与系统化。预备做研究工作的人对于记笔记做卡片的训练，宜于早下功夫。

我最喜爱的书

季羡林

我在下面介绍的只限于中国文学作品。外国文学作品不在其中。我的专业书籍也不包括在里面，因为太冷僻。

（一）司马迁《史记》

《史记》这一部书，很多人都认为它既是一部伟大的史籍，又是一部伟大的文学作品。我个人同意这个看法。平常所称的《二十四史》中，尽管水平参差不齐，但是哪一部也不能望《史记》之项背。

《史记》之所以能达到这个水平，司马迁的天才当然是重要原因；但是他的遭遇起的作用似乎更大。他无端受了宫刑，以致郁闷激愤之情溢满胸中，发而为文，句句皆带悲愤。他在《报任少卿书》中已有充分的表露。

（二）《世说新语》

这不是一部史书，也不是某一个文学家和诗人的总集，而只是一部由许多颇短的小故事编纂而成的奇书。有些篇只有短短几句话，连小故事也算不上。每一篇几乎都有几句或一句隽语，表面简单淳朴，内容却深奥异常，令人回味无穷。六朝和稍前的一个时期内，社会动乱，出了许多看来脾气相当古怪的人物，外似放诞，内实怀忧。他们的举动与常人不同。此书记录了他们的言行，短短几句话，而栩栩如生，令人难忘。

（三）陶渊明的诗

有人称陶渊明为"田园诗人"。笼统言之，这个称号是恰当的。他的诗确实与田园有关。"采菊东篱下，悠然见南山"，这样的名句几乎是家喻户晓的。从思想内容上来看，陶渊明颇近道家，中心是纯任自然。从文体上来看，他的诗简易淳朴，毫无雕饰，与当时流行的镂金错彩的骈文迥异其趣。因此，在当时以及以后的一段时间内，对他的诗的评价并不高，在《诗品》中，仅列为中品。但是，时间越后，评价越高，最终成为中国伟大诗人之一。

（四）李白的诗

李白是中国文学史上最伟大的天才之一，这一点是谁都承认的。杜甫对他的诗给予了最高的评价："白也诗无敌，飘然思不群。清新庾开府，俊逸鲍参军。"李白的诗风飘逸豪放。根据我个人的感受，读他的诗，只要一开始，你就很难停住，必须读下去。原因我认为是，李白的诗一气流转，这一股"气"不可抗御，让你非把诗读完不行。这在别的诗人作品中，是很难遇到的现象。在唐代，以及以后的一千多年中，对李白的诗几乎只有赞誉，而无批评。

（五）杜甫的诗

杜甫也是一个伟大的诗人，千余年来，李杜并称。但是二人的创作风格却迥乎不同：李是飘逸豪放，而杜则是沉郁顿挫。从使用的格律上，也可以看出二人的不同。七律在李白集中比较少见，而在杜甫集中则颇多。摆脱七律的束缚，李白是没有枷锁跳舞；杜甫善于使用七律，则是带着枷锁跳舞，二人的舞都达到了极高的水平。在文学批评史上，杜甫颇受到一些人的指摘，而对李白则绝无仅有。

（六）南唐后主李煜的词

后主词传留下来的仅有三十多首，可分为前后两期：前期仍在江南当小皇帝，后期则已降宋。后期词不多，但是篇篇都是杰作，纯用白描，不作雕饰，一个典故也不用，话几乎都是平常的白话，老妪能解；然而意境却哀婉凄凉，千百年来打动了千千万万人的心。在词史上巍然成一大家，受到了文艺批评家的赞赏。但是，对王国维在《人间词话》中赞美后主有佛祖的胸怀，我却至今尚不能解。

（七）苏轼的诗文词

中国古代赞誉文人有三绝之说。三绝者，诗、书、画三个方面皆能达到极高水平之谓也，苏轼至少可以说已达到了五绝：诗、书、画、文、词。因此，我们可以说，苏轼是中国文学史和艺术史上最全面的伟大天才。论诗，他为宋代一大家。论文，他是唐宋八大家之一。笔墨凝重，大气磅礴。论书，他是宋代苏、黄、米、蔡四大家之首。论词，他摆脱了婉约派的传统，创豪放派，与辛弃疾并称。

（八）纳兰性德的词

中国词的创作到了清代又掀起了一个新的高潮。名家辈出，风格不同，又都能各极其妙，实属难能可贵。在这群灿若列星的词家中，我独独喜爱纳兰性德。他是大学士明珠的儿子，生长于荣华富贵中，然而却胸怀愁思，流溢于楮墨之间。这一点我至今还难以得到满意的解释。从艺术性方面来看，他的词可以说是已经达到了完美的境界。

（九）吴敬梓的《儒林外史》

胡适之先生给予《儒林外史》极高的评价。诗人冯至也酷爱此书。我自己也是极为喜爱《儒林外史》的。此书的思想内容是反科举制度，昭然可见，用不着细说，它的特点在艺术性上。吴敬梓惜墨如金，从不作冗长的描述。书中人物众多，各有特性，作者只讲一个小故事，或用短短几句话，活脱脱一个人就仿佛站在我们眼前，栩栩如生。这种特技极为罕见。

（十）曹雪芹的《红楼梦》

在古今中外众多的长篇小说中，《红楼梦》是一颗璀璨的明珠，是状元。中国其他长篇小说都没能成为"学"，而"红学"则是显学。内容描述的是一个大家族的衰微过程。本书特异之处也在它的艺术性上。书中人物众多，男女老幼，主子奴才，五行八作，应有尽有。作者有时只用寥寥数语而人物就活灵活现，让读者永远难忘。读这样一部书，主要是欣赏它的高超的艺术手法。那些把它政治化的无稽之谈，都是不可取的。

2001 年 3 月 21 日

我的读书经验

冯友兰

　　我今年八十七岁了，从七岁上学起就读书，一直读了八十年，其间基本上没有间断，不能说对于读书没有一点经验。我所读的书，大概都是文、史、哲方面的，特别是哲。我的经验总结起来有四点：（1）精其选，（2）解其言，（3）知其意，（4）明其理。

　　先说第一点。古今中外，积累起来的书真是多极了，真是浩如烟海。但是，书虽多，有永久价值的还是少数。可以把书分为三类，第一类是要精读的，第二类是可以泛读的，第三类是只供翻阅的。所谓精读，是说要认真地读，扎扎实实地一个字一个字地读。所谓泛读，是说可以粗枝大叶地读。只要知道它大概说的是什么就行了。所谓翻阅，是说不要一个字一个字地读，不要一句话一句话地读，也不要一页一页地读。就像看报纸一样，随手一翻，看看大字标题，觉得有兴趣的地方就大略看看，没有兴趣的地方就随手翻过。听说在中国初有报纸的时候，有些人捧着报纸，就像念五经四书一样，一字一字地高声朗诵。照这个办法，一天的报纸，念一年也念不完。大多数的书，其实就像报纸上的新闻一样，有些可能轰动一时，但是昙花一现，不久就过去了。所以，书虽多，真正值得精读的并不多。下面所说的就指值得精读的书而言。

怎样知道哪些书是值得精读的呢？对于这个问题不必发愁。自古以来，已经有一位最公正的评选家，有许多推荐者向它推荐好书。这个评选家就是时间，这些推荐者就是群众。历来的群众，把他们认为有价值的书，推荐给时间。时间照着他们的推荐，对于那些没有永久价值的书都刷下去了，把那些有永久价值的书流传下来。从古以来流传下来的书，都是经过历来群众的推荐，经过时间的选择，流传了下来。我们看见古代流传下来的书，大部分都是有价值的，我们心里觉得奇怪，怎么古人写的东西都是有价值的。其实这没有什么奇怪，他们所作的东西，也有许多没有价值的，不过这些没有价值的东西，没有为历代群众所推荐，在时间的考验上，落了选，被刷下去了。现在我们所称谓"经典著作"或"古典著作"的书都是经过时间考验，流传下来的。这一类的书都是应该精读的书。当然随着时间的推移和历史的发展，这些书之中还要有些被刷下去。不过直到现在为止，它们都是榜上有名的，我们只能看现在的榜。

我们心里先有了这个数，就可随着自己的专业选定一些须要精读的书。这就是要一本一本地读，所以在一个时间内只能读一本书，一本书读完了才能读第二本。在读的时候，先要解其言。这就是说，首先要懂得它的文字；它的文字就是它的语言。语言有中外之分，也有古今之别。就中国的汉语说，笼统地说，有现代汉语，有古代汉语，古代汉语统称为古文。详细地说，古文之中又有时代的不同，有先秦的古文，也有两汉的古文，有魏晋的古文，有唐宋的古文。中国汉族的古书，都是用这些不同的古文写的。这些古文，都是用一般汉字写的，但是仅只认识汉字还不行。我们看不懂古人用古文写的书，古人也不会看懂我们现在的《人民日报》。这叫语言文字关。攻不破这道关，就看不见这道关里边是什么情况，不知道关里边是些什么东西，只好在关外指手画脚，那是不行的。我所说的解其言，就是要攻破这一道语言文字关。当然要攻这道关的时候，要先做许多准备，用许多工具，如字典和词典等工具书之类。这是当然的事，这里就不多谈了。

中国有句老话说是"书不尽言，言不尽意"，意思是说，一部书上所写的总要比写那部书的人的话少，他所说的话总比他的意思少。一部书上所写的总要简单一些，不能像他所要说的话那样。这个缺点倒有办法可以克服。只要他不怕啰唆就可以了。好在笔墨纸张都很便宜，文章写得多一点无非是多费一点笔墨纸张，那也不是了不起的事。可是言不尽意那种困难，就没有法子克服了。因为语言总离不了概念，概念对于具体事物来说，总不会完全合适，不过是一个大概轮廓而已。比如一个人说，他牙痛。牙是一个概念，痛是一个概念，牙痛又是一个概念。其实他不仅止于牙痛而已。那个痛，有一种特别的痛法，有一定的大小范围，有一定的深度。这都是很复杂的情况，不是仅仅牙痛两个字所能说清楚的，无论怎样啰唆他也说不出来的，言不尽意的困难就在于此。所以在读书的时候，即使书中的字都认得了，话全懂了，还未必能知道作书的人的意思。从前人说，读书要注意字里行间，又说读诗要得其"弦外音，味外味"。这都是说要在文字以外体会它的精神实质。这就是知其意。司马迁说过："好学深思之士，心知其意。"意是离不开语言文字的，但有些是语言文字所不能完全表达出来的。如果仅只局限于语言文字，死抓住语言文字不放，那就成为死读书了。死读书的人就是书呆子。语言文字是帮助了解书的意思的拐棍。既然知道了那个意思以后，最好扔了拐棍。这就是古人所说的"得意忘言"。在人与人的关系中，过河拆桥是不道德的事。但是，在读书中，就是要过河拆桥。

上面所说的"书不尽言""言不尽意"之下，还可再加一句"意不尽理"。理是客观的道理；意是著书的人的主观的认识和判断，也就是客观的道理在他的主观上的反映。理和意既然有主观客观之分，意和理就不能完全相合。人总是人，不是全知全能。他的主观上的反映、体会、判断和客观的道理，总要有一定的差距，有或大或小的错误。所以读书仅至得其意还不行，还要明其理，才不至于为前人的意所误。如果明其理了，我就有我自己的意。我的意当然也是主观的，也可能不完全合乎客观的理。但我可以把我的意和前人的意互相比较，互相补充，互相纠正。这就可能有一个比较正确的意。这个意是我的，我就可以用它处理事务，解决问题。好像我用我自己的腿走路，只要我心里一想走，腿就自然而然地走了。读书到这个程度就算是能活学活用，把书读活了。会读书的人能把死书读活；不会读书的人能把活书读死。把死书读活，就能把书为我所用，把活书读死，就是把我为书所用。能够用书而不为书所用，读书就算读到家了。

从前有人说过："六经注我，我注六经。"自己明白了那些客观的道理，自己有了意，把前人的意作为参考，这就是"六经注我"。不明白那些客观的道理，甚而至于没有得古人所有的意，而只在语言文字上推敲，那就是"我注六经"。只有达到"六经注我"的程度，才能真正的"我注六经"。

一九八二年六月于北京

生活，没那么简单

　　你终将从一个学步的孩子到逐渐脱离父母的羽翼，也终会青涩地从象牙塔走向纷繁的社会。如何面对社会，融入社会，从生活中学习，这是每个青年完成学业后都必须面对的问题，是走上社会至关重要的第一步。大师们的宝贵经验是人生的积淀是智慧的结晶。

学生与社会

胡适

今天我同诸君所谈的题目是"学生与社会"。这个题目可以分两层讲：一，个人与社会；二，学生与社会。现在先说第一层。

一、个人与社会

（一）个人与社会有密切的关系，个人就是社会的出产品。我们虽然常说"人有个性"，并且提倡发展个性，其实个性于人，不过是千分之一，而千分之九百九十九全是社会的。我们的说话，是照社会的习惯发音；我们的衣服，是按社会的风尚为式样；就是我们的一举一动，无一不受社会的影响。

六年前我作过一首《朋友篇》，在这篇诗里我说："清夜每自思，此身非吾有；一半属父母，一半属朋友。"如今想来，这百分之五十的比例算法是错了。此身至少有千分之九百九十九是属于广义的朋友的。我们现在虽在此地，而几千里外的人，不少的同我们发生关系。我们不能不穿衣，不能不点灯，这衣服与灯，不知经过多少人的手才造成功的。这许多为我们制衣造灯的人，都是我们不认识的朋友，这衣与灯就是这许多人不认识的朋友给予我们的。

再进一步说，我们的思想、习惯、信仰等等都是社会的出产品，社会上都说"吃饭"，我们不能改转来说"饭吃"。我们所以为我们，就是这些思想、信仰、习惯……这些既都是社会的，那么除开社会，还能有我吗？

这第一点的要义：我之所以为我，在物质方面，是无数认识与不认识的朋友的；在精神方面，是社会的，所谓"个人"差不多完全是社会的出产品。

（二）个人——我——虽仅是千分之一，但是这千分之一的"我"是很可宝贵的。普通一班的人，差不多千分之千都是社会的，思想、举动、语言、服饰都是跟着社会跑。有一二特出者，有千分之一的我——个性，于跟着社会跑的时候，要另外创作，说人家未说的话，做人家不做的事。社会一班人就给他一个诨号，叫他"怪物"。

怪物原有两种：一种是发疯，一种是个性的表现。这种个性表现的怪物，是社会进化的种子，因为人类若是一代一代地互相仿造，不有变更，那就没有进化可言了。唯其有些怪物出世，特立独行，做人不做的事，说人未说的话，虽有人骂他打他，甚而逼他至死，他仍是不改他的怪言、怪行。久而久之，渐渐地就有人模仿他了，由少数的怪，变为多数，更变而为大多数，社会的风尚从此改变，把先前所怪的反视为常了。

宗教中的人物，大都是些怪物，耶稣就是一个大怪物。当时的人都以为有人打我一掌，我就应该还他一掌。耶稣偏要说："有人打我左脸一掌，我应该把右边的脸转送给他。"他的言语、行为，处处与当时的习尚相反，所以当时的人就以为他是一个怪物，把他钉死在十字架上。但是他虽死不改其言行，所以他死后就有人尊敬他，爱慕、模仿他的言行，成为一个大宗教。

怪事往往可以轰动一时，凡轰动一时的事，起先无不是可怪异的。比如缠足，当初一定是很可怪异的，而后来风行了几百年。近来把缠小的足放为天足，起先社会上同样以为可怪，而现在也渐风行了。可见不是可怪，就不能轰动一时。社会的进化，纯是千分之一的怪物，可以牺牲名誉、性命，而做可怪的事，说可怪的话以演成的。

社会的习尚，本来是革不尽，也不能够革尽的，但是改革一次，虽不能达完全目的，至少也可改革一部分的弊习。譬如辛亥革命，本是一个大改革，以现在的政治社会情况看，固不能说是完全成功，而社会的弊习——如北京的男风，官家厅的公门等等——附带革除的，实在不少。所以在实际上说，总算是进化的多了。

这第二点的要义：个人的成分，虽仅占千分之一，而这千分之一的个人，就是社会进化的原因。人类的一切发明，都是由个人一点一点改良而成功的。唯有个人可以改良社会，社会的进化全靠个人。

二、学生与社会

由上一层推到这一层，其关系已很明白。不过在文明的国家，学生与社会的特殊关系，当不大显明，而学生所负的责任，也不大重。唯有在文明程度很低的国家，如像现在的中国，学生与社会的关系特深，所负的改良的责任也特重。这是因为学生是受过教育的人，中国现在受过完全教育的学生，真不足千分之一，这千分之一受过完全教育的学生，在社会上所负的改良责任，岂不是比全数受过教育的国家的学生，特别重大吗？

教育是给人戴一副有光的眼镜，能明白观察；不是给人穿一件锦绣的衣服，在人前夸耀。未受教育的人是近视眼，没有明白的认识，远大的视力；受了教育，就是近视眼戴了一副近视镜，眼光变了，可以看明清楚远大。学生读了书，造下学问，不是为要到他的爸爸面前，要吃肉菜，穿绸缎；是要认他爸爸认不得的，替他爸爸说明，来帮他爸爸的忙。他爸爸不知道肥料的用法，土壤的选择，他能知道，告诉他爸爸，给他爸爸制肥料，选土壤，那他家中的收获，就可以比别人家多出许多了。

从前的学生都喜欢戴平光的眼镜，那种平光的眼镜戴如不戴，不是教育的结果。教育是要人戴能看从前看不见，并能看人家看不见的眼镜。我说社会的改良，全靠个人，其实就是靠这些戴近视镜，能看人所看不见的个人。

从前眼镜铺不发达，配眼镜的机会少，所以近视眼，老是近视看不远。

现在不然了，戴眼镜的机会容易多了，差不多是送上门来，让你去戴。若是我们不配一副眼镜戴，那不是自弃吗？若是仅戴一副看不清、看不远的平光镜，那也是可耻的事呀。

这是一个比喻，眼镜就是知识，学生应当求知识，并应当求其所要的知识。

戴上眼镜，往往容易招人家厌恶。从前是近视眼，看不见人家脸上的麻子，戴上眼镜，看见人家脸上有麻子，就要说："你是个麻子脸。"有麻子的人，多不愿意别人说他的麻子。要听见你说他是麻子，他一定要骂你，甚而或许打你。这一改意思，就是说受过教育，就认识清社会的恶习，而发不满意的批评。这种不满意社会的批评，最容易引起社会的反感。但是人受教育，求知识，原是为发现社会的弊端，若是受了教育，而对于社会仍是处处觉得满意，那就是你的眼镜配错了光了，应该返回去审查一下，重配一副光度合适的才好。

从前格里林因人家造的望远镜不适用，他自己造了一个扩大几百倍的望远镜，能看木星现象。他请人来看，而社会上的人反以为他是魔术迷人，骂他为怪物，革命党，几乎把他弄死。他惟其不屈不挠，不可抛弃他的学说，停止他的研究，而望远镜竟成为今日学问上、社会上重要的东西了。

总之，第一要有知识，第二要有图书。若是没有骨子便在社会上站不住。有骨子就是有奋斗精神，认为是真理，虽死不畏，都要去说去做。不以我看见我知道而已，还要使一班人都认识，都知道。由少数变为多数，由多数变成大多数，使一班人都承认这个真理。譬如现在有人反对修铁路，铁路是便利交通，有益社会的，你们应该站在房上喊叫宣传，使人人都知道修铁路的好处。若是有人厌恶你们，阻挡你们，你们就要拿出奋斗的精神，与他抵抗，非把你们的目的达到。不止你们的喊叫宣传，这种奋斗的精神，是改造社会绝不可少的。

二十年前的革命家，现在哪里去了？他们的消灭不外两个原因：（1）眼镜不适用了。二十年前的康有为是一个出风头的革命家，不怕死的好汉子。现在人都笑他为守旧，老古董，都是由于他不去把不适用的眼镜换一换的缘故。（2）无骨子。有一班革命家，骨子软了，人家给他些钱，或给他一个差事，教他不要干，他就不敢干了。没有一种奋斗精神，不能拿出"你不要我干，我偏要干"的决心，所以都消灭了。

我们学生应当注意的就是这两点，眼镜的光若是不对了，就去换一副对的来戴；摸着脊骨软了，要吃一点硬骨药。

我的话讲完了，现在讲一个故事来做结，易卜生所作的《国家公敌》一剧，写一个医生司铎门发现了本地浴场的水里有传染病菌，他还不敢自信，请一位大学教授代为化验，果然不错。他就想要去改良它。不料浴场董事和一般股东因为改造浴池要耗费资本，拼死反对，他的老大哥与他的老丈人也都多方以情感利诱，但他总是不可软化。他于万分困难之下设法开了一个公民会议，报告他的发明。会场中的人不但不听他的老实话，还把他赶出场去，裤子撕破，宣告他为国民公敌。他气愤不过，说："出去争真理，不要穿好裤子。"他是真有奋斗精神，能够特立独行的人，于这种逼迫之下还是不退缩。他说："世界最有强力的人就是那最孤立的人。"我们要改良社会，就要学这"争真理不穿好裤子"的态度，相信这"最孤立的人是最有强力的人"的名言。

（1922 年 2 月 19 日在平民中学的演讲）

现代青年的烦闷

傅雷

一九三二年十月二十八日《晨报·时代文艺》曾刊拙译《世纪病》一文，此次《学灯》编者又以一九三三年元旦特大号文字见嘱，我特地再用《世纪病》相类的题材，把若干现代西方青年的不安精神状态做一番介绍。这并非要引起现代中国青年们的烦躁——这烦躁，不待我引起，也许他们已经感到——而是因为烦闷是文艺创造的源泉，由于它的反省和刺激生活使其活跃的作用上，可以领导我们往深邃的意境中去寻求新天地。而且烦闷唯有在人类心魂觉醒的时候才能感到，在这数千年来为智（Sagesse）的教训磨炼到近于麻痹的中国人精神上给他一个刺激，亦非无益之事。

阿那托·法朗士曾言："只有一件事可以使人类的思想感到诱惑便是烦闷。绝对不感到烦躁的心灵令我厌恶而且愤怒。"的确，在历史上，每个灿烂的文艺时代，总是由不安的分子鼓动激荡起来的！古典派和浪漫派一样，不过前者能够遏止烦闷，而后者被烦闷所征服罢了。在个人的体验上，心境的平和固然是我们大部分人所渴望的乌托邦，但这种幸福只有睡在坟墓里叹了最后一口气时才能享受。而且，就令我们在生命中获得这绝对的平和（它的名字很多，如宁静、休息等），我们反而要憎恨它；失掉了心的平和，我们又要一心一意地企念它：这是人类永远的悲剧。不独如此，人类的良知一朝认识了烦闷的真价值，还幽密地在烦闷中感到残酷的喜乐。

西方的医药上有一句谚语："世界上无所谓病，只有病人。"《世纪病》的作者乔治·勒公德把现代青年的骚乱归于现代社会的和思想上的骚乱；这无异是"世界上无所谓烦闷，只有烦闷的人"的看法。固然，我们承认他有理。在一班所谓健全的，尤其是享受惯温和的幸福的人眼中，烦闷者是失掉了心灵均衡的病人。然而要知道，烦闷的人是失掉了均衡，正在热烈地寻找新的均衡。他们的欲望无穷，奢念无穷，永远不能满足，如果有一班自命为烦闷者，突然会恢复他们的宁静，那是因为他们的烦闷，实在并不深刻，而是表面的、肤浅的。真正在苦闷中煎熬的人绝不能以一种答案自满，他们要认识得更透彻、更多。他们怕找到真理，因为从此以后，他们不能再希望一个更高卓的真理。唯有"信仰"是盲目的，烦闷的人永远悲苦地睁大着眼睛。

每个人在他生命中限制自己。每个人把他要求解决的问题按照他自己的身份加以剪裁。这自然是聪明的办法。他们不愿多事徒劳无益地追求。实在，多少代的人类曾追求哲学、伦理美学等的理想而一无所获！然而没有一个时代的人类因此而停止去追求。因为他们觉得世俗的所谓"稳定"、"宁静"、"平和"，只是"死"的变相的名称。"死"是西方人所最不能忍受的，他们极端执着"生"。

烦闷的现象是多方面的，又是随着每个人而变动的。从最粗浅的事情上说，每个人想起他的死，岂不是要打一个寒噤？听到人家叙述一个人受伤的情景而无动于衷是非人的行为。因为，本能地，人类会幻想处在同样的境地，受到同样的痛苦。同样，一个人在路上遇到出殡的行列，岂非要兔死狐悲地哀伤？一切的人类真是自私得可怜！这自然是人类烦闷的一种原因，心理病学家亦认为烦闷是一种感情的夸大，对于一种实在的或幻想的灾祸的反动，可是认为烦闷是对于不测的事情的简单的恐怖，未免是肤浅的、不完全的观念。因此对于病态心理学造诣极深的作家，如保罗·布尔热（Paul Bourget）亦不承认心灵上的病，是完全由生理上的病引起的。生命被威胁的突然的恐怖，在原始民族中，确是烦闷的唯一原因。可是民族渐渐地长成以至老大，他的烦闷亦变得繁复、精微，在一班普通人的心目中也愈显得渺茫不可捉摸。在这个过程中，我们自然承认有若干病的影响存在着，但除了病态心理学家的物的解释以外，还有精神上的现象更富意味。

人类在初期的物质恐怖以后，不久即易以形而上的恐怖。他们怕惧雷鸣，远在怕惧主宰雷鸣的上帝以前。原始时代的恐怖至此已变成烦闷，人类提出许多问题，如生和死的意义等。被这些无法解答的问题扰乱着，人类一方面不能获得宁息，一方面又不能度那丰富的追求生活，于是他祝祷遗忘一切。柏斯格说过："人类有一种秘密的本能，使他因为感到苦恼的无穷尽而到外界去寻觅消遣与事业；他另有一种秘密的本能，使他认识所谓幸福原在宁息而不在骚乱。这两种矛盾的本能，在人类心魂中形成一种渺茫的计划。想由骚动达到安息，而且自以为他得不到的满足会临到，如果他能够制胜他事业中的艰难，他便可直窥宁息的门户。"

这种烦闷的形而上的意义固是极有意味的，但它还不能整个地包括烦闷。烦闷，在人类的良心上还有反响——与形而上的完全独立的道德上的反响。例如，责任观念便是烦闷的许多标识之一。假定一个作家在创作的时候，为使他的文章更为完满起见，不应该想到的著作对于群众将发生若何影响的问题，然而一本书写完之后，要作家不顾虑到他的书将来对于读者的影响是件不可能的事。

原载一九三三年一月一日上海《时事新报》

做一度冒险吃苦的旅行
【与思永书 1927 年 4 月 21 日】

梁启超

永儿：

　　前两封信叫你不必回来，现在又要叫你回来了。因为瑞典学者斯温哈丁在中亚细亚、西藏等地过了三十多年冒险生涯，谅来你也闻他名吧。

　　组织一个团体往新疆考古，有十几位欧洲学者和学生同去，到中国已三个多月了。初时中国人反对他、抵制他，十几个学术团体曾联合发表宣言，清华研究院、国立图书馆也列名。但我自始即不主张这种极端排外举动。直到最近才决定和他合作，彼此契约。今天或明天可以签字了，中国方面有十人去五位算是学者，余五位是学生，其中自然科学方面只有清华所派的一位教授（袁复礼，他和李济之同去山西，我们研究院担任他这回旅行的经费，不用北京学术团体的钱）。

　　去的人我是大大不满意的。我想为你的学问计，这是千载难逢的机会，若错过了，以后想自己跑新疆沙漠一趟，千难万难。因此要求把你加入去，自备资斧，因为犯不着和那些北京团体分这点钱（钱少得可怜）。今日正派人去和哈丁接洽，明后日可以回信，大约十有八九可望成功。他们的计划时间一年半到两年，研究范围本来是考古学、地质学、气象学三门。后来因为反对他们拿古物出境，结果考古学变成附庸，由中国人办，他们立于补助地位，能否成功就要看袁君和你的努力了（其他的都怕够不上）。我想你这回去能够有大发现固属莫大之幸，即不然，跟着欧洲著名学者做一度冒险吃苦的旅行，学得许多科学的研究方法，也是于终身学问有大益的。所以我不肯把机会放过，要求将你加入。他们预定一个月内（大约须一个月后）便动身，你是没有法子赶得上同行了。但他们沿途尚有逗留，你从后面赶上去。就令赶不上第一站（迪化），总可以赶得上第二站（哈密），不同行当然是很麻烦的，但在迪化或哈密以东，我总可以托沿途地方官照料你。我明天入城和哈丁交涉妥洽，把路线日期计算清楚之后，也许由清华发电给监督处及哈佛校长，要求把你提前放假。果尔，则此信到时，你或者已经动身了。若此信到时还未接有电报，那么或是事情有变动，或是可以等到放暑假才回来还赶得上，总之，你接到这封信时便赶紧预备吧！

我第二封信跟着就要来的（最多三天后），你若能成行。无论提前放假或暑假时来，大约到家只能住一两天便须立刻赶路。我和他们打听清楚，该预备什么东西，一切替你预备齐全，你回来除见见我和你娘娘及一二长辈及上一上坟之外，恐怕一点不能耽搁了。我想你一定赞成我所替你决定的计划，而且很高兴吧！别的话下次再说。

四月廿一日爹爹

这封信本来想直寄给你，因为怕电报先到，你已动身，故仍由姐姐交转。

我还是愿意你冒险前去

【与思永书 1927 年 4 月 25 日】

梁启超

永儿：

今日接你三月廿九日信。那两幅画你竟如此喜欢，很有点诧异，你喜欢送人随便拿去送便是。

昨天有一长信，寄给你姐姐那里转（说叫你去新疆做冒险考古的事业），想已收到。今日我和李济之、袁复礼两君商量，结果已经决定，不发电报叫你提前放假了，却是还主张你暑假回国，理由略述如下：

新疆之游并没有打消，但无论如何你到底赶不上和大帮人同行，既赶不上，那么一个人赶路却困难极了，我要过几天和斯温哈丁切实研究一番，到底可不可能。因为那边道路不安全，恐怕单独一人是绝对行不得的（要和盗贼、猛兽及气候作战）。

假使勉强可行，我还是愿意你冒险前去。但是也不必提前放假，因为他们在迪化很有耽搁，大概本年十月还在迪化（若赶得上同行，当然提前放假最好，但无论如何总赶不上，故不争一两个月）。你便放暑假回来若还可以的话尽可以在十月前赶到迪化。

假使新疆不能去，你还是照三个月以前原定计划回来便是了，决不会白费你一年光阴。我中间有两封信，叫你中止回来的计划。因为时局剧变，怕下半年我不能住北京，连清华也有变动，怕你回来扑一个空。但据现在情形，北京也许有年把可以苟安，我下半年再来清华与否却未定，这事另信再谈。而李济之再到山西采掘的计划亦已大略决定（总算决定了，因为经费所需不多，已有着落）。你本来的意思，不外想到外边采掘，回来时若能到新疆固好，不然即山西亦何尝不好呢！所以我还是主张你照依最初计划，一放暑假便立刻起程回来。

你若想买些东西需钱用时，问姐姐在庄庄学费内挪用些，便是我不久当再汇点钱到姐姐那里去。

这封信若到在前两天所寄那封之前，你看着一定莫名其妙。但不久你姐姐就会把前信寄到了。

你来信所讲的中国时局，大半是隔靴搔痒，不知真相，我过几天打算再写一封长信告诉你们。

你娘娘回天津去一个礼拜了，明天当回京，老白鼻的病全好了。

四月廿五日爹爹

毕业后的立身
【与孩子们书 1927 年 5 月 26 日】

梁启超

孩子们：

我近来寄你们的信真不少，你们来信亦还可以，只是思成的太少，好像两个多月没有来信了，令我好生放心不下，我很怕他感受什么精神上刺激苦痛。我以为，一个人什么病都可医，唯有"悲观病"最不可医，悲观是腐蚀人心的最大毒菌。生当现在的中国人，悲观的资料太多了。思成因有徽因的连带关系，徽因这种境遇尤其易趋悲观，所以我对思成格外放心不下。

关于思成毕业后的立身，我近几个月来颇有点盘算，姑且提出来供你们参考。论理毕业后回来替祖国服务，是人人共有的道德责任。但以中国现情而论，在最近的将来，几年以内敢说绝无发展自己所学的余地，连我还不知道能在国内安居几时呢（并不论有没有党派关系，一般人都在又要逃命的境遇中）。你们回来有什么事可以做呢？多少留学生回国后都在求生不能求死不得的状态中，所以我想思成在这时候先打打主意，预备毕业后在美国找些职业，蹲两三年再说，这话像是"非爱国的"，其实也不然。你们若能于建筑美术上实有创造能力，开出一种"并综中西"的宗派，就先在美国试验起来，若能成功，则发挥本国光荣，便是替祖国尽了无上义务。

我想可以供你们试验的地方，只怕还在美国而不在中国。中国就令不遭遇这种时局，以现在社会经济状况论，哪里会有人拿出钱来做你们理想上的建筑呢？若美国的富豪在乡间起（平房的）别墅，你们若有本事替他们做出一两所中国式最美的样子出来，以美国人的时髦流行性或竟可以轰动一时，你们不唯可以解决生活问题，而且可以多得试验机会，令自己将来成一个大专门家，岂不是"一举而数善备"吗？这是我一个人如此胡猜乱想，究竟容易办到与否，我不知那边情形，自然不能轻下判断，不过提出这个意见备你们参考罢了。

我原想你们毕业以后回来结婚，过年把再出去，但看此情形（指的是官费满五年的毕业），你们毕业时我是否住在中国还不可知呢，所以现在便先提起这问题，或者今年暑假毕业时便准备试办也可以。

因此，连带想到一个问题，便是你们的结婚问题。结婚当然是要回国来才是正办，但在这种乱世，国内不能安居既是实情。你们假使一两年内不能回国，倒是结婚后同居，彼此得个互助才方便，而且生活问题也比较容易解决。所以，我颇想你们提前办理，但是否可行，全由你们自己定夺。我断不加丝毫干涉。但我认为这问题确有研究价值，请你们仔细商量定，回我话吧。

你们若认为可行，我想林家长亲也没有不愿意的，我便正式请媒人向林家求婚，务必不致失礼，那边事情有姐姐替我主办，和我亲到也差不多，或者我特地来美一趟也可以。

问题就在徽因想见她母亲，这样一来又暂时耽搁下去了。我实在替她难过。但在这种时局之下回国，既有种种困难，好在她母亲身体还康强，便迟三两年见面也还一样。所以，也不是没有商量的余地。

至于思永呢，情形有点不同，我还相当地主张他回来一年，为的是他要去山西考古。回来确有事业可做，他一个人跑回来，便是要逃难也没有多大累赘。所以回来一趟也好，但回不回仍由他自决，我并没有绝对的主张。

学校讲课上礼拜已完了，但大考在即，看学生成绩非常之忙（今年成绩比去年多，比去年好），我大约还有半个月才能离开学校。暑期住什么地方尚未定，旧病虽不时续发，但比前一个月好些，大概这病总是不要紧的，你们不必忧虑。

五月廿六日爹爹

每一朵花都有盛开的力量

　　生活不是只有枯燥的书本，一代大家们都有着自己的兴趣爱好，学习之余不要放弃你的理想，相信每一朵花都有盛开的力量！大师们从音乐、信仰、交友、学外语、东西方教育等方面对后辈进行了诸多提点。

谈交友

朱光潜

人生的快乐有一大半要建筑在人与人的关系上面。只要人与人的关系调处得好，生活没有不快乐的。许多人感觉生活苦恼，原因大半在没有把人与人的关系调处适宜。这人与人的关系在我国向称为"人伦"。在人伦中先儒指出五个最重要的，就是君臣、父子、夫妇、兄弟、朋友。这五伦之中，父子、夫妇、兄弟起于家庭，君臣和朋友起于国家社会。先儒谈伦理修养，大半在五伦上做功夫，以为五伦上面如果无亏缺，个人修养固然到了极境，家庭和国家社会也就自然稳固了。五伦之中，朋友一伦的地位很特别，它不像其他四伦都有法律的基础，它起于自由的结合，没有法律的力量维系它或是限定它，它的唯一的基础是友爱与信义。但是它的重要性并不因此减少。如果我们把人与人之间的好感称为友谊，则无论是君臣、父子、夫妇或是兄弟之中，都绝对不能没有友谊。就字源说，在中西文里"友"字都含有"爱"的意义。无爱不成友，无爱也不成君臣、父子、夫妇或兄弟。换句话说，无论哪一伦，都非有朋友的要素不可，朋友是一切人伦的基础。懂得处友，就懂得处人；懂得处人，就懂得做人。一个人在处友方面如果有亏缺，他的生活不但不能是快乐的，而且也绝不能是善的。

谁都知道，有真正的好朋友是人生一件乐事。人是社会的动物，生来就有同情心，生来也就需要同情心，读一篇好诗文，看一片好风景，没有一个人在身旁可以告诉他说："这真好呀！"心里就觉得美中有不足。遇到一件大喜事，没有人和你同喜，你的欢喜就要减少七八分；遇到一件大灾难，没有人和你同悲，你的悲痛就增加七八分。孤零零的一个人不能唱歌，不能说笑话，不能打球，不能跳舞，不能闹架拌嘴，总之，什么开心的事也不能做。世界最酷毒的刑罚要算幽禁和充军，逼得你和你所常接近的人们分开，让你尝无亲无友那种孤寂的风味。人必须接近人，你如果不信，请你闭关独居十天半个月，再走到十字街头在人群中挤一挤，你心里会感到说不出来的快慰，仿佛过了一次大瘾，虽然街上那些行人在平时没有一个让你瞧得上眼。人是一种怪物，自己是一个人，却要显得瞧不起人，要孤芳自赏，要闭门谢客，要把心里所想的看成神妙不可言说，"不可与俗人道"，其实隐意识里面唯恐人不注意自己，不知道自己，不赞赏自己。世间最欢喜守秘密的人往往也是最不能守秘密的人。他们对你说："我告诉你，你却不要告诉人。"他不能不告诉你，却忘记你也不能不告诉人。这所谓"不能"实在出于天性中一种极大的压迫力。人需要朋友，如同人需要泄露秘密，都由于天性中一种压迫力在驱遣。它是一种精神上的饥渴，不满足就可以威胁到生命的健全。

谁也都知道，朋友对于性格形成的影响非常重大。一个人的好坏，朋友熏染的力量要居大半。既看重一个人把他当作真心朋友，他就变成一种受崇拜的英雄，他的一言一笑，一举一动，都在有意无意之间变成自己的模范，他的性格就逐渐有几分变成自己的性格。同时，他也变成自己的裁判者，自己的一言一笑，一举一动，都要顾到他的赞许或非难。一个人可以蔑视一切人的毁誉，却不能不求见谅于知己。每个人身旁有一个"圈子"，这圈子就是由他所常亲近的人围成的，他跳来跳去，常跳不出这圈子。在某一种圈子就成为某一种人。圣贤有道，盗亦有道。隔着圈子相视，尧可非桀，桀亦可非尧。究竟谁是谁非，责任往往不在个人而在他所在的圈子。古人说："与善人交，如入芝兰之室，久而不闻其香，与恶人交，如入鲍鱼之市，久而不闻其臭。"久闻之后，香可以变成寻常，臭也可以变成寻常，而习安之，就不觉其为香为臭。一个人应该谨慎择友，择他所在的圈子，道理就在此。人是善于模仿的，模仿品的好坏，全看模型的好坏，有如素丝，染于青则青，染于黄则黄。"告诉我谁是你的朋友，我就知道你是怎样的一种人。"这句西谚确实是经验之谈。《学记》论教育，一则曰："七年视论学取友。"再则曰："相观而善之谓摩。"从孔孟以来，中国士林向奉尊师敬友为立身治学的要道。这都是深有见于朋友的影响重大。师弟向不列于五伦，实包括于朋友一伦里面，师与友是不能分开的。

许叔重《说文解字》谓"同志为友"。就大体说，交友的原则是"同声相应，同气相求"。但是绝对相同在理论与事实都是不可能的。"人心不同，各如其面。"这不同亦正有它的作用。朋友的乐趣在相同中容易见出；朋友的益处却往往在相异处才能得到。古人常拿"如切如磋，如琢如磨"来比喻朋友的交互影响。这比喻实在是很恰当。玉石有瑕疵棱角，用一种器具来切磋琢磨它，它才能圆融光润，才能"成器"。人的性格也难免有瑕疵棱角，如私心、成见、骄矜、暴躁、愚昧、顽恶之类，要多受切磋琢磨，才能洗刷净尽，达到玉润珠圆的境界。朋友便是切磋琢磨的利器，与自己愈不同，摩擦愈多，切磋琢磨的影响也就愈大。这影响在学问思想方面最容易见出。一个人多和异己的朋友讨论，会逐渐发现自己的学说不圆满处，对方的学说有可取处，逼得不得不做进一层的思考，这样地对于学问才能逐渐鞭辟入里。在朋友互相切磋中，一方面被"磨"，一方面也在受滋养。一个人被"磨"的方面愈多，吸收外来的滋养也就愈丰富。孔子论益友，所以特重直谅多闻。一个不能有诤友的人永远是愚而好自用，在道德学问上都不会有很大的成就。

好朋友在我国语文里向来叫作"知心"或"知己"。"知交"也是一个习用的名词。这个语言的习惯颇含有深长的意味。从心理观点看，求见知于人是一种社会本能，有这本能，人与人才可免除隔阂，打成一片，社会才能成立。它是社会生命所借以维持的，犹如食色本能是个人与种族生命所借以维持的，所以它与食色本能同样强烈。古人常以一死报知己，钟子期死后，伯牙不复鼓琴。这种行为在一般人看近似于过激，其实是由于极强烈的社会本能在驱遣。其次，从伦理哲学观点看，知人是处人的基础，而知人却极不易，因为深刻的了解必基于深刻的同情。深刻的同情只在真挚的朋友中才常发现，对于一个人有深交，你才能真正知道他。了解与同情是互为因果的，你对于一个人愈同情，就愈能了解他；你愈了解他，也就愈同情他。法国人有一句成语说："了解一切，就是宽容一切。"这句话说来像很容易，却是人生的最高智慧，需要极伟大的胸襟才能做到。古今有这种胸襟的只有几个大宗教家，像释迦牟尼和耶稣，有这种胸襟才能谈到大慈大悲；没有它，任何宗教都没有灵魂。修养这种胸襟的捷径是多与人做真正的好朋友，多与人推心置腹，从对于一部分人得到深刻的了解，做到对于一般人类起深厚的同情。从这方面看，交友的范围宜稍广泛，各种人都有最好，不必限于自己同行同趣味的。蒙田在他的论文里提出一个很奇怪的主张，以为一个人只能有一个真正的朋友，我对这主张很怀疑。

交友是一件寻常事，人人都有朋友。交友却也不是一件易事，很少人有真正的朋友。势利之交容易破裂，就是道义之交，也有时不免闹意气之争。王安石与司马光，苏轼、程颢诸人在政治和学术上的倾轧便是好例。他们个个都是好人，彼此互有相当的友谊，而结果闹成和世俗人一般的翻云覆雨。交道之难，从此可见。从前人谈交道的话说得很多。例如，"朋友有信"，"久而敬之"，"君子之交淡如水"，视朋友须如自己，要急难相助，须知护友之短，像孔子不假盖于悭吝朋友，要劝善规过，但"不可则止，无自辱焉"。这些话都是说起来颇容易，做起来颇难。许多人都懂得这些道理，但是很少人真正会和人做朋友。

孔子常劝人"无友不如己者"，这话使我很惶惶不安。你不如我，我不和你做朋友，要我和你做朋友，就要你胜似我，这样我才能得益。但是这算盘我会打你也就会打，如果你也这么说，你我之间不就没有做朋友的可能吗？柏拉图写过一篇谈友谊的对话，另有一番奇妙议论。依他看，善人无须有朋友，恶人不能有朋友，善恶混杂的人才或许需要善人为友来消除他的恶，恶去了，友的需要也就随之消灭。这话显然与孔子的话有些抵牾。谁是谁非，我至今不能断定，但是我因此想到朋友之中，人我的比较是一个重要问题，而这问题又和善恶问题密切相关。我从前研究美学上的欣赏与创造问题，得到一个和常识不相通的结论，就是：欣赏与创造根本难分，每人所欣赏的世界就是每人所创造的世界，就是他自己的情趣和性格的反照；你在世界中能"取"多少，就看你在你的性灵中能提出多少"与"它，物与我之中有一种生命的交流，深人所见于物者深，浅人所见于物者浅。现在我思索这比较实际的交友问题，觉得它与欣赏艺术自然的道理亦可暗合默契，你自己是什么样的人，就会得到什么样的朋友。人类心灵常交感回流。你拿一分真心待人，人也就拿一分真心待你，你所"取"如何，就看你所"与"如何。"爱人者人恒爱之，敬人者人恒敬之。"人不爱你敬你，就显得你自己有损缺。你不必责人，先须返求诸己。不但在情感方面如此，在性格方面也都是如此。友必同心，所谓"心"是指比灵同在一个水准上。如果你我在性灵上有高低，我高就须感化你，把你提高到同样水准；你高也是如此，否则友谊就难成立。朋友往往是测量自己的一种最精确的尺度。你自己如果不是一个好朋友，就绝不能希望得到一个好朋友。要是好朋友，自己须先是一个好人。我很相信柏拉图的"恶人不能有朋友"的那一句话。恶人可以做好朋友时，他在他方面尽管是坏，在能为好朋友一点上就可证明他还有人性，还不是一个绝对的恶人。说来说去，"同声相应，同气相求"那句老话还是对的，何以交友的道理在此，如何交友的方法也在此。交友和一般行为一样，我们应该常牢记在心的是"责己宜严，责人宜宽"。

与傅聪谈音乐

傅雷

傅聪回家来，我尽量利用时间，把平时通信没能谈彻底的问题和他谈了谈；内容虽是不少，他一走，好像仍有许多话没有说。因为各报记者都曾要他写些有关音乐的短文而没有时间写，也因为一部分的谈话对音乐学者和爱好音乐的同志都有关系，特摘要用问答体（也是保存真相）写出来发表。但傅聪还年轻，所知有限，下面的材料只能说是他学习现阶段的一个小结，不准确的见解和片面的看法一定很多，我的回忆也难免不真切，还望读者指正和原谅。

一、谈技巧

问：有些听众觉得你弹琴的姿势很做作，我们一向看惯了，不觉得，你自己对这一点有什么看法？

答：弹琴的时候，表情应当在音乐里，不应当在脸上或身体上。不过人总是人，心有所感，不免形之于外，那是情不自禁的，往往也并不美，正如吟哦诗句而手舞足蹈并不好看一样。我不能用音乐来抓住人，反而叫人注意到我弹琴的姿势，只能证明我的演奏不到家。另一方面，听众间也有一部分是"观众"，存心把我当作演员看待；他们不明白为了求某种音响效果，才有某种特殊的姿势。

问：学钢琴的人为了学习，有心注意你手的动作，他们总不能算是"观众"吧？

答：手的动作决定于技巧，技巧决定于效果，效果决定于乐曲的意境、感情和思想。对于所弹的乐曲没有一个明确的观念，没有深刻的体会，就不知道自己要表现什么，就不知道要产生何种效果，就不知道用何种技巧去实现。单纯研究手的姿势不但是舍本逐末，而且近于无的放矢。倘若我对乐曲的表达并不能引起另一位钢琴学者的共鸣，或者我对乐曲的理解和处理，他并不完全同意，那么我的技巧对他毫无用处。即使他和我的体会一致，他所要求的效果和我的相同，远远地望几眼姿势也没用；何况同样的效果也有许多不同的方法可以获致。例如，清淡的音与浓厚的音，飘逸的音与沉着的音，柔婉的音与刚强的音，明朗的音与模糊的音，凄厉的音与恬静的音，都需要各不同的技巧，但这些技巧常常因人而异，因为各人的手长得不同，适合我的未必适合别人，适合别人的未必适合我。

问：那么技巧是没有准则的了？老师也不能教你的了？

答：话不能这么说。基本的规律还是有的：就是手指要坚强有力，富于弹性；手腕和手臂要绝对放松、自然，不能有半点儿发僵发硬。放松的手弹出来的音不管是极轻的还是极响的，音都丰满，柔和，余音袅袅，可以致远。发硬的手弹出来的音是单薄的，干枯的，粗暴的，短促的，没有韵味的（所以表现激昂或凄厉的感情时，往往故意使手腕略微紧张）。弹琴时要让整个上半身的重量直接灌注到手指，力量才会旺盛，才会取之不尽，用之不竭。而且用放松的手弹琴，手不容易疲倦。但究竟怎样才能放松，怎样放松才对，都非言语能说明，有时反而令人误会，主要是靠长期的体会与实践。

一般常用的基本技巧，老师当然能教；遇到某些技术难关，他也有办法帮助你解决；越是有经验的老师，越是有多种多样不同的方法教给学生。但老师方法虽多，也不能完全适应种类更多的手；技术上的难题也因人而异，并无一定。学者必须自己钻研，把老师的指导举一反三；而且要触类旁通，有时他的方法对我并不适合，但只要变通一下就行。如果你对乐曲的理解，除了老师的一套以外，还有新发现，你就得要求某种特殊效果，从而要求某种特殊技巧，那就更需要多用头脑，自己想办法解决了。技巧不论是从老师或同学那儿吸收来的，还是自己摸索出来的，都要随机应变，灵活运用，绝不可当作刻板的教条。

总之，技巧必须从内容出发，目的是表达乐曲，技巧不过是手段。严格说来，有多少种不同风格的乐派与作家，就有多少种不同的技巧；有多少种不同性质（长短、肥瘦、强弱、粗细、软硬、各个手指相互之间的长短比例等）的手，就有多少种不同的方法来获致多少种不同的技巧。我们先要认清自己的手的优缺点，然后多多思考，对症下药，兼采各家之长，以补自己之短。除非在初学的几年之内，完全依赖老师来替你解决技巧是不行的。而且我特别要强调两点：（一）要解决技巧，先要解决对音乐的理解。假如不知道自己要表现什么思想，单单讲究文法与修辞有什么用呢？（二）技巧必须从实践中去探求，理论只是实践的归纳。和研究一切学术一样，开头只有些简单的指导原则，细节都是从实践中摸索出来的；把摸索的结果归纳为理论，再拿到实践中去试验；如此循环不已，才能逐步提高。

二、谈学习

问：你从老师那儿学到些什么？

答：主要是对各个乐派和各个作家的风格与精神的认识；在乐曲的结构、层次、逻辑方面学到很多；细枝小节的琢磨也得力于他的指导，这些都是我一向欠缺的。内容的理解，意境的领会，则多半靠自己。但即使偶尔有一支乐曲，百分之九十以上是自己钻研得来，只有百分之几得之于老师，老师的功劳还是很大，因为缺了这百分之几，我的表达就不完整。

问：你对作品的理解，有时是否跟老师有出入？

答：有出入，但多半在局部而不在整个乐曲。遇到这种情形，双方就反复讨论，甚至热烈争辩，结果是有时我接受了老师的意见，有时老师容纳了我的意见，也有时归纳成一个折中的意见，倘或相持不下，便暂时把问题搁起，再经过几天的思索，双方仍旧能得出一个结论。这种方式的学与这种方式的教，可以说是纯科学的。师生都服从真理，服从艺术。学生不以说服老师为荣，老师不以向学生让步为耻。我觉得这才是真正的虚心为学。一方面不盲从，也不标新立异；另一方面不保守，也不轻易附和。比如说，十九世纪末期以来的各种乐谱版本，很多被编订人弄得面目全非，为现代音乐学者所诟病；但老师遇到版本可疑的地方，仍然静静地想一想，然后决定取舍，同时说明取舍的理由；他绝不一笔抹杀，全盘否定。

问：我一向认为教师的主要本领是"能予"，学生的主要本领是"能取"。照你说来，你的老师除了"能予"，也是"能取"的了？

答：是的。老师告诉我，从前他是不肯听任学生有一点自由的，近十余年来觉得这办法不对，才改过来。可见他现在比以前更"能予"了。同时他也吸收学生的见解和心得，加入他的教学经验中去；可见他因为"能取"而更"能予"了。这个榜样给我的启发很大：第一使我更感到虚心是求进步的主要关键；第二使我越来越觉得科学精神与客观态度的重要。

问：你的老师的教学还有什么特点？

答：他分析能力特别强，耳朵特别灵，任何细小的错漏，都逃不过他，任何复杂的古怪的和声中一有错误，他都能指出来。他对艺术与教育的热诚也令人钦佩：不管怎么忙，给学生一上课就忘了疲劳，忘了时间；而且整个儿浸在音乐里，常常会自言自语地低声叹赏："多美的音乐！多美的音乐！"

问：在你学习过程中，还有什么原则性的体会可以谈？

答：前年我在家信中提到"用脑"问题，我越来越觉得重要。不但分析乐曲，处理句法（Phrasing），休止（Pause），运用踏板（Pedal）等需要严密思考，便是手指练习及一切技巧的训练，都需要高度的脑力活动。有了头脑，即使感情冷一些，弹出来的东西还可以像样；没有头脑，就什么也不像。根据我的学习经验，觉得先要知道自己对某个乐曲的要求与体会，对每章、每段、每句、每个音符的疾徐轻响，及其所包含的意义与感情，都要在头脑里刻画得愈清楚愈明确愈好。唯有这样，我的信心才越坚，意志越强，而实现我这些观念和意境的可能性也越大。大家知道，学琴的人要学会听自己，就是说要永远保持自我批评的精神。但若脑海中先没有你所认为理想的境界，没有你认为最能表达你的意境的那些音，那么你即使听到自己的音，又怎么能决定它合不合你的要求？而且一个人对自己的要求是随着对艺术的认识而永远在提高的，所以在整个学习过程中，甚至在一生中，对自己满意的事是难得有的。

问：你对文学美术的爱好，究竟对你的音乐学习有什么具体的帮助？

答：最显著的是加强我的感受力，扩大我的感受的范围。往往在乐曲中遇到一个境界，一种情调，仿佛是相熟的；事后一想，原来是从前读的某一首诗，或是喜欢的某一幅画，就有这个境界，这种情调。也许文学和美术替我在心中多装置了几根弦，使我能够对更多的音乐发生共鸣。

问：我经常寄给你的学习文件是不是对你的专业学习也有好处？

答：对我精神上的帮助是直接的，对我专业的帮助是间接的。伟大的建设事业，国家的政策，时时刻刻加强我的责任感；多多少少的新英雄、新创造，不断地给我有力的鞭策与鼓舞，使我在情绪低落的时候（在我这个年纪，那也难免），更容易振作起来。对中华民族的信念与自豪，对祖国的热爱，给我一股活泼的生命力，使我能保持新鲜的感觉，抱着始终不衰的热情，浸到艺术中去。

三、谈表达

问：顾名思义，"表达"和"表现"不同，你对表达的理解是怎样的？

答：表达一件作品，主要是传达作者的思想感情，既要忠实，又要生动。为了忠实，就得彻底认识原作者的精神，掌握他的风格，熟悉他的口吻、辞藻和他的习惯用语。为了生动，就得讲究表达的方式、技巧与效果。而最要紧的是真实，真诚，自然，不能有半点儿勉强或是做作。搔首弄姿绝不是艺术，自作解人的谎话更不是艺术。

问：原作者的乐曲经过演奏者的表达，会不会渗入演奏者的个性？两者会不会有矛盾？会不会因此而破坏原作的真面目？

答：绝对的客观是不可能的，便是照相也不免有科学的成分加在对象之上。

演奏者的个性必然要渗入原作中去。假如他和原作者的个性相距太远，就会格格不入，弹出来的东西也给人一种格格不入的感觉。所以任何演奏家所能胜任愉快的表达的作品，都有限度。一个人的个性越有弹性，他能体会的作品就越多。唯有在演奏者与原作者的精神气质融洽无间，以作者的精神为主，以演奏者的精神为辅，而绝不喧宾夺主的情形之下，原作的面目才能又忠实又生动地再现出来。

问：怎样才能做到不喧宾夺主？

答：这个大题目，我一时还没有把握回答。根据我眼前的理解，关键不仅仅在于掌握原作者的风格和辞藻等，而尤其在于生活在原作者的心中。那时，作者的呼吸好像就是演奏家本人的情潮起伏，乐曲的节奏在演奏家的手下是从心里发出来的，是内在的而不是外加的了。弹巴赫的某个乐曲，我们既要在心中体验到巴赫的总的精神，如虔诚、严肃、崇高等，又要体验到巴赫写那个乐曲的特殊感情与特殊精神。当然，以我们的渺小，要达到巴赫或贝多芬那样的天地未免是奢望；但既然演奏他们的作品，就得尽量往这个目标走去，越接近越好。正因为你或多或少生活在原作者心中，你的个性才会服从原作者的个性，不自觉地掌握了宾主的分寸。

问：演奏者的个性以怎样的方式渗入原作，可以具体地说一说吗？

答：谱上的音符，虽然西洋的记谱法已经非常精密，和真正的音乐相比还是很呆板的。按照谱上写定的音符的长短，速度，节奏，一小节一小节地极严格地弹奏，非但索然无味，不是原作的音乐，事实上也不可能这样做。例如文字，谁念起来每句总有轻重快慢的分别，这分别的准确与否是另一件事。同样，每个小节的音乐，演奏的人不期然而然地会有自由伸缩；这伸缩包括音的长短顿挫（所谓 Rubato），节奏的或轻或重，或强或弱，音乐的或明或暗，以通篇而论还包括句读、休止、高潮、低潮、延长音等的特殊处理。这些变化有时很明显，有时极细微，非内行人不辨。但演奏家的难处，第一是不能让这些自由的处理越出原作风格的范围，不但如此，还要把原作的精神发挥得更好；正如替古人的诗文做疏注，只能引申原义，而绝对不能插入与原义不相干或相背的议论；其次，一切自由处理（所谓自由要用极严格审慎的态度运用，幅度也是极小的）都须有严密的逻辑与恰当的比例，切不可兴之所至，任意渲染，前后要统一，要成为一个整体。一个好的演奏家，总是令人觉得原作的精神面貌非常突出，真要细细琢磨，才能在转弯抹角的地方，发现一些特别的韵味，反映出演奏家个人的成分。相反，不高明的演奏家在任何乐曲中总是自己先站在听众前面，把他的声调口吻压倒了或是遮盖了原作者的声调口吻。

问：所谓原作的风格，似乎很抽象，它究竟指什么？

答：我也一时说不清。粗疏地说，风格是作者的性情、气质、思想、感情、时代思潮、风气等的混合产品。表现在乐曲中的，除旋律、和声、节奏方面的特点以外，还有乐句的长短，休止的安排，踏板的处理，对速度的观念，以至于音质的特色，装饰音、连音、半连音、断音等的处理，都是构成一个作家的特殊风格的因素。古典作家的音，讲究圆转如珠；印象派作家如德彪西的音，多数要求含混朦胧；浪漫派如舒曼的音则要求浓郁。同是古典乐派，斯卡拉蒂的音比较轻灵明快，巴赫的音比较凝练沉着，亨德尔的音比较华丽豪放。稍晚一些，莫扎特的音除了轻灵明快之外，还要求妩媚。同样的速度，每个作家的观念也不同，最突出的例子是莫扎特作品中慢的乐章不像一般所理解的那么慢：他写给姐姐的信中就抱怨当时人把他的行板（Andante）弹成柔板（Adagio）。便是一组音阶，一组琶音，各家用来表现的情调与意境都有分别：肖邦的音阶与琶音固不同于莫扎特与贝多芬的，也不同于德彪西的（现代很多人把肖邦这些段落弹成德彪西式，歪曲了肖邦的面目）。总之，一个作家的风格是靠无数大大小小的特点来表现的，我们表达的时候往往要犯"太过"或"不及"的毛病。当然，整个时代整个乐派的风格，比单个人的风格容易掌握；因为一个作家早年、中年、晚年的风格也有变化，必须认识清楚。

问：批评家们称为"冷静的"（Cold）演奏家是指哪一种类型？

答：上面提到的表达应当如何如何，只是大家期望的一个最高理想，真正能达到那境界的人很少很少，因为在多数演奏家身上，理智与感情很难维持平衡。所谓冷静的人就是理智特别强，弹的作品条理分明，结构严密，线条清楚，手法干净，使听的人在理性方面得到很大的满足，但感动的程度就浅得多。严格说来，这种类型的演奏家病在"不足"；反之，感情丰富，生机旺盛的艺术家容易"太过"。

问：在你现在的学习阶段，你表达某些作家的成绩如何？对他们的理解与以前又有什么不同？

答：我的发展还不能说是平均的。至此为止，老师认为我最好的成绩，除了肖邦，便是莫扎特和德彪西。去年弹贝多芬《第四钢琴协奏曲》，我总觉得太骚动，不够炉火纯青，不够清明高远。弹贝多芬必须有火热的感情，同时又要有冰冷的理智镇压。《第四钢琴协奏曲》的第一乐章尤其难：节奏变化极多，但不能显得散漫；要极轻灵妩媚，又一点儿不能缺少深刻与沉着。去年九月，我又重弹了贝多芬《第五钢琴协奏曲》，觉得其中有种理想主义的精神，它深度不及第四，但给人一个崇高的境界，一种大无畏的精神；第二乐章简直像一个先知向全世界发布的一篇宣言。表现这种音乐不能单靠热情和理智，最重要的是感觉到那崇高的理想、心灵的伟大与坚强，总而言之，要往"高处"走。

以前我弹巴赫，和国内多数钢琴学生一样用的是皮罗版本，太夸张，把巴赫的宗教气息沦为肤浅的戏剧化与罗曼蒂克情调。在某个意义上，巴赫是罗曼蒂克，但绝非十九世纪那种才子佳人式的罗曼蒂克。他是一种内在的、极深刻沉着的热情。巴赫也发怒，挣扎、控诉，甚而至于哀号，但这一切都有一个巍峨庄严，像哥特式大教堂般的躯体包裹着，同时有一股信仰的力量支持着。

问：从一九五三年起，很多与你相熟的青年就说你台上的成绩总胜过台下的，为什么？

答：因为有了群众，无形中有种感情的交流使我心中温暖，也因为在群众面前，必须把作品的精华全部发掘出来，否则就对不起群众，对不起艺术品，所以我在台上特别能集中。我自己觉得录的唱片就不如我台上弹的那么感情热烈，虽然技巧更完整。很多唱片都有类似的情形。

问：你演奏时把自己究竟放进几分？

答：这是没有比例可说的。我一上台就凝神壹志，把心中的杂念尽量扫除，尽量要我的心成为一张白纸，一面明净的镜子，反映出原作的真面目。那时我已不知有我，心中只有原作者的音乐。当然，最理想是要做到像王国维所谓"入乎其内，出乎其外"。这一点，我的修养还远远够不上。我演奏时太急于要把我所体会到的原作的思想感情向大家倾诉，倾诉得愈详尽愈好，这个要求太迫切了，往往影响到手的神经，反而会出些小毛病。今后我要努力使自己的心情平静，也要锻炼我的技巧更能听从我的指挥。我此刻才不过跨进艺术的大门，许多体会和见解，也许过了三五年就要大变。艺术的境界无穷无极，渺小如我，在短促的人生中是永远达不到"完美"的理想的；我只能竭尽所能地做一步，算一步。

一九五六年十月五日

原载一九五六年十月十八—二十一日《文汇报》

教育的信仰

朱自清

教育并不是一件容易的事，如一般人所想的。一般人以为教育只是技能的事。有了办事才能，便可以做校长，有了教授才能，便可以做教师；至其为人到底如何，却以为无关得失，可以存而不论。在这种情形之下，做校长的至多是办事严明，会计不乱，再请几位长于讲解的教师，便可邀誉一时了。做教师的呢，只要多少有相当的根底，加以辩论的口才，也便可邀誉一时了。这还是上等教育人才。等而下之，那些蝇营狗苟，谄媚官绅者流，也未尝不可以做校长！那些凭借官绅势力，不学无术的鄙夫，也未尝不可以做教师！——这班人在五四运动以后，迎受"新潮"，又加添了一副逢迎学生的手段。于是上下其手，倒也可以固位，以达他们"有饭大家吃"的目的！读者或者觉得我说得太过，其实绝不会的；就以文明的浙江而论，内地里尽多这种情形呢！

至于教育行政人员，那就连技能和才干都在可有可无之列了。只要有援引的亲明，应酬的工夫，乃至钻营的伎俩，那就厅长也行，科长也行，科员也行，懂得教育——更不用说有研究了——与否，原是不必论的！至于提倡士气，以身作则，那更非所论于这班征逐酒食的群公了！他们只知道趋炎附势，送旧迎新罢了！如此而言教育，怎样会有进步？

但教育行政人员多少总是官僚；官僚原是又圆滑又懒惰的东西，我们本不能属望太奢的。教育的责任，十有八九究竟是应该由校长教师们担负的。但现在的校长教师们究竟怎样尽他们的责任呢？让我就浙江说吧，让我就浙江的内地说吧。

那校长一职，实在是一个缺！得了这个缺时，亲戚朋友的致贺，饯行，正和送一个新官上任一般。这是我在杭州常常目睹的。一般人看校长确和教师不同。我有一次偶然做了一个中学的教务主任，家里人写信给我说，你升了级了。照这样算来，校长竟比教员升了两级了；无怪乎一般校长都将校长当"三等县知事"做了！无怪校长公司（是杭州某团体的雅号）诸公千方百计地去谋校长做了！这样的校长，受命之后，先务之急是"串门子"；凡是学校所在地的议员，绅士，在省里的，必得去登门拜访一番，以表示他的敬意；然后才敢上任。上任后第一是安插几个必要的私人和上峰，绅士所荐的人；第二是向什么大学里请一两个毕业生，装装门面，新新耳目；第三是算账，看看出入如何，一般的校长特别注意这件事！第四才是例行公事，所谓教育了！这是经始的时候如此，至于平常日子，校长除了"教育"以外，也还有他的重大的事，便是应酬官绅和迎送客人！有一个地方的校长，因该地绅士有甲乙两派，互相水火，校长绝不能有畸轻畸重之嫌；于是费尽心机，想出一条妙计，每星期请一次客，甲乙派轮流着。这样，两派都不得罪了。这就是他的教育宗旨了！这层办妥帖了，校里的事自然便能为所欲为了！名利双收，全靠这种应酬的本领呢。但五四以后，学生也常会蹈瑕抵隙地和校长捣乱；这也很厉害的！校长却也有他的妙法，便是笼络各个首领，优加礼遇，以种种手段诱惑他们，使为己用！也有假手于教师的。各样情形，不实不尽！总之，教育是到"兽之国"里去了！

至于教师们尽他们责任的方法，第一是在于植党。植了党便可把持，操纵了。这种教师大约总有靠山——地方势力；凭了靠山，便可援引同类。有了同类，一面便可挟制校长，一面便可招徕学生；而招徕学生，更为他们的切要之图！他们的手段，说来令人惊叹！在招考的时候，他们便多方请托，多取自己同乡（同县），乃至亲戚故旧之子弟，俾将来可以调动裕如。至于平日呢，或诱学生以酒食，或诱学生以金钱，或诱学生以分数，尤其是无微不至！我知道有一个学校的教师，他每星期必请学生吃一次，香烟、瓜子而外，还有一桌一元钱的和菜，这种惠而不费的办法，竟可收着指挥如意的效果呢！可怜一班心胸坦白的青年只因见识短浅，定力缺乏，遂致为人犬马而不自知，真是怅惘！金钱诱惑，比较少些；因为究竟太明显了，不敢明目张胆地做去。有用此法的，也只以借贷为名。分数的诱惑行之最易，因为这是教师们高下随心的，而且是不必破费一钱的。但太容易了，诱惑力量反倒少了——用了这种种手段，教师们植党的目的完全达到了；他们正如军阀一般，也可拥"学生军"以自卫了！于是威吓校长，排除异己，皆可如意而行；甚至掀起惊人的学潮，给予重大的牺牲于学校与学生！——而他们仍扬扬无恙。他们的教育的全过程，如是如是！

在这种教育现状里，在实施这种教育的学校里，校长与教师间，教职员与学生间，一般的关系又如何呢？这可以一言蔽之，就是"待遇异等"！有操纵的实力的教师与有教授的实力的教师，校长前程有关欲相倚重，自然特别看待；其余却就成了可有可无的东西了！虽是可有可无，在校长却也不无有用。别人送十二月薪俸，这类人不妨和他们说明，少送一个月或两个月；别人照关约所定数目送薪，这类人有时不妨打个扣头——若反抗时，下学期可以请他走路！这些油，不用说都是校长来揩了；岂不是"有用"吗？至于教师与教师之间，当然也无善状可言。他们绝不读书，更无研究，课余之暇，只有嫖嫖，赌赌，吃吃，以遣时日，在内地里，教师们的嫖赌，是没有什么的；他们更可猖狂无忌了。此外还有讨小老婆，也是近来教师们常有的事。再说教师之于学生，往往依年级为宽严，视势力为厚薄。四年级学生，相待最是客气，三年级就差了，二年级一年级更差了！一班之中，会捣乱的，会说话的，常能得教师的青睐，遇事总让他三分！这种种情形，我想可以称为"阶级教育"吧！

以上所诉的现象，都因一般教育者将教育看作一种手段，而不看作目的，所以一糟至此！校长教师们既将教育看作权势和金钱的阶梯，学生们自然也将教育看作取得资格的阶梯；于是彼此都披了"教育"的皮，在变自己的戏法！戏法变得无论巧妙与笨拙，教育的价值却已丝毫不存！教育的价值是在培养健全的人格，这已成了老生常谈了。但要认真培养起来，那却谈何容易！第一教育者先须有"培养"的心，坦白的，正直的，温热的，忠于后一代的心！有了"培养"的心，才说得到"培养"的方法。像以上所说的校长教师们，他们口头上虽也有健全的人格，但心里绝没有健全的人格的影子！他们所有的，只是政客的纵横捭阖的心！如何利用别人，如何愚弄别人，是他们根本的态度！他们以教育为手段，同时也以别人为手段。以"人"为手段，实在最可恶！无论当作杀人的长刀，无论当作护身的藤牌，总之只是一件"东西"而已！这样，根本上取消了别人与自己对等的人格！而自己的人格，因此也受了损伤！看别人是东西，他的人格便已不健全了！再进一步说，他自己的人格也只作为权势与金钱的手段罢了！所以就"人格"而论，就"健全的人格"而论，利用者与被利用者，结果是两败俱伤！康德说得好，人总须彼此以"目的"相待，不可相视作"手段"；他希望将来的社会是一个"目的国"。我想至少学校是"目的国"，才有真教育可言！

不足与言教育的，我们内地里有些校长与教师，我们真也不能与言，不必与言了。但前文所谓上等教育人才的，又如何呢？我意现在有许多号称贤明的校长教师，都可列在这一等内。他们心目中的教育，可以三语括之：课功，任法，尚严。课功是指注重事功而言。如设备求其完善，学业成绩求其优良，毕业生愿升学与能升学（能考入大学专门）的，求其多，体育成绩于求优良之外，更求其能胜人：是所谓课功，事功昭著于社会，教育者之责便已尽了。因为要课功，便须讲效率，便不得不有种种法则以督促之。法则本身是没有力量的，于是必假之以权威。权威有鞭策之功；于是愈用愈爱用，而法则便成了迷信了！在任权信法的环境中，尚严是当然的，因为尚严，所以要求整齐划一；无论求学行事，无论大小，差不多都有一个定格，让学生们钻了进去。江苏有一个学校，乃至连学生剪发的事都加规定；他们只许剪平顶。不许剪他种样子，以表示朴实的校风。抱以上这三种见解而从事于教育的人，我也遇过几个。他们有热心与毅力，的确将教育看作一件正正经经的事去办，的确将教育看作一种目的。他们的功绩，的确也不错。我们邻省的教育者，有许多是这种人。但我总觉他们太重功利了，教育被压在沉重的功利下面，不免有了偏枯的颜色。我总觉得"为学"与"做人"，应当并重，如人的两足应当一样长一般。现在一般号称贤明的教育者，却因为求功利的缘故，太重视学业这一面了，便忽略了那一面；于是便成了跛的教育了。跛的教育是不能行远的，正如跛的人不能行远一样。功利是好的，但是我们总该还有超乎功利以上的事，这便是要做一个堂堂的人！学生们入学校，一面固是"求学"，一面也是学做人。一般人似未知此义，他们只晓得学生应该"求学"罢了！这实是一个很重要的误会，而在教育者，尤其如是，一般教育者都承认学生的知识是不完足的，但很少的人知道学生的品格也是不完足的。（其实"完人"是没有的；所谓"不完足"指学生尚在"塑造期"Plastic，无一定品格而言；——只是比较的说法。）他们说到学生品性不好的时候，总是特别摇头叹气，仿佛这是不应有的事，而且是无法想的事。其实这与学业上的低能一样，正是教育的题中常有的文章；若低能可以设法辅导，这也可以设法辅导的，何用特别摇头叹气呢？要晓得不完足才需来学，若完足了，又何必来受教育呢？学生们既要学做人，你却单给以知识，变成了"教"而不"育"，这自然觉得偏枯了。为学生个人的与眼前浮面的功利计，这原未尝不可，但为我们后一代的发荣滋长计，这却不行了。机械地得着知识，又机械地运用知识的人，人格上没有深厚的根基，只随着机会和环境的支使的人，他们的人生的理想是很模糊的，他们的努力是盲目的。在人生的进路上，他们只能乱转一回，不能向前进行！发荣滋长，如何说得到呢？"做人"是要逐渐培养的，不是可以按钟点教授的。所谓"不言之教"，"无声之诲"，便是说的这种培养的功夫。要从事于此，教育者先须有健全的人格，而且对于教育，须有坚贞的信仰，如宗教信徒一般。他的人生的理想，不用说，也应该超乎功利以上。所谓超乎功利以上，就是说，不但要做一个能干的，有用的人，并且要做一个正直的，坦白的，敢作敢为的人！——教育者有了这样的信仰，有了这样的人格，自然便能够潜移默化，"如时雨化之"了；这其间也并无奥妙，只在日常言动间注意。但这个注意却不容易，比办事严明，讲解详细要难得许多许多，第一先须有温热的心，能够爱人！须能爱具体的这个那个的人；不是说能爱抽象的"人"。能爱学生，才能真的注意学生，才能得学生的信仰；得了学生的信仰，就是为学生所爱。那时真如父子兄弟一家人，没有说不通的事；感化于是乎可言，但这样的爱是须有大力量，大气度的。正如母亲抚育子女一般，无论怎样琐屑，都要不辞劳苦地去做，无论怎样哭闹，只要能够原谅，这样，才有坚韧的爱；教育者也要能够如此，任劳任怨才行！这时教育者与学生共在一个"情之流"中，自然用不着任法与尚严了。法是力量小的人用的；他们不能以全身奉献于教育，所以不能爱——于是乎只能寻着权威，暂资凭借。但权威是冷的，权威所寓的法则也是冷的；它们最容易造成虚伪与呆木的人！操行甲等而常行偷窃的学生，是各校常见的。循规蹈矩，而庸碌无用，但能做好好先生的学生，也是各校常见的。这都是任法尚严的流弊了。更有一件，权威最易造成或增加误会；它不但不能使人相亲相爱，反将使人相忌相恨！我曾见过江苏一个校长，他的热心毅力，我至今仍是佩服。但他任法尚严，却使他的热心毅力一概都埋没了！同事们说他太专，学生们说他太严；没有说他好处的！他于是成了一个孤独的人。后来还起了一次风潮，要驱逐他去职！这就是权威的破坏力！我以为权威绝对用不得；法则若变成自由的契约，依共同的意志而行，那还可存；总之，最要紧的还是人，是人的心！我对于那些号称贤明的教育者所持的功利见解，不以为不好，而以为不够；我希望他们百尺竿头，更进一步！

我的意思，再简单地说一说：教育者须对于教育有信仰心，如宗教徒对于他的上帝一样，教育者须有健全的人格，尤须有深广的爱；教育者须能牺牲自己，任劳任怨。

我斥责那班以教育为手段的人！我劝勉那班以教育为功利的人！我愿我们都努力，努力做到那以教育为信仰的人！

傅聪的成长 ①

傅雷

本刊编者要我谈谈傅聪的成长，认为他的学习经过可能对一班青年有所启发。当然，我的教育方法是有缺点的；今日的傅聪，从整个发展来看也跟完美二字差得很远。但优点也好，缺点也好，都可供人借鉴。现在先谈谈我对教育的几个基本观念：

第一，把人格教育看作主要，把知识与技术的传授看作次要。童年时代与少年时代的教育重点，应当在伦理与道德方面，不能允许任何一桩生活琐事违反理性和最广义的做人之道；一切都以明辨是非，坚持真理，拥护正义，爱憎分明，守公德，守纪律，诚实不欺，质朴无华，勤劳耐苦为原则。

第二，把艺术教育只当作全面教育的一部分。让孩子学艺术，并不一定要他成为艺术家。尽管傅聪很早学钢琴，我却始终准备他更弦易辙，按照发展情况而随时改行的。

第三，即以音乐教育而论，也绝不能仅仅培养音乐一门，正如学画的不能单注意绘画，学雕塑学戏剧的，不能只注意雕塑与戏剧一样，需要以全面

---

① 此文过去所有报刊书籍刊登的，均沿用《新观察》一九五七年第八期的版本。现据手稿补全了一大段当年被删去的傅雷关于教育的几个基本观念。现选自《傅雷文集·文艺卷》（当代世界版）。——编者注

的文学艺术修养为基础。

以上几项原则可用具体事例来说明。

傅聪三岁至四岁之间，站在小凳上，头刚好伸到和我的书桌一样高的时候，就爱听古典音乐。只要收音机或唱机上放送西洋乐曲，不论是声乐是器乐，也不论是哪一乐派的作品，他都安安静静地听着，时间久了也不会吵闹或是打瞌睡。我看了心里想："不管他将来学哪一科，能有一个艺术园地耕种，他一辈子受用不尽。"我是存了这种心，才在他七岁半，进小学四年级的秋天，让他开始学钢琴的。

过了一年多，由于孩子学习进度快速，不能不减轻他的负担，我便把他从小学撤回。这并非说我那时已决定他专学音乐，只是认为小学的课程和钢琴学习可能在家里结合得更好。傅聪到十四岁为止，花在文史和别的学科上的时间，比花在琴上的为多。英文、数学的代数、几何等，另外请了教师。本国语文的教学主要由我自己掌握：从孔、孟、先秦诸子、国策、左传、晏子春秋、史记、汉书、世说新语等上选材料，以富有伦理观念与哲学气息、兼有趣味性的故事、寓言、史实为主，以古典诗歌与纯文艺的散文为辅。用意是要把语文知识、道德观念和文艺熏陶结合在一起。我还记得着重向他指出，"民可使由之，不可使知之"的专制政府的荒谬，也强调"左右皆曰不可，勿听；诸大夫皆曰不可，勿听；国人皆曰不可，然后察之"一类的民主思想，"富贵不能淫，贫贱不能移，威武不能屈"那种有关操守的教训，以及"吾日三省吾身""人而无信，不知其可也""三人行，必有吾师"等的生活作风。教学方法是从来不直接讲解，叫孩子事前准备，自己先讲；不了解的文义，只用旁敲侧击的言语指引他，让他自己找出正确的答案来；误解的地方也不直接改正，而是向他发许多问题，使他自动发觉他的矛盾。目的是培养孩子的思考能力与基本逻辑。不过这方法也是有条件的，在悟性较差、智力发达较迟的孩子身上就行不通。

九岁半，傅聪跟了前上海交响乐队的创办人兼指挥，意大利钢琴家梅百器先生，他是十九世纪大钢琴家李斯特的再传弟子。傅聪在国内所受的唯一严格的钢琴训练，就是在梅百器先生门下的三年。

一九四六年八月，梅百器故世。傅聪换了几个教师，没有遇到合适的；教师们也觉得他是个问题儿童，同时也很不用功，而喜爱音乐的热情并未稍减。从他开始学琴起，每次因为他练琴不努力而我锁上琴，叫他不必再学的时候，他都对着琴哭得很伤心。一九四八年，他正课不交卷，私下却乱弹高深的作品，以致杨嘉仁先生也觉得无法教下去了；我便要他改受正规教育，让他以同等学力考入高中（大同）附中。我一向有个成见，认为一个不上不下的空头艺术家最要不得，还不如安分守己学一门实科，对社会多少还能有贡献。不久我们全家去昆明，孩子进了昆明的粤秀中学。一九五〇年秋，他又自作主张，以同等学力考入云南大学外文系一年级。这期间，他的钢琴学习完全停顿，只偶尔为当地的合唱队担任伴奏。

可是他学音乐的念头并没放弃，昆明的青年朋友们也觉得他长此蹉跎太可惜，劝他回家。一九五一年初夏他便离开云大，只身回上海（我们是一九四九年先回的），跟苏联籍的女钢琴家勃隆斯丹夫人学了一年。那时（傅聪十七岁）我才肯定傅聪可以专攻音乐；因为他能刻苦用功，在琴上每天工作七八小时，就是酷暑天气，衣裤尽湿，也不稍休；而他对音乐的理解也显出有独到之处。除了琴，那个时期他还另跟老师念英国文学，自己阅读不少政治理论的书籍。一九五二年夏，勃隆斯丹夫人去加拿大。从此到一九五四年八月，傅聪又没有钢琴老师了。

一九五三年夏天，政府给了他一个难得的机会：经过选拔，派他到罗马尼亚去参加"第四届国际青年与学生和平友好联欢节"的钢琴比赛；接着又随我们的艺术代表团去民主德国与波兰做访问演出。他表演的肖邦受到波兰专家们的重视；波兰政府并向我们政府正式提出，邀请傅聪参加一九五五年二月至三月举行的"第五届肖邦国际钢琴比赛"。一九五四年八月，傅聪由政府正式派往波兰，由波兰的老教授杰维茨基亲自指导，准备比赛节目。比赛终了，政府为了进一步培养他，让他继续留在波兰学习。

在艺术成长的重要关头，遇到全国解放，政府重视文艺，大力培养人才的伟大时代，不能不说是傅聪莫大的幸运；波兰政府与音乐界热情的帮助，更是促成傅聪走上艺术大道的重要因素。但像他过去那样不规则的、时断时续的学习经过，在国外音乐青年中是少有的。肖邦比赛大会的总节目上，印有来自世界各国的七十四名选手的音乐资历，其中就以傅聪的资历最贫弱，竟是独一无二的贫弱。这也不足为奇，西洋音乐传入中国为时不过半世纪，师资的缺乏是我们的音乐学生普遍的苦闷。

在这种客观条件之下，傅聪经过不少挫折而还能有些少成绩，在初次去波兰时得到国外音乐界的赞许，据我分析，是由于下列几点：（一）他对音乐的热爱和对艺术的严肃态度，不但始终如一，还随着年龄而俱长，从而加强了他的学习意志，不断地对自己提出严格的要求。无论到哪儿，他一看到琴就坐下来，一听到音乐就把什么都忘了。（二）一九五一年、一九五二两年正是他的艺术心灵开始成熟的时期，而正好他又下了很大的苦功：睡在床上往往还在推敲乐曲的章节句读，斟酌表达的方式，或是背乐谱，有时竟会废寝忘食。手指弹痛了，指尖上包着橡皮膏再弹。一九五四年冬，波兰女钢琴家斯曼齐安卡到上海，告诉我傅聪常常十个手指都包了橡皮膏登台。（三）自幼培养的独立思考与注重逻辑的习惯，终于起了作用，使他后来虽无良师指导，也能够很有自信地单独摸索，而居然不曾误入歧途——这一点直到他在罗马尼亚比赛有了成绩，我才得到证实，放了心。（四）他在十二三岁以前所接触和欣赏的音乐，已不限于钢琴乐曲，而是包括多种不同的体裁不同的风格，所以他的音乐视野比较宽广。（五）他不用大人怎样鼓励，从小就喜欢诗歌、小说、戏剧、绘画，对一切美的事物美的风景都有强烈的感受，使他对音乐能从整个艺术的意境，而不限于音乐的意境去体会，补偿了我们音乐传统的不足。不用说，他感情的成熟比一般青年早得多；我素来主张艺术家的理智必须与感情平衡，对傅聪尤其注意这一点，所以在他十四岁以前只给他念田园诗、叙事诗与不太伤感的抒情诗；但他私下偷看了我的藏书，不到十五岁已经醉心于罗曼蒂克文艺，把南唐后主的词偷偷地背给他弟弟听了。（六）我来往的朋友包括多种职业，医生、律师、工程师、科学家、音乐家、画家、作家、记者都有，谈的题目非常广泛；偏偏孩子从七八岁起专爱躲在客厅门后窃听大人谈话，挥之不去，去而复来，无形中表现出他多方面的好奇心，而平日的所见所闻也加强和扩大了他的好奇心。家庭中的艺术气氛，关切社会上大小问题的习惯，孩子在长年累月的浸淫之下，在成长的过程中不能说没有影响。我们解放前对蒋介石政权的愤恨，朋友们热烈的政治讨论，孩子也不知不觉地感染了。十四岁那年，他因为顽劣生事而与我大起冲突的时候，居然想私自到苏北去参加革命。

远在一九五二年，傅聪演奏俄国斯克里亚宾的作品，深受他的老师勃隆丹夫人的称赏，她觉得要了解这样一位纯粹斯拉夫灵魂的作家，不是老师所能教授，而要靠学者自己心领神会的。一九五三年他在罗马尼亚演奏斯克里亚宾作品，苏联的青年钢琴选手们都为之感动得下泪。未参加肖邦比赛以前，他弹的肖邦已被波兰的教授们认为"富有肖邦的灵魂"，甚至说他是"一个中国籍贯的波兰人"。比赛期间，评判员中巴西的女钢琴家，七十高龄的塔里番洛夫人对傅聪说："富有很大的才具，真正的音乐才具。除了非常敏感以外，你还有热烈的、慷慨激昂的气质，悲壮的感情，异乎寻常的精致，微妙的色觉，还有最难得的一点，就是少有的细腻与高雅的意境，特别像在你的《玛祖卡》中表现的。我历任第二、三、四届的评判员，从未听见这样天才式的《玛祖卡》。这是有历史意义的：一个中国人创造了真正《玛祖卡》的表达风格。"英国的评判员路易士·坎特讷对他自己的学生们说："傅聪的《玛祖卡》真是奇妙，在我简直是一个梦，不能相信真有其事。我无法想象那么多的层次，那么典雅，又有那么多的节奏，典型的波兰玛祖卡节奏。"意大利评判员，钢琴家阿高斯蒂教授对傅聪说："只有古老的文明才能给你那么多难得的天赋，肖邦的意境很像中国艺术的意境。"

这位意大利教授的评语，无意中解答了大家心中的一个谜。因为傅聪在肖邦比赛前后，在国外引起了一个普遍的问题：一个中国青年怎么能理解西洋音乐如此深切，尤其是在音乐家中风格极难掌握的肖邦？我和意大利教授一样，认为傅聪这方面的成就大半得力于他对中国古典文化的认识与体会。只有真正了解自己民族的优秀传统精神，具备自己的民族灵魂，才能彻底了解别个民族的优秀传统，渗透他们的灵魂。一九五六年三月间南斯拉夫的报刊 Politika《政治》以《钢琴诗人》为题，评论傅聪在南国京城演奏莫扎特和肖邦两支钢琴协奏曲时，也说："很久以来，我们没有听到变化这样多的触键，使钢琴能显出最微妙的层次的音质。在傅聪的思想与实践中间，在他对于音乐的深刻的理解中间，有一股灵感，达到了纯粹的诗的境界。傅聪的演奏艺术，是从中国艺术传统的高度明确性脱胎出来的。他在琴上表达的诗意，不就是中国古诗的特殊面目之一吗？他镂刻细节的手腕，不是使我们想起中国册页上的画吗？"的确，中国艺术最大的特色，从诗歌到绘画到戏剧，都讲究乐而不淫，哀而不怨，雍容有度，讲究典雅，自然；反对装腔作势和过火的恶趣，反对无目的炫耀技巧。而这些也是世界一切高级艺术共同的准则。

但是正如我在傅聪十七岁以前不敢肯定他能专攻音乐一样，现在我也不敢说他将来究竟有多大发展。一个艺术家的路程能走多远，除了苦修苦练以外，还得看他的天赋；这潜在力的多、少、大、小，谁也无法预言，只有在他不断发掘的过程中慢慢地看出来。傅聪的艺术生涯才不过开端，他知道自己在无穷无尽的艺术天地中只跨了第一步，很小的第一步；不但目前他对他的演奏难得有满意的时候，将来也远远不会对自己完全满意，这是他亲口说的。

我在本文开始时已经说过，我的教育不是没有缺点的，尤其所用的方式过于严厉，过于偏急；因为我强调工作纪律与生活纪律，傅聪的童年时代与少年时代，远不如一般青少年的轻松快乐，无忧无虑。虽然如此，傅聪目前的生活方式仍不免散漫。他的这点缺陷，当然还有不少别的，都证明我的教育并没完全成功。可是有一个基本原则，我始终觉得并不错误，就是：做人第一，其次才是做艺术家，再其次才是做音乐家，最后才是做钢琴家。（我说"做人"是广义的：私德、公德，都包括在内；主要对集体负责，对国家、对人民负责。）或许这个原则对旁的学科的青年也能适用。

一九五六年十一月十九日

谈英雄崇拜

朱光潜

关于英雄崇拜有两种相反的看法，依一种看法，英雄造时势，人类文化各方面的发端与进展都靠着少数伟大人物去倡导推动，多数人只在随从附和。一个民族有无伟大成就，要看它有无伟大人物，也要看它中间多数民众对于伟大人物能否倾倒敬慕，闻风兴起。卡莱尔在他的名著《英雄崇拜》里大致持这种看法。"世界历史，"他说，"人类在这世界上所成就的事业的历史，骨子里就是在当中工作的几个伟大人物的历史。""英雄崇拜就是对于伟大人物的极高度的爱慕。在人类胸中投有一种情操比这对于高于自己者的爱慕更为高贵。"尼采的超人主义其实也是一种英雄崇拜主义涂上了一层哲学的色彩。但依另一种看法，时势造英雄，历史的原动力是多数民众，民众的努力造成每个时代政教文化各方面的"大势所趋"，而所谓英雄不过顺承这"大势所趋"而加以尖锐化，并没有什么神奇。这是托尔斯泰在《战争与和平》里所提出的主张。他说："英雄只是贴在历史上的标签，他们的姓名只是历史事件的款识。"有些人根据这个主张而推论到英雄不必受崇拜。从史实看，自从古雅典城时代的群众领袖（Demagogue）一直到现代极权国家的独裁者，有不少的事例可证明盲目的英雄崇拜往往酿成极大的灾祸。有些人根据这些事例而推论到英雄崇拜的危险。此外还有些人以为崇拜英雄势必流于发展奴性，阻碍独立自由的企图，造成政治上的独裁与学术思想上的正统专制，与德谟克拉西精神根本不相容。

就大体说，反对英雄崇拜的理论在现代颇占优胜，因为它很合一批不很英雄的人的口胃。不过在事实上，英雄崇拜到现在还很普遍而且深固，无论带哪一种色彩的人心中都免不掉有几分。托尔斯泰不很看重英雄，而他自己却被许多人当作英雄去崇拜。这是一个很有趣而也很有意义的人生讽刺。社会靠着传统和反抗两种相反的势力演进。无论你站在哪一方壁垒，双方都各有它的理想的斗士，它的英雄；不维传统者如此，反抗者也是如此。从有人类社会到现在，每时代每社会都有它的英雄，而英雄也都被人崇拜，这是铁一般的事实，没有人能否认。我们在这里用不着替一个历史悠久的事实辩护，我们只需研究它的含义和在人生社会上的可能的功用。

什么叫作"英雄"。牛津字典所给 Hero 的字义大要有四：第一是"具有超人的本领，为神灵所默佑者"；第二是"声名煊赫的战士，曾为国征战者"；第三是"其成就及高贵性格为人所景仰者"；第四是"诗和戏剧中的主角"。这四个意义显然是互相关联的。凡是英雄必定是非常人，得天独厚，能人之所难能，在艰危时代能为国家杀敌御侮，在承平时代他的事业和品学也能为民族的楷模，在任何重大事件中，他必是倡导推动者，如戏剧中的主角。他的名称有时不很一致，"圣贤"，"豪杰"，"圣人"，所指的都大致相同。

一谈到英雄，大概没有人不明了他是什么一种人；可是追问到究竟哪一个人才算是英雄，意见却很难一致。小孩子们看惯侠义小说，心目中的英雄是在峨眉山修炼得道的拳师剑侠；江湖帮客所知道的英雄是《水浒传》里所形容的梁山泊一群好汉和他们帮里的"舵把子"。读书人言必讲周孔，弄武艺的人拜关羽岳飞。古代和近代，中国和西方，所持的英雄标准也不完全一致。仔细研究起来，每种社会，每种阶级，甚至每个人都各有各的英雄。所以这个意义似很明显的名称所指的究为何种人实在很难确定。

这也并不足为奇。英雄本是一种理想人物。一群人或一个人所崇拜的英雄其实就是他们的或他的人生理想的结晶。人生理想如忠孝节义智仁勇之类都是抽象概念，颇难捉摸，而人类心理习性常倾向于依附可捉摸的具体事例。英雄就是抽象的人生理想所实现的具体事例，他是一幅天然图画，大家都可以指着他向自己说："像那样的人才是我们所应羡慕而仿效的！"说到英勇，一般人印象也许很模糊，但是一般人都知道崇拜秦皇汉武，或是亚历山大和拿破仑。人人尽管知道忠义为美德，但是要一般人为忠义所感动，千言万语也抵不上一篇岳飞或文天祥的叙传。每个人，每个社会，都有他的特殊的人生理想；很显然的，也就有他的特殊英雄。哲学家的英雄是孔子和苏格拉底，宗教家的英雄是释迦牟尼和耶稣，侵略者的英雄是拿破仑，而资本家的英雄则为煤油大王和钢铁大王。行行出状元，就是行行有英雄。

人们所崇拜的英雄尽管不同，而崇拜的心理则无二致。这心理分析起来也很复杂。每个英雄必有确足令人钦佩之点，经得起理智衡量，不仅能引起盲目的崇拜。但是"崇拜"是宗教上的术语，既云崇拜，就不免带有几分宗教的迷信，就不免有几分盲目。英雄尽管有不足崇拜处，可是我们既然崇拜他，就只看得见他的长处，看不见他的短处。"爱而知其恶"就不是崇拜，崇拜是无限制的敬慕，有时甚至失去理性。西谚说："没有人是他的仆从的英雄。"因为亲信的仆从对主人看得太清楚。古代帝王要"深居简出"，实有一套秘诀在里面。在崇拜的心理中，情感的成分远过于理智的成分。英雄崇拜的缺点在此，因为它免不掉几分盲目的迷信；但是优点也正在此，因为它是敬贤向上心的表现。敬贤向上是人类心灵中最可宝贵的一点光焰，个人能上进，社会能改良，文化能进展，都全靠有它在烛照。英雄常在我们心中扇燃这一点光焰，常提醒我们人性尊严的意识，将我们提升到高贵境界。崇拜英雄就是崇拜他所特有的道德价值。世间只有几种人不能崇拜英雄：一是愚昧者，根本不能辨别好坏，一是骄矜妒忌者，自私的野心蒙蔽了一切，不愿看旁人比自己高一层，一是所谓"犬儒"（Cynics），轻世玩物，视一切无足道；最后就是丧尽天良者，毫无人性，自然也就没有人性中最高贵的虔敬心。这几种人以外，任何人都多少可以崇拜英雄，一个人能崇拜英雄，他多少还有上进的希望，因为他还有道德方面的价值意识。

崇拜英雄的情操是道德的，同时也是超道德的。所谓"超道德的"，就是美感的。太史公在《孔子世家》赞里说："高山仰止，景行行止，虽不能至，然心焉向往之。"这几句话写英雄崇拜的情绪最为精当。对着伟大人物，有如对着高山大海，使人起美学家所说的"崇高雄伟之感"（Sense of the sublime）。依美学家的分析，起崇高雄伟感觉时，我们突然间发现对象无限伟大，无形中自觉此身渺小，不免肃然起敬，慄然生畏，惊奇赞叹，有如发呆；但惊心动魄之余，就继以心领神会，物我同一而生命起交流，我们于不知不觉中吸收融会那一种伟大的气魄，而自己也振作奋发起来，仿佛在模仿它，努力提升到同样伟大的境界。对高山大海如此，对暴风暴雨如此，对伟大英雄也如此。崇拜英雄是好善也是审美。在人生胜境，善与美常合而为一，此其一例。

这种所描写的自然只是极境，在实际上英雄崇拜有深有浅，不一定都达到这种极境。但无论深浅，它的影响都大体是好的。社会的形成与维系都不外借宗教政治教育学术几种"文化"的势力。宗教起于英雄崇拜，卡莱尔已经详论过。世界中最宗教的民族要算希伯来人，读《旧约》的人们大概都明了希伯来也是一个最崇拜英雄的民族，政治的灵魂在秩序组织，而秩序组织的建立与维持必赖有领袖。一个政治团体里有领袖能号召，能得人心悦诚服，政治没有不修明的。极权国家固然需要独裁者，民主国家仍然需要独裁者，无论你给他一个什么名义。至于教育学术也都需要有人开风气之先。假想没有孔墨庄老几个哲人，中国学术思想还留在怎样一个地位！没有柏拉图、亚里士多德、笛卡儿、康德几位哲人，西方学术思想还留在怎样一个地位！如此类问题是颇耐人寻思的。俗话有一句说得有趣："山中无老虎，猴子称霸王。"阮步兵登广武曾发"时无英雄，遂令竖子成名"之叹。一个国家民族到了"猴子称霸王"或是"竖子成名"的时候，他的文化水准也就可想而见了。

学习就是模仿，人是最善于学习的动物，因为他是最善于模仿的动物。模仿必有模型，模型的美丑注定模仿品的好丑，所谓"种瓜得瓜，种豆得豆"。英雄（或是叫他"圣贤"，"豪杰"）是学做人的好模型。所以从教育观点看，我们主张维持一般人所认为过时的英雄崇拜。尤其在青年时代，意象的力量大于概念，与其向他们说仁义道德，不如指点几个有血有肉的具有仁义道德的人给他们看。教育重人格感化，必须是一个具体的人格才真正有感化力。

我们民族中从古至今，做人的好模型委实不少，可惜长篇传记不发达，许多伟大人物都埋在断简残篇里面，不能以全副面目活现于青年读者眼前。这个缺陷希望将来有史家去弥补。

学外语

季羡林

（一）

现在全国正弥漫着学外语的风气，学习的主要是英语，而这个选择是完全正确的。因为英语实际上已经成了一种世界语。学会了英语，几乎可以走遍天下，碰不到语言不通的困难。水平差的，有时要辅之以一点手势。那也无伤大雅，语言的作用就在于沟通思想。在一般生活中，思想决不会太复杂的。懂一点外语，即使有点洋泾浜，也无大碍，只要"老内"和"老外"的思想能够沟通，也就行了。

学外语难不难呢？有什么捷径呢？俗话说："天下无难事，只怕有心人。"所谓"有心人"，我理解，就是有志向去学习又肯动脑筋的人。高卧不起，等天上落下馅儿饼来的人是绝对学不好外语的，别的东西也不会学好的。

至于"捷径"问题，我想先引欧洲古代大几何学家欧几里德（也许是另一个人。年老昏聩，没有把握）对国王说的话："几何学里面没有御道！""御道"，就是皇帝走的道路。学外语也没有捷径，人人平等，都要付出劳动。市场卖的这种学习法、那种学习法，多不可信。什么方法也离不开个人的努力和勤奋。这些话都是老生常谈，但是，说一说决不会有坏处。

根据我个人经验，学外语学到百分之五六十，甚至七八十，也并不十分难。但是，我们不学则已，要学就要学到百分之九十以上，越高越好。不到这个水平你的外语是没有用的，甚至会出差子的。我这样说，同上面讲的并不矛盾。上面讲的只是沟通简单的思想，这里讲的却是治学、译书、做重要口译工作。现在市面上出售为数不太少的译本，错误百出，译文离奇。这些都是一些急功近利、水平极低而又懒得连字典都不肯查的译者所为。说句不好听的话，这些都是假冒伪劣的产品，应该归入严打之列的。

我常有一个比喻：我们这些学习外语的人，好像是一群鲤鱼，在外语的龙门下泼游。有天资肯努力的鲤鱼，经过艰苦的努力，认真钻研，锲而不舍，一不耍花招，二不找捷径，有朝一日风雷动，一跳跳过了龙门，从此变成了一条外语的龙，他就成了外语的主人，外语就为他所用。如果不这样做的话，则在龙门下游来游去，不肯努力，不肯钻研，就是游上一百年，他仍然是一条鲤鱼。如果是一条安分守己的鲤鱼，则还不至于害人。如果不安分守己，则必然堕入假冒伪劣之列，害人又害己。

做人要老实，学外语也要老实。学外语没有什么万能的窍门。俗语说："书山有路勤为径，学海无涯苦作舟。"这就是窍门。

（二）

前不久，我写过一篇《学外语》，限于篇幅，意犹未尽，现在再补充几点。

学外语与教外语有关，也就是与教学法有关，而据我所知，外语教学法国与国之间是不相同的，仅以中国与德国对比，其悬殊立见。中国是慢吞吞地循序渐进，学了好久，还不让学生自己动手查字典、读原著。而在德国，则正相反。据说十九世纪一位大语言学家说过："学外语犹如学游泳，把学生带到游泳池旁一一推下水去，只要淹不死，游泳就学会了，而淹死的事是绝无仅有的。"我学俄文时，教师只教我念了念字母，教了点名词变化和动词变化，立即让我们读果戈理的《鼻子》，天天拼命查字典，苦不堪言。然而学生的主动性完全调动起来了。一个学期，就念完了《鼻子》和一本教科书。实践是检验真理的唯一标准，德国的实践证明，这样做是有成效的。在那场空前的灾难中，当我被戴上种种莫须有的帽子时，有的"革命小将"批判我提倡的这种教学法是法西斯式的方法，使我欲哭无泪，欲笑不能。

我还想根据我的经验和观察在这里提个醒：那些已经跳过了外语龙门的学者们是否就可以一劳永逸地吃自己的老本呢？我认为，这吃老本的思想是非常危险的。一个简单的事实往往为人们所忽略，世界上万事万物无不在随时变化，语言何独不然！一个外语学者，即使已经十分纯熟地掌握了一门外语，倘若不随时追踪这一门外语的变化，有朝一日，他必然会发现自己已经落伍了，连自己的母语也不例外。一个人在外国呆久了，一旦回到故乡，即使自己"乡音未改"，然而故乡的语言，特别是词汇却有了变化，有时你会听不懂了。

我讲点个人的经验。当我在欧洲呆了将近十一年回国时，途经西贡和香港，从华侨和华人口中听到了"搞"这个字和"伤脑筋"这个词儿，就极使我"伤脑筋"。我出国之前没有听说过。"搞"字是一个极有用的字，有点像英文的 do。现在"搞"字已满天飞了。当我在八十年代重访德国时，走进了饭馆，按照四五十年前的老习惯，呼服务员为 hever ofer，他瞠目以对。原来这种称呼早已被废掉了。

因此，我就想到，不管你今天外语多么好，不管你是一条多么精明的龙，你必须随时注意语言的变化，否则就会出笑话。中国古人说："学如逆水行舟，不进则退。"要时刻记住这句话。我还想建议：今天在大学或中学教外语的老师，最好是每隔五年就出国进修半年，这样才不至为时代抛在后面。

（三）

前不久，我在《夜光杯》上发表了两篇谈学习外语的千字文，谈了点个人的体会，卑之无甚高论，不意竟得了一些反响。有的读者直接写信给我，有的写信给《夜光杯》的编辑。看来非再写一篇不行了。我不可能在一篇短文中答复所有的问题。我现在先对上海胡英琼同志提出的问题说一点个人的意见，这意见带有点普遍意义，所以仍占《夜光杯》的篇幅。

我在上述两篇千字文中提出的意见，归纳起来，不出以下诸端：第一，要尽快接触原文，不要让语法缠住手脚，语法在接触原文过程中逐步深化。第二，天资与勤奋都需要，而后者占绝大的比重。第三，不要妄想捷径，外语中没有"御道"。

学习了英语再学第二外语德语，应该说是比较容易的。英语和德语同一语言系属，语法前者表面上简单，熟练掌握颇难；后者变化复杂，特别是名词的阴、阳、中三性，记得极为麻烦，连本国人都头痛。背单词时，要连同词性 der、die、das 一起背，不能像英文那样只背单词。发音则英文极难，英文字典必须使用国际音标。德文则一字一音，用不着国际音标。

学习方法仍然是我讲的那一套：尽快接触原文，不惮勤查字典，懒人是学不好任何外语的，连本国语也不会学好。胡英琼同志的具体情况和具体要求，我完全不清楚。信中只谈到德文科技资料，大概胡同志目前是想集中精力攻克这个难关。

我想斗胆提出一个"无师自通"的办法，供胡同志和其他读者参考。你只需要找一位通德语的人，用上两三个小时，把字母读音学好。从此你就可以丢掉老师这个拐棍，自己行走了。你找一本有可靠的汉文译文的德文科技图书，伴之以一本浅易的德文语法。先把语法了解个大概的情况，不必太深入，就立即读德文原文，字典反正不能离手，语法也放在手边。一开始必然如堕入五里雾中。读不懂，再读，也许不止一遍两遍。等到你认为对原文已经有了一个大概的了解，为了验证自己了解的正确程度，只是到了此时，才把那一本可靠的译本拿过来，看看自己了解得究竟如何。就这样一页页读下去，一本原文读完了，再加以努力，你慢慢就能够读没有汉译本的德文原文了。

科技名词，英德颇有相似之处，记起来并不难，而且一般说来，科技书的语法都极严格而规范，不像文学作品那样不可捉摸。我为什么再三说"可靠的"译本呢？原因极简单，现在不可靠的译本太多太多了。

1997 年 3 月 27 日

漫谈撒谎

季羡林

（一）

世界上所有的堂堂正正的宗教，以及古往今来的贤人哲士，无不教导人们：要说实话，不要撒谎。笼统来说，这是无可非议的。

最近读日本稻盛和夫、梅原猛著，卞立强译的《回归哲学》，第四章，梅原和稻盛两人关于不撒谎的议论。梅原说："不撒谎是最起码的道德。自己说过的事要实行，如果错了就说错了——我希望现在的领导人能做到这样最普通的事。苏格拉底可以说是最早的哲学家，在苏格拉底之前有些人自称是诡辩家、智者。所谓诡辩家，就是能把白的说成黑的，站在 A 方或反 A 方同样都可以辩论。这样的诡辩家教授辩论术，曾经博得人们欢迎。原因是政治需要颠倒黑白的辩论术。"

在这里，我想先对梅原的话加上一点注解。他所说的"现在领导人"，指的是像日本这样国家的政客。他所说的"政治需要颠倒黑白的辩论术"，指的是古代希腊的政治。

梅原在下面又说："苏格拉底通过对话揭露了掌握这种辩论术的诡辩家的无智。因而他宣称自己不是诡辩家，不是智者，而是'爱智者'。这是最初的哲学。我认为哲学家应当回归其原点，恢复语言的权威。也就是说，道德的原点是'不撒谎'……不撒谎是道德的基本和核心。"

梅原把"不撒谎"提高到"道德原点"的高度，可见他对这个问题是多么重视。我们且看一看他的对话者稻盛是怎样对待这个问题的。稻盛首先表示同意梅原的意见。可是，随后他就撒谎问题作了一些具体的分析。他讲到自己的经历，他说，有一个他敬仰的颇有点浪漫气息的人对他说："稻盛，不能说假话，但也不必说真话。"他听了这话，简直高兴得要跳起来。接着他就写了下面一段话："我从小父母也是严格教导我不准撒谎。我当上了经营的负责人之后，心里还是这么想：说谎可不行啊！可是，在经营上有关企业的机密和人事等问题，有时会出现很难说真话的情况。我想我大概是为这些难题苦恼时而跟他商量的。他的这种回答在最低限度上贯彻了'不撒谎'的态度，但又不把真实情况和盘托出，这样就可以求得局面的打开。"

上面我引用了两位日本朋友的话，一位是著名的文学家，一位是著名的企业家。他们俩都在各自的行当内经过了多年的考验磨炼，都富于人生经验。他们的话对我们会有启发的。我个人觉得，稻盛引用的他那位朋友的话："不能说假话，但也不必说真话。"最值得我们深思。我的意思就是，对撒谎这类社会现象，我们要进行细致的分析。

（二）

我们中国的父母，同日本稻盛的父母一样，也总是教导子女：不要撒谎。可怜天下父母心，总希望自己的子女能做一个堂堂正正的人，一个诚实可靠的人。如果子女撒谎成性，就觉得自己脸面无光。

不但父母这样教导，我们从小受教育也接受这样要诚实、不撒谎的教育。我记得小学教科书上讲了一个故事，内容是："一个牧童在村外牧羊，有一天忽然想出了一个坏点子，大声狂呼：'狼来了！'村里的人听到呼声，都争先恐后地拿上棍棒，带上斧刀，跑往村外，到了牧童所在的地方，那牧童却哈哈大笑，看到别人慌里慌张，觉得很开心，又很得意。谁料过了不久，果真有狼来了，牧童再狂呼时，村里的人却毫无动静，他们上当受骗一次，不想再蹈覆辙。"牧童的结果怎样，就用不着再说了。

所有这一些教导都是好的，但是也有一个共同的缺点，就是缺乏分析。

上面我说到，稻盛对撒谎问题是进行过一些分析的。同样，几百年前的法国大散文家蒙田（1533—1592），对撒谎问题也是作过分析的。在《蒙田随笔》上卷第九章《论撒谎者》，蒙田写道："有人说，感到自己记性不好的人，休想成为撒谎者，这样说不无道理。我知道，语法学家对说假话和撒谎是作区别的。他们说，说假话是指说不真实的，但却信以为真的事，而撒谎一词源于拉丁语（我们的法语就源于拉丁语）。这个词的定义包含违背良智的意思，因此只涉及那些言与心违的人。"

大家一琢磨就能够发现，同样是分析，但日本朋友和蒙田的着眼点和出发点，都是不同的。其间区别是相当明显的，用不着再来啰唆。

记得鲁迅先生有一篇文章，讲的是一个阔人生子庆祝，宾客盈门，竞相献媚。有人说：此子将来必大富大贵。主人喜上眉梢。又有人说，此子将来必长命百岁。主人乐在心头。忽然有一个人说：此子将来必死。主人怒不可遏。但是，究竟谁说的是实话呢？

写到这里，我自己想对撒谎问题来进行点分析。我觉得，德国人很聪明，他们有一个词儿 noduege，意思是"出于礼貌而不得不撒的谎"。一般说来，不撒谎应该算是一种美德，我们应该提倡。但是不能顽固不化。假如你被敌人抓了去，完全说实话是不道德的，而撒谎则是道德的。打仗也一样。我们古人说"兵不厌诈"，你能说这是不道德吗？我想，举了这两个小例子，大家就可以举一反三了。

1996 年 12 月 7 日

东西人的教育之不同

梁漱溟

十年岁杪，借年假之暇，赴山西讲演之约，新年一月四日，在省垣阳曲小学为各小学校教职员诸君谈话如此。《教育杂志》主编者李石岑先生来征文，仓卒无以应；姑即以此录奉。稿为陈仲瑜君笔记。

记得辜鸿铭先生在他所作批评东西文化的一本书——所谓《春秋大义》里边说到两方人教育的不同。他说：西洋人入学读书所学的一则曰知识，再则曰知识，三则曰知识；中国人入学读书所学的是君子之道。这话说得很有趣，并且多少有些对处。虽然我们从前那种教人作八股文章算得教人以君子之道否，还是问题；然而那些材料——《论语》《孟子》《大学》《中庸》——则是讲的君子之道。无论如何，中国人的教育总可以说是偏乎这么一种意向的。而西洋人所以教人的，除近来教育上的见解不计外，以前的办法尽是教给人许多知识：什么天上几多星，地球怎样转……现在我们办学校是仿自西洋，所有讲的这许多功课都是几十年前中国所没有，全不曾以此教人的；而中国书上那些道理也仿佛为西洋教育所不提及。此两方教育各有其偏重之点是很明的。大约可以说，中国人的教育偏着在情志的一边，例如孝弟……之教；

西洋人的教育偏着知的一边，例如诸自然科学……之教。这种教育的不同，盖由于两方文化的路径根本异趣；它只是两方整个文化不同所表现出之一端。此要看我的《东西文化及其哲学》便知。昨天到督署即谈到此。有人很排斥偏知的教育，有人主张二者不应偏废。这不可偏废自然是完全的合理的教育所必要。

我们人一生下来就要往前生活；生活中第一需要的便是知识。即如摆在眼前的这许多东西，哪个是可吃，那个是不可吃，哪是滋养，哪是有毒……都需要知道，否则，你将怎么去吃呢？若都能知道，即为具有这一方面的知识，然后这一小方面的生活才对付的下去。吾人生活各方面都要各有其知识或学术才行，学问即知识之精细确实贯串成套者。知识或学问，也可出于自家的创造——由个人经验推理而得，也可以从旁人指教而来——前人所创造的教给后人。但知识或学问，除一部分纯理科学如数理论理而外，大多是必假经验才得成就的；如果不走承受前人所经验而创造的一条路，而单走个人自家的创造一路，那一个人不过几十年，其经验能有几何？待其经验，一个人已要老死了，再来一个人又要从头去经验。这样安得有许多学问产生出来？安得有人类文明的进步？所谓学问，所谓人类文明的进步，实在是由前人的创造教给后人，如是继续开拓深入才得有的。无论是不假经验的学问，或必假经验的学问都是如此；而必假经验的学问则尤其必要。并且一样一样都要亲自去尝试阅历而后知道如何对付，也未免太苦、太不经济，绝无如是办法。譬如小孩子生下来，当然不要他自去尝试哪个可吃，哪个不可吃，而由大人指教给他。所以无论教育的意义如何，知识的授受总不能不居教育上最重要的一端。西洋人照他那文化的路径，知识方面成就的最大，并且容易看得人的生活应当受知识的指导，从苏格拉底一直到杜威的人生思想都是如此。其结果也真能做到各方面的生活都各有其知识，而生活莫不取决于知识，受知识的指导，——对自然界的问题就有诸自然科学为指导，对社会人事的问题就有社会科学为指导。这虽然也应当留心他的错误，然自其对的一面去说，则这种办法确乎是对的。中国人则不然：从他的脾气，在无论哪一项生活都不喜欢准据于知识；而且照他那文化的路径，于知识方面成就得最鲜，也无可为准据者。其结果几千年到现在，遇着问题——不论大小难易——总是以个人经验、意见、心思、手腕为对付。即如医学，算是有其专门学问了。而其实，在这上边尤其见出他们只靠着个人的经验、意见、心思、手腕去应付一切。中国医生没有他准据的药物学，他只靠着他用药开单的经验所得；他没有他准据病理学、内科学，他只靠着他临床的阅历所得。由上种种情形互相因果，中国的教育很少是授人以知识，西洋人的教育则多是授人以知识。但人类的生活应当受知识的指导，也没有法子不受知识的指导；没有真正的知识，所用的就只是些不精细不确实未得成熟贯串的东西。所以就这一端而论，不能说不是我们中国人生活之缺点。若问两方教育的得失，则西洋于此为得，中国于此为失。以后我们自然应当鉴于前此之失，而于智慧的启牖、知识的授给加意。好在自从西洋派教育输入，已经往这一边去做了。

情志一面之教育根本与知的一面之教育不同，即如我们上面所说知的教育之所必要，在情意一面则乌有。故其办法亦即不同。知的教育固不仅为知识的授给，而尤其着意智慧的启牖。然实则无论如何，知识的授给，终为知的教育最重要之一端；此则与情意的教育截然不同之所在也。智慧的启牖，其办法与情志教育或不相远；至若知识的授给，其办法与情志教育乃全不相应。盖情志是本能，所谓不学而能，不虑而知的，为一个人生来所具有无缺欠者，不同乎知识为生来所不具有；为后天所不能加进去者，不同乎知识悉从后天得来（不论出于自家的创造或承受前人，均为从外面得来的、后加进去的）。既然这样，似乎情志既不待教育，亦非可教育者。此殊不然。生活的本身全在情志方面，而知的一边——包括固有的智慧与后天的知识——只是生活之工具。工具弄不好，固然生活弄不好，生活本身（即情志方面）如果没有弄得妥帖恰好，则工具虽利将无所用之，或转自贻戚；所以情志教育更是根本的。这就是说，怎样要生活本身弄得恰好是第一个问题；生活工具的讲求固是必要，无论如何不能不居于第二个问题。

所谓教育不但在智慧的启牖和知识的创造授受，尤在调顺本能使生活本身得其恰好。本能虽不待教给、非可教给者，但仍旧可以教育的，并且很需要教育。因为本能极容易搅乱失宜，即生活很难妥帖恰好，所以要调理它得以发育活动到好处；这便是情志的教育所要用的工夫，——其工夫与智慧的启牖或近，与知识的教给便大不同。从来中国人的教育很着意于要人得有合理的生活，而极顾虑情志的失宜，从这一点论，自然要算中国的教育为得，而西洋人忽视此点为失。盖西洋教育着意生活的工具，中国教育着意生活本身，各有所得，各有所失也。然中国教育虽以常能着意生活本身故谓为得，却是其方法未尽得宜。盖未能审察情的教育与知的教育之根本不同，常常把教给知识的方法用于情志教育。譬如大家总好以干燥无味的办法，给人以孝弟忠信等教训，如同教给他知识一般。其实这不是知识，不能当作知识去授给他；应当从怎样使他那为这孝弟忠信所从来之根本（本能）得以发育活动，则他自然会孝弟忠信。这种干燥的教训只注入知的一面，而无甚影响于其根本的情志。则生活行事仍旧不能改善合理。人的生活行动在以前大家都以为出于知的方面，纯受知识的支配，所以苏格拉底说知识即道德；谓人只要明白，他做事就对。这种意思，直到如今才由心理学的进步给它一个翻案。原来人的行动不能听命于知识的。孝弟忠信的教训，差不多即把道德看成知识的事。我们对于本能只能从旁去调理它、顺导它、培养它，不要妨害它、搅乱它，如是而已。譬如孝亲一事，不必告诉他长篇大套的话，只须顺着小孩子爱亲的情趣，使他自由发挥出来便好。爱亲是他自己固有的本能，完全没有听过孝亲的教训的人，即能由此本能而知孝亲；听过许多教训的人，也许因其本能受妨碍而不孝亲。在孔子便不是以干燥之教训给人的；他根本导人以一种生活。而借礼乐去调理情志。但是到后来，孔子的教育不复存在，只剩下这种干燥教训的教育法了。这也是我们以后教育应当知所鉴戒而改正的。还有教育上常喜欢借赏罚为手段去改善人的生活行为，这是极不对的。赏罚是利用人计较算账的心理而支配他的动作：便使情志不得活动，妨害本能的发挥；强知方面去做主，根本搅乱了生活之顺序。所以这不但是情志的教育所不宜,而且有很坏的影响。因为赏罚而去为善或不作恶的小孩,我以为根本不可教的;能够反抗赏罚的,是其本能力量很强,不受外面的搅乱,倒是很有希望的。

给差一点错过的梦想

　　大师们对学生们的未来有诸多的希望，他们希望青年们能够真正学以致用，能够真正成为有理想的人，能够在未来的人生路上执着地追求梦想！请你继续努力，为了不能荒废的时光，为了不愿放弃的梦想，为了那个未来闪光的自己！

赠予今年的大学毕业生

胡适

这一两个星期里，各地的大学都有毕业的班次，都有很多的毕业生离开学校去开始他们的成人事业。学生的生活是一种享有特殊优待的生活，不妨幼稚一点，不妨吵吵闹闹，社会都能纵容他们，不肯严格地要他们负行为的责任。现在他们要撑起自己的肩膀来挑他们自己的担子了。在这个国难最紧急的年头，他们的担子真不轻！我们祝他们成功，同时也不忍不依据我们自己的经验，赠予他们几句送行的赠言——虽未必是救命毫毛，也许作个防身的锦囊罢！

你们毕业之后，可走的路不出这几条：绝少数的人还可以在国内或国外的研究院继续作学术研究；少数的人可以寻着相当的职业；此外还有做官，办党，革命三条路；此外就是在家享福或者失业闲居了。第一条继续求学之路，我们可以不讨论。走其余几条路的人，都不能没有堕落的危险。堕落的方式很多，总括起来，约有这两大类：

第一是容易抛弃学生时代的求知识的欲望。你们到了实际社会里，往往所用非所学，往往所学全无用处，往往可以完全用不着学问，而一样可以胡乱混饭吃，混官做。在这种环境里，即使向来抱有求知识学问的决心的人，也不免心灰意懒，把求知的欲望渐渐冷淡下去。况且学问是要有相当的设备的；书籍，试验室，师友的切磋指导，闲暇的工夫，都不是一个平常要糊口养家的人所能容易办到的。没有做学问的环境，又谁能怪我们抛弃学问呢？

第二是容易抛弃学生时代的理想的人生的追求。少年人初次与冷酷的社会接触，容易感觉理想与事实相去太远，容易发生悲观和失望。多年怀抱的人生理想，改造的热诚，奋斗的勇气，到此时候，好像全不是那么一回事。渺小的个人在那强烈的社会炉火里，往往经不起长时期的烤炼就熔化了，一点高尚的理想不久就幻灭了。抱着改造社会的梦想而来，往往是弃甲曳兵而走，或者做了恶势力的俘虏。你在那俘虏牢狱里，回想那少年气壮时代的种种理想主义，好像都成了自误误人的迷梦！从此以后，你就甘心放弃理想人生的追求，甘心做现成社会的顺民了。

要防御这两方面的堕落，一面要保持我们求知识的欲望，一面要保持我们对于理想人生的追求。有什么好法子呢？依我个人的观察和经验，有三种防身的药方是值得一试的。

第一个方子只有一句话："总得时时寻一两个值得研究的问题！"问题是知识学问的老祖宗；古往今来一切知识的产生与积聚，都是因为要解答问题——要解答实用上的困难或理论上的疑难。所谓"为知识而求知识"，其实也只是一种好奇心追求某种问题的解答，不过因为那种问题的性质不必是直接应用的，人们就觉得这是"无所为"的求知识了。我们出学校之后，离开了做学问的环境，如果没有一个两个值得解答的疑难问题在脑子里盘旋，就很难继续保持追求学问的热心。可是，如果你有了一个真有趣的问题天天逗你去想他，天天引诱你去解决他，天天对你挑衅笑你无可奈何他——这时候，你就会同恋爱一个女子发了疯一样，坐也坐不下，睡也睡不安，没工夫也得偷出工夫去陪她；没钱也得搏衣节食去巴结她。没有书，你自会变卖家私去买书；没有仪器，你自会典押衣服去置办仪器；没有师友，你自会不远千里去寻师访友。你只要能时时有疑难问题来逼你用脑子，你自然会保持发展你对学问的兴趣，即使在最贫乏的知识环境中，你也会慢慢地聚起一个小图书馆来，或者设置起一所小试验室来。所以我说：第一要寻问题。脑子里没有问题之日，就是你的知识生活寿终正寝之时！古人说："待文王而兴者，凡民也。若夫豪杰之士，虽无文王犹兴。"试想伽利略（Galileo）和牛顿（Newton）有多少藏书？有多少仪器？他们不过是有问题而已。有了问题而后，他们自会造出仪器来解答他们的问题。没有问题的人们，关在图书馆里也不会用书，锁在试验室里也不会有什么发现。

第二个方子也只有一句话："总得多发展一点非职业的兴趣。"离开学校之后，大家总得寻个吃饭的职业。可是你寻得的职业未必就是你所学的，或者未必是你所心喜的，或者是你所学而实在和你的性情不相近的。在这种状况之下，工作就往往成了苦工，就不感觉兴趣了。为糊口而作那种"非性之所近而力之所能勉"的工作，就很难保持求知的兴趣和生活的思想主义。最好的救济方法只有多多发展职业以外的正当兴趣与活动。一个人应该有他的职业，又应该有他的非职业的玩意儿，可以叫做业余活动。凡一个人用他的闲暇来做的事业，都是他的业余活动。往往他的业余活动比他的职业还更重要，因为一个人的前程往往全靠他怎样用他的闲暇时间。他用他的闲暇来打麻将，他就成个赌徒；你用你的闲暇来做社会服务，你也许成个社会改革者；或者你用你的闲暇去研究历史，你也许成个史学家。你的闲暇往往定你的终身。英国十九世纪的两个哲人，弥尔（J.S.Mill）终身做东印度公司的秘书，然而他的业余工作使他在哲学上、经济学上、政治思想史上都占一个很高的位置；斯宾塞（Spencer）是一个测量工程师，然而他的业余工作使他成为前世纪晚期世界思想界的一个重镇。古来成大学问的人，几乎没有一个不是善用他的闲暇时间的。特别在这个组织不健全的中国社会，职业不容易适合我们性情，我们要想生活不苦痛或不堕落，只有多方发展业余的兴趣，使我们的精神有所寄托，使我们的剩余精力有所施展。有了这种心爱的玩意儿，你就做六个钟头的抹桌子工夫也不会感觉烦闷了，因为你知道，抹了六个钟头的桌子之后，你可以回家去做你的化学研究，或画完你的大幅山水，或写你的小说戏曲，或继续你的历史考据，或做你的社会改革事业。你有了这种称心如意的活动，生活就不枯寂了，精神也就不会烦闷了。

第三个方子也只有一句话："你总得有一点信心。"我们生当这个不幸的时代，眼中所见，耳中所闻，无非是叫我们悲观失望的。特别是在这个年头毕业的你们，眼见自己的国家民族沉沦到这步田地，眼看世界只是强权的世界，望极天边好像看不见一线的光明——在这个年头不发狂自杀，已算是万幸了，怎么还能够希望保持一点内心的镇定和理想的信任呢？我要对你们说：这时候正是我们要培养我们的信心的时候！只要我们有信心，我们还有救。古人说："信心（Faith）可以移山。"又说："只要功夫深，生铁磨成绣花针。"你不信吗？当拿破仑的军队征服普鲁士占据柏林的时候，有一位穷教授叫作菲希特（Fichte）的，天天在讲堂上劝他的国人要有信心，要信仰他们的民族是有世界的特殊使命的，是必定要复兴的。菲希特死的时候（1814），谁也不能预料德意志统一帝国何时可以实现。然而不满五十年，新的统一的德意志帝国居然实现了。

一个国家的强弱盛衰，都不是偶然的，都不能逃出因果的铁律的。我们今日所受的苦痛和耻辱，都只是过去种种恶因种下的恶果。我们要收将来的善果，必须努力种现在的新因。一粒一粒的种，必有满仓满屋的收，这是我们今日应该有的信心。

我们要深信：今日的失败，都由于过去的不努力。

我们要深信：今日的努力，必定有将来的大收成。

佛典里有一句话："福不唐捐。"唐捐就是白白地丢了。我们也应该说："功不唐捐！"没有一点努力是会白白地丢了的。在我们看不见想不到的时候，在我们看不见想不到的方向，你瞧！你下的种子早已生根发叶开花结果了！

你不信吗？法国被普鲁士打败之后，割了两省地，赔了五十万万法郎的赔款。

这时候有一位刻苦的科学家巴斯德（Pasteur）终日埋头在他的试验室里做他的化学试验和微菌学研究。他是一个最爱国的人，然而他深信只有科学可以救国。他用一生的精力证明了三个科学问题：（1）每一种发酵作用都是由于一种微菌的发展；（2）每一种传染病都是由于一种微菌在生物体中的发展；（3）传染病的微菌，在特殊的培养之下，可以减轻毒力，使它从病菌变成防病的药苗。——这三个问题，在表面上似乎都和救国大事业没有多大的关系。然而从第一个问题的证明，巴斯德定出做醋酿酒的新法，使全国的酒醋业每年减除极大的损失。从第二个问题的证明，巴斯德教全国的蚕丝业怎样选种防病，教全国的畜牧农家怎样防止牛羊瘟疫，又教全世界的医学界怎样注重消毒以减除外科手术的死亡率。从第三个问题的证明，巴斯德发明了牲畜的脾热瘟的疗治药苗，每年替法国农家减除了二千万法郎的大损失；又发明了疯狗咬毒的治疗法，救济了无数的生命。所以英国的科学家赫胥黎（Huxley）在皇家学会里称颂巴斯德的功绩道："法国给了德国五十万万法郎的赔款，巴斯德先生一个人研究科学的成绩足够还清这一笔赔款了。"

巴斯德对于科学有绝大的信心，所以他在国家蒙奇辱大难的时候，终不肯抛弃他的显微镜与试验室。他绝不想他的显微镜底下能偿还五十万万法郎的赔款，然而在他看不见想不到的时候，他已收获了科学救国的奇迹了。

朋友们，在你最悲观最失望的时候，那正是你必须鼓起坚强的信心的时候。你要深信：天下没有白费的努力。成功不必在我，而功力必不唐捐。

（1932 年 6 月给北京大学毕业生的讲话）

有志气的孩子，总应该往吃苦路上走

【与思顺书 1928 年 6 月 19 日】

梁启超

思顺：

这几天天天盼你的安电，昨天得到一封外国电报以为是了，打开来却是思成的，大概三五天内，你的好消息也该到哩。

天津这几天在极混乱极危急中，但住在租界里安然无事，我天天照常地读书玩耍，却像世外桃源一般。

我的病不知不觉间已去得无影无踪了，并没有吃药及施行何种治疗，不知怎样竟自己会好了。中间因着凉，右膀发痛（也是多年前旧病），牵动着小便也红了几天，膀子好后，那老病也跟着好了。

近日最痛快的一件事，是清华完全摆脱，我要求那校长在他自己辞职之前先批准我辞职，已经办妥了。在这种形势之下，学生也不再来纠缠，我从此干干净净，虽十年不到北京，也不发生什么责任问题，精神上很是愉快。

思成回来的职业，倒是问题，清华已经替他辞掉了，东北大学略已定局，唯现在奉天前途极混沌，学校有无变化，殊不可知，只好随遇而安吧，好在他虽暂时不得职业，也没甚要紧。

你们的问题，早晚也要发生，但半年几个月内，怕还顾不及此，你们只好等他怎么来怎么顺应便是了。

我这几个月来生活很有规则，每天九时至十二时、三时至五时做些轻微而有趣的功课，五时以后照例不挨书桌，晚上总是十二点以前上床，床上看书不能免，有时亦到两点后乃睡着，但早上仍起得不晚。

以上两纸几天以前写的，记不得日子了。

十九日记

三天前得着添丁喜安电，合家高兴之至，你们盼望添个女孩子，却是王姨早猜定是男孩子，她的理由说是你从前脱掉一个牙，便换来一个男孩，这回脱两个牙，越发更是男孩，而且还要加倍有出息，这些话都不管它。这个饱受"犹太式胎教"的孩子，还是男孩好些，将来一定是个陶朱公。

这回京津意外安谧，总算万幸，天津连日有便衣队滋扰，但闹不出大事来，河北很遭殃（曹武家里也抢得精光），租界太便宜了。

思永关在北京多天，现在火车已通，廷灿、阿时昨今先后入京，思永再过两三天就回来，回来后不再入京，即由津准备行程了。

王姨天天兴高采烈地打扮新房，现在竟将旧房子全部粉饰一新了（全家沾新人的光），这么一来，约也花千元内外。

奉天形势虽极危险，但东北大学决不致受影响，思成聘书已代收下，每月薪金二百六十五元（系初到校教员中之最高额报酬）。那边建筑事业将来有大发展的机会，比温柔乡的清华园强多了。但现在总比不上在北京舒服，不知他们夫妇愿意不（尚未得他信，他来信总是很少）。我想有志气的孩子，总应该往吃苦路上走。

思永准八月十四由哈尔滨动身，九月初四可到波士顿，届时决定抽空来坎一行。

家用现尚能敷衍，不消寄来，但日内或者须意外之费五千元，亦未可知（因去年在美国赔款额内补助我一件事业，原定今年还继续一年，若党人不愿意，我便连去年的也退还他），若需用时，电告你们便是。

我的旧病本来已经好清楚了两个多月，这两天内忽然又有点发作（但很轻微），因为批阅清华学生成绩，一连赶了三天，便立刻发生影响，真是逼着我做纯粹的老太爷生活了。现在功课完全了结（对本年的清华总算全始全终），再好生将养几天，一定会复原的。

六月十九日爹爹

我对未来教育的几点希望

季羡林

教育为立国之本，这是中国两千多年来的历代王朝都执行的根本大法。在封建社会，帝王的所作所为，无一不是为了巩固统治，教育亦然。然而，动机与效果往往不能完全统一。不管他们的动机如何，效果却是为我们国家培养了一批批人才，使我国优秀文化传承几千年而未中断。

今天，时移世迁，已经换了人间。教育为立国之本的思想，深入人心。我们政府提出了科教兴国的方针，受到了全国人民的热烈拥护。把教育的重要性提高到兴国的高度，可以说前承千年传统，后开万世太平。特别是在今天知识经济正在勃然兴起的大时代中，教育更有其独特的意义。知识经济以智力开发、知识创新为第一要素，不大力振兴教育，焉能达到这个宏伟的目标？但是，我要讲一句实话，我们的振兴教育，谈论多于行动。别的例子先不举，只举一个教育经费在国民总收入中所占的百分比之低，就很清楚了。我们教育所占的百分比，不但低于发达国家，在发展中国家中也是比较低的。这让很多人难以理解。我们国家正在努力建设，用钱的地方很多，这一点谁都理解，没有人想苛求；但是，既然把教育的重要性提高到那样的高度，教育经费却又不提高，报纸上再三辩解，实难令人信服。现在，据我了解所及，全国各类学校经费来源十分庞杂，贫富不均的程度颇为严重。大学的党委书记和校长，主要任务是"找钱"，连系主任的主要任务也是"创收"。如果创入不力或不利，奖金发不出去，全系教员就很难团结好。学校的根本任务是教学和科研，是出人才，出成果。现在却舍本而逐末，这样办教育，欲求兴国，盖亦难矣。因此，我对未来教育的第一个希望就是切切实实地增加教育经费。

我的第二个希望是重视大、中、小学生的人文素质教育和伦理道德教育。现在我们中华民族的一般道德水平，实不能尽如人意。年轻的学生在这个大气候下，思想水平也不够高。他们对世界，对人生的看法，在像我这样的思想保守的老顽固眼中，有时实在难以理解，现在，全世界正处在一个巨大转变中，每个人都会受到影响的，特别是青年人，他们敏感易变，受的影响更大。日本据说有一个新名词"新人类"，可见青老代沟之深。中国也差不多。我在中外大学里待了一辈子；可是对眼前中国大学生的思想、情感等，却越来越感到陌生。他们的一些想法和做法，有时候让我目瞪口呆。在我眼中，有些青年人也仿佛成了"新人类"了。

救之之法，除了教育以外，实在也难想出别的花招。根据我的了解，现在大学里的思想教育课，很难说是成功的。一上政治课，师生两苦，教员讲起来乏味，学生听起来无味。长此以往，不知伊于胡底！

我个人认为，抓学生思想教育，应该从小学抓起。回想我当年上小学时，有两门课很感兴趣，一门叫作公民或者修身，一门叫作乡土。后一门专讲本地的山川、人物、风土、人情。近在眼前，学生听起来有趣又愿听。讲爱国从爱乡开始，是一个好办法。

至于公民这一门课，则讲的都是极简单的处世做人的道理，比如热爱祖国，孝顺父母，尊敬老师，和睦同学；讲真话，不说谎话；干好事，不做坏事；讲公德，不能自私；帮助别人，不坑害别人；要谦虚，不能骄傲，等等，等等，都是些平常的伦理规范。听说现在教小学生也先讲唯心与唯物，存在与意识，物质与精神，小学生莫名其妙，只能硬背。这能收到什么效果呢？显而易见，什么好效果也是收不到的。到了中学和大学，依然是这一套，结果就是我在上面说到的师生两难。现在全国都在谈要重视学生的素质教育，足见这个问题已经引起了广泛的注意。这无疑是一个好现象。但是，我总觉得，空谈无补于实际，当务之急是采取适当的行动，才能走出目前的困境。

我对未来教育的希望，当然不只这两点。但限于目前的时间，我只能先提出这两点来，供有关人士，特别是政府主管教育的部门参考，一得之愚，也许还有可取之处吧。

大学生选择科系的标准（节选）

胡适

校长、主席、各位同学：

记得四十八年前，我考取了官费出洋，我的哥哥特地从东三省赶到上海为我送行，临行时对我说：我们的家早已破坏中落了，你出国要学些有用之学，帮助复兴家业，重振门楣。他要我学开矿或造铁路，因为这是比较容易找到工作的，千万不要学些没用的文学、哲学之类没饭吃的东西。我说好的，船就要开了。那时和我一起去美国的留学生共有七十人，分别进入各大学。在船上我就想，开矿没兴趣，造铁路也不感兴趣，于是只好采取调和折中的办法，要学有用之学。当时康奈尔大学有全美国最好的农学院，于是就决定进去学科学的农学，也许对国家社会有点贡献吧！那时进康大的原因有二：一是康大有当时最好的农学院，且不收学费，而每个月又可获得八十元的津贴；我刚才说过，我家破了产，母亲待养，那时我还没结婚，一切从俭，所以可将部分的钱拿回养家。另一是我国有百分之八十的人是农民，将来学会了科学的农业，也许可以有益于国家。

入校后头一星期就突然接到农场实习部的信，叫我去报到。那时教授便问我："你有什么农场经验？"我答："没有。""难道一点都没有吗？""要有嘛，我的外公和外婆，都是道地的农夫。"教授说："这与你不相干。"

我又说："就是因为没有，才要来学呀！"后来他又问："你洗过马没有？"我说："没有。"我就告诉他中国人种田是不用马的。于是老师就先教我洗马，他洗一面，我洗另一面。他又问我会套车吗，我说也不会。于是他又教我套车，老师套一边，我套一边，套好跳上去，兜一圈子。接着就到农场做选种的实习工作，手起了泡，但仍继续忍耐下去。"农复会"的沈宗瀚先生写一本《克难苦学记》，要我为他作一篇序，我也就替他做一篇很长的序。我们那时学农的人很多，但只有沈宗瀚先生赤过脚下过田，是唯一确实有农场经验的人。学了一年，成绩还不错，功课都在八十五分以上。第二年我就可以多选两个学分，于是我就选种果学，即种苹果学，分上午讲课与下午实习。上课倒没有什么，还甚感兴趣；下午实验，走入实习室，桌上有各色各样的苹果三十个，颜色有红的、有黄的、有青的……形状有圆的、有长的、有椭圆的、有四方的……要照看一本手册上的标准，去定每一苹果的学名，蒂有多长？花是什么颜色？肉是甜是酸？是软是硬？弄了两个小时。弄了半个小时一个都弄不了，满头大汗，真是冬天出大汗。抬头一看，呀！不对头，那些美国同学都做完跑光了，把苹果拿回去吃了。他们不需剖开，因为他们比较熟悉，查查册子后面的普通名词就可以定学名，在他们是很简单。我只弄了一半，一半又是错的。回去就自己问自己学这个有什么用？要是靠当时的活力与记性，用上一个晚上来强记，四百多个名字都可以记下来应付考试。但试想有什么用呢？那些苹果在我国烟台也没有，青岛也没有，安徽也没有……我认为科学的农学无用了，于是决定改行。那时正是民国元年，国内正在革命的时候，也许学别的东西更有好处。

那么，转系要以什么为标准呢？依自己的兴趣呢？还是看社会的需要？我年轻时候留学日记有一首诗，现在我也背不出来了。我选课用什么做标准？听哥哥的话？看国家的需要？还是凭自己？只有两个标准：一个是"我"；一个是"社会"。看看社会需要什么？国家需要什么？中国现代需要什么？但这个标准——社会上三百六十行，行行都需要，现在可以说三千六百行，从诺贝尔得奖人到修理马桶的，社会都需要，所以社会的标准并不重要。因此，在定主意的时候；便要依着自我的兴趣了——即性之所近，力之所能。我的兴趣在什么地方？与我性质相近的是什么？问我能做什么？对什么感兴趣？我便照着这个标准转到文学院了。但又有一个困难，文科要缴费，而从康大中途退出，要赔出以前二年的学费，我也顾不得这些。经过四位朋友的帮忙，由八十元减到三十五元，终于达成愿望。在文学院以哲学为主，英国文学、经济、政治学之门为副。后又以哲学为主，经济理论、英国文学为副科。到哥伦比亚大学后，仍以哲学为主，以政治理论、英国文学为副。我现在六十八岁了，人家问我学什么，我自己也不知道学些什么？我对文学也感兴趣，白话文方面也曾经有过一点小贡献。在北大，我曾做过哲学系主任、外国文学系主任、英国文学系主任，中国文学系也做过四年的系主任，在北大文学院六个学系中，五系全做过主任。现在我自己也不知道学些什么，我刚才讲过现在的青年太倾向于现实了，不凭性之所近力之所能去选课。譬如一位有作诗天才的人，不进中文系学做诗，而偏要去医学院学外科，那么文学院便失去了一个一流的诗人，而国内却添了一个三四流甚至五流的饭桶外科医生，这是国家的损失，也是你们自己的损失。

在一个头等，第一流的大学，当初日本筹划帝大时候，真的计划远大，规模宏伟，单就医学院就比当初日本总督府还要大。科学的书籍都是从第一号编起。基础良好，我们接收已有十余年了，总算没有辜负当初的计划。今日台大可说是完善的大学，各位不要有成见，戴着近视眼镜来看自己的前途，看自己的将来。听说入学考试时有七十二个志愿可填，这样七十二变，变到最后不知变成了什么，当初所填的志愿，不要当作最后的决定，只当作暂时的方向。要在大学一、二年级的时候，东摸摸西摸摸地瞎摸。不要有短见，十八九岁的青年仍没有能力决定自己的前途、职业。进大学校后第一年到处去摸、去看，探险去，不知道的我偏要去学。如在中学时候的数学不好，现在我偏要去学，中学时不感兴趣，也许是老师不好。现在去听听最好的教授的讲课，也许会提起你的兴趣。好的先生会指导你走上一个好的方向，第一二年甚至于第三年还来得及，只要依着自己"性之所近，力之所能"地做去，这是清代大儒章学诚的话。

现在我再说一个故事，不是我自己的，而是近代科学的开山大师——伽利略（Galileo），他是意大利人，父亲是一个有名的数学家，他的父亲叫他不要学他这一行，学这一行是没饭吃的，要他学医。他奉命而去。当时意大利正是文艺复兴的时候，他到大学以后曾被教授和同学捧誉为"天才的画家"，他也很得意。父亲要他学医，他却发现了美术的天才。他读书的佛罗伦萨地方是一工业区，当地的工业界首领希望在这大学多造就些科学的人才，鼓励学生研究几何。于是在这大学里特为官儿们开设了几何学一科，聘请一位 Ricci 氏当教授。有一天，他打从那个地方过，偶然的定脚听讲，有的官儿们在打瞌睡，而这位年轻的伽利略却非常感兴趣。于是不断地一直继续下去，趣味横生，便改学数学，由于浓厚的兴趣与天才，就决心去东摸摸西摸摸，摸出一条兴趣之路，创造了新的天文学、新的物理学，终于成为一位近代科学的开山大师。

大学生选择学科就是选择职业。我现在六十八岁了，我也不知道所学的是什么。希望各位不要学我这样老不成器的人。勿以七十二志愿中所填的一愿就定了终身，远没有的，就是大学二三年也还没定。各位在此完备的大学里，目前更有这么多好的教授人才来指导，趁此机会加以利用。社会上需要什么，不要管它，家里的爸爸、妈妈、哥哥、朋友等，要你做律师、做医生，你也不要管他们，不要听他们的话，只要跟着自己的兴趣走。想起当初我哥哥要我学开矿、造铁路，我也没听他的话，自己变来变去变成一个老不成器的人。后来我哥哥也没说什么。只管我自己，别人不要管他，依着"性之所近，力之所能"学下去，其未来对国家的贡献也许比现在盲目所选的或被动选择的学科会大得多，将来前途也是无可限量的。下课了！下课了！谢谢各位。

谈理想的青年——回答一位青年朋友的询问

朱光潜

朋友：

你问我一个青年应该悬什么样一个标准，做努力进修的根据。我觉得这问题很难笼统地回答。因为人与人在环境、资禀、兴趣各方面都不相同，我们不能定一个刻板公式来适用于每个事例。不过无论一个人将来干哪一种事业，我以为他都需要四个条件。

头一项是运动选手的体格。我把这一项摆在第一。因为它是其他各种条件的基础。我们民族对于体格向来不很注意。无论男女，大家都爱亭亭玉立，弱不禁风那样的文雅。尤其在知识阶级，黄皮刮瘦，弯腰驼背，几乎是一种共同的标志。说一个人是"赳赳武夫"，就等于骂了他。我们都以"精神文明"自豪，只要"精神"高贵，肉体值得什么？这种错误的观念流毒了许多年代，到现在我们还在受果报。我们在许多方面都不如人。原因并不在我们的智力低劣。就智力说，我们比得上世界上任何民族。我们所以不如人者，全在旁人到六七十岁还能奋发有为，而我们到了四十岁左右就逐渐衰朽；旁人可以有时间让他们的学问事业成熟，而我们往往被逼迫中途而废；旁人能做最后五分钟的奋斗，我们处处显得是虎头蛇尾。一个身体羸弱的人不能是一个快活的人。你害点小病就知道，也不能是一个心地慈祥的人，你偶尔头痛牙痛或是大便不通，旁人的言动笑貌分外显得讨厌。如果你相信身体羸弱不妨碍你做一个有道德的人，援甘地为例。那我就要问你：世间数得出几个甘地？而且甘地是否真像你们想象的那样羸弱？一切道德行为都由意志力出发。意志的"力"固然起于知识与信仰，似乎也有几分像水力电力蒸汽力，还是物质的动作发生出来的。这就是说，它和体力不是完全无关。世间意志力最薄弱的人怕要算鸦片烟鬼，你看过几个烟鬼身体壮健？你看过几个烟鬼不时常在打坏主意？意志力薄弱的人都懒。懒是万恶之源。就积极方面说，懒人没有勇气。应该奋斗时不能奋斗，遇事苟且敷衍。做不出好事来。就消极方面说，懒人一味朝抵抗力最低的路径走，经不起恶势力的引诱，惯欢喜做坏事。懒大半由于体质弱。燃料不够，所以马达不能开满。"健全精神宿于健全身体"，身体不健全而希望精神健全，那是希望奇迹。

第二是科学家的头脑。生活时时刻刻要应付环境，环境有应付的必要，就显得它有困难有问题。所以过生活就是解决环境困难所给的问题。做学问如此，做事业如此，立身处世也还是如此。一切问题的解决方法都须遵照一个原则。在紊乱的事实中找出一些条理秩序来，这些条理秩序就是产生答案的线索，好比侦探一个案件，你第一步必须搜集有关的事实，没有事实做根据，你无从破案；有事实而你不知怎样分析比较，你还是不一定能破案。会尊重事实，会搜集事实，会见出事实中间的关系，这就是科学家的本领。要得到这本领，你必须冷静、客观、虚心、谨慎，不动意气，不持成见，不因十人利害打算而歪曲真理。合理的世界才是完美的世界，世界所以有许多不合理的地方，就因为大部分人没有科学的头脑，见理不透。比如说，社会上许多贪赃枉法的事，做这种事的人都有一个自私的动机。以为损害了社会，自己可以占便宜。其实社会弄得不稳定了。个人绝不能享安乐。所以这种自私的人还是见理不透，没有把算盘打清楚。要社会一切合理化，要人生合理化，必须人人都明理。都能以科学的头脑去应付人生的困难。单就个人来说，一个头脑糊涂的人能在学问或事业上有伟大的成就，我是没有遇见过。

第三是宗教家的热忱。"过于聪明"的人（当然实在还是聪明不够）有时看空了一切，以为是非善恶悲喜成败反正都不过是那么一回事，让它去，干我什么？他们说："安邦治国平天下，自有周公孔圣人。"人人都希望旁人做周公孔圣人，于是安邦治国平天下就永远是一场幻梦。宗教家大半盛于社会紊乱的时代，他们看到人类罪孽痛苦，心中起极大的悲悯。于是发下志愿，要把人类从水深火热中拯救出来。虽然牺牲了自己，也在所不惜。孔子说："鸟兽不可与同群。吾非斯人之徒之与而谁与？天下有道，丘不与易也。"释迦牟尼说："我不入地狱，谁入地狱？"这都是宗教家的伟大抱负。他们不但发愿，而且肯拼命去做。耶稣的生平是极好的例证。他为着要宣传他的福音，不惜抛开身家妻子，和犹太旧教搏斗，和罗马帝国搏斗，和人世所难堪的许多艰难困苦搏斗，而终之以一死；终于以一个平民的力量掉翻了天下。古往今来许多成大事业者虽不必都是宗教家，却大半有宗教家的热忱。他们见得一件事应该做，就去做，就去做到底，以坚忍卓绝的精神战胜一切困难，百折不回。我们现在所处的是一个紊乱时代，积重难返，一般人都持鱼游釜中或是驼鸟把眼睛埋在沙里不去看猎户的态度。苟求一日之安，这时候非有一种极大的力量不能把这局面翻转过来。没有人肯出这种力量。或是能出这力量。除非他有宗教家的慈悲心肠和宗教家的舍己为人奋斗到底的决心毅力。

第四是艺术家的胸襟。自然节奏有起有伏，有张有弛，伏与弛不单是为休息，也不单是为破除单调，而是为精力的生养储蓄。科学易流于冷酷干枯，宗教易流于过分刻苦，它们都需要艺术的调剂。艺术是欣赏，在人生世相中抓住新鲜有趣的一面而流连玩索；艺术也是创造，根据而又超出现实世界。刻绘许多可能的意象世界出来，以供流连玩索。有艺术家的胸襟，才能彻底认识人生的价值，有丰富的精神生活，随处可以吸收深厚的生命力。我们一般人常困于饮食男女功名利禄的营求。心地常是浑浊，不能清明澈照；一个欲望满足了，另一个欲望又来，常是在不满足的状态中，常被不满足驱遣做无尽期的奴隶。名为一个人，实在是一个被动的机械，处处受环境支配，做不得自家的主宰。在被驱遣流转中，我们常是仓皇忙迫，常无片刻闲暇，来凭高看一看世界。或是回头看一看自己，不消说得。世界对于我们是呆板的，自己对于我们也是空虚的。试问这种人活着有什么意味？能成就什么学问事业？所谓艺术家的胸襟就是在有限世界中做自由人的本领；有了这副本领，我们才能在急忙流转中偶尔驻足做一番静观默索，做一番反省回味，朝外可以看出世相的庄严，朝内可以看出人心的伟大。并且不仅看，我们还能创造出许多庄严的世相，伟大的人心。在创造时，我们依然是上帝，所以创造的快慰是人生最大的快慰。创造的动机是要求完美。迫令事实赶上理想；我们要把现实人生、现实世界改造得比较完美，也还是起于艺术的动机。

如果一个人具备这四大条件，他就不愧为完人了。我并不认为他是超人，因为体育选手、科学家、宗教家、艺术家，都不是神话中的人物，而是世间有血有肉的真实人物。以往有许多人争取过这些名号。人家既然可以做得到，我就没有理由做不到。我们不能妄自菲薄，自暴自弃。

1943 年 8 月

关于人的素质的几点思考

季羡林

一、我们当前所面临的形势

谈问题必须从实际出发，这几乎成了一个常识。谈人的素质又何能例外？

在这方面，我们，包括内地和台湾地区，甚至全世界，我们所面临的形势怎样呢？我觉得，法鼓人文社会学院的"通告"中说得简洁而又中肯：

识者每以今日的社会潜伏下列诸问题为忧：即功利气息弥漫，只知夺取而缺乏奉献和服务的精神；大家对社会关怀不够，环境日益恶化；一般人虽受相当教育，但缺乏判断是非善恶的能力；科技教育与人文教育未能整合，阻碍教育整体发展，亦且影响学生健全人格的养成。

这些话都切中时弊。

在这里，我想补充上几句。

我们眼前正处在 20 世纪的世纪末和千纪末中。"世纪"和"千纪"都是人为地创造出来的；但是，一旦创造出来，它似乎就对人类活动产生了影响。19 世纪的世纪末可以为鉴，当前的这一个世纪末，也不例外。在政治、经济等方面所发生的巨大变化，有目共睹。我特别想指出环境保护等方面的令人触目惊心的情况。这些都与西方科学技术的发展密切相连。

西方自产业革命以后，科技飞速发展。生产力解放之后，远迈前古，结果给全体人类带来了极大的意想不到的福利。这一点是无论如何也否认不掉的。但是同时也带来了同样是想不到的弊端或者危害，比如空气污染、海河污染、生态平衡破坏、一些动植物灭种、环境污染、臭氧层出洞、人口爆炸、淡水资源匮乏、新疾病产生，如此等等，不一而足。这些灾害中任何一项如果避免不了，祛除不掉，则人类生存前途就会受到威胁。所以，现在全世界有识之士以及一些政府，都大声疾呼，注意环保工作。这实在值得我们钦佩。

英国浪漫主义诗人雪莱（Shelley）以诗人的惊人的敏感，在19世纪初叶，正当西方工业发展如火如荼地上升的时候，在他所著的于1821年出版的《诗辨》中，就预见到它能产生的恶果，他不幸而言中，他还为这种恶果开出了解救的药方：诗与想象力，再加上一个爱。这也实在值得我们佩服。

眼前的这一个世纪末，实在是人类历史上一个空前的大动荡大转轨的时代。在这样的时机中，我们平常所说的"代沟"空前地既深且广。老少两代人之间的隔阂十分严峻。有人把现在年轻的一代人称为"新人类"，据说日本也有这个词儿，这个词儿意味深长。

二、人的天性或本能

我们就处在这样的环境条件下来探讨人的天性的一些想法。

两千多年以来，中国哲学史上始终有一个争论不休的问题：性善与性恶。孟子主性善，荀子主性恶，这是众所周知的事实。两说各有拥护者和反对者，中立派就主张性无善无恶说。我个人的看法接近此说，但又不完全相同。如果让我摆脱骑墙派的立场，说出真心话的话，我赞成性恶说，然则根据何在呢？

由于行当不对头——我重点摘的是古代佛教历史、中亚古代语文、佛教史、中印和中外文化交流史等——我对生理学和心理学所知甚微。根据我多年的观察与思考，我觉得，造物主或天或大自然，一方面赋予人和一切生物

（动植物都在内）以极强烈的生存欲，另一方面又赋予它们极强烈的发展扩张欲。一棵小草能在砖石重压之下，以惊人的毅力，钻出头来，真令我惊叹不止。一尾鱼能产上百上千的卵，如果每一个卵都能长成鱼，则湖海有朝一日会被鱼填满。植物无灵，但有能，它想尽办法，让自己的种子传播出去。类似的例子，举不胜举。但是，与此同时，造物主又制造某些动植物的天敌，大鱼吃小鱼，小鱼吃虾米，猫吃老鼠，等等，等等，总之是，一方面让你生存发展，一方面又遏止你生存发展，以此来保持物种平衡，人和动植物的平衡。这是造物主给生物开玩笑。老子说："天地不仁，以万物为刍狗。"意思与此差为相近。如此说来，荀子的性恶说能说没有根据吗？荀子说："人之性恶，其善者伪也。""伪"字在这里有"人为"的意思，不全是"假"。总之，这说法比孟子性善说更能说得过去。

三、道德问题

写到这里，我认为可以谈道德问题了。道德讲善恶，讲好坏，讲是非，等等。那么，什么是善，是好，是坏呢？根据我上面的说法，我们可以说：自己生存，也让别的人或动植物生存，这就是善。只考虑自己生存，不考虑别人生存，这就是恶。《三国演义》中说曹操有言："只教我负天下人，不教天下人负我。"这是典型的恶。要一个人不为自己的生存考虑，是不可能的，是违反人性的。只要能做到既考虑自己也考虑别人，这一个人就算及格了，考虑别人的百分比愈高，则这个人的道德水平也就愈高。百分之百考虑别人，所谓"毫不利己，专门利人"，是做不到的，那极少数为国家、为别人牺牲自己性命的，用一个哲学家的现成的话来说是出于"正义行动"。

只有人类这个"万物之灵"才能做到既为自己考虑，也能考虑到别人的利益。一切动植物是绝对做不到的，它们根本没有思维能力。它们没有自律，只有他律，而这他律就来自大自然或者造物主。人类能够自律，但也必须辅之以他律。康德所谓"消极义务"，多来自他律。他讲的"积极义务"，则多来自自律。他律的内容很多，比如社会舆论、道德教条等都是。而最明显的则是公安局、检察机构、法院。

写到这里，我想把话题扯远一点，才能把我想说的问题说明白。

人生于世，必须处理好三个关系：一、人与大自然的关系，那也称之为"天人关系"；二、人与人的关系，也就是社会关系；三、人自己的关系，也就是个人思想感情矛盾与平衡的问题。这三个关系处理好，人就幸福愉快；否则就痛苦。在处理第一个关系时，也就是天人关系时，东西方，至少在指导思想方向上截然不同。西方主"征服自然"（To conquer the nature），《天演论》的"物竞天择，适者生存"，即由此而出。但是天或大自然是能够报复的，能够惩罚的。你"征服"得过了头，它就报复。比如砍伐森林，砍光了森林，气候就受影响，洪水就泛滥。世界各地都有例可证。今年大陆的水灾，根本原因也在这里。这只是一个小例子，其余可依此类推。学术大师钱穆先生一生最后一篇文章《中国文化对人类未来可有的贡献》，讲的就是"天人合一"的问题，我冒昧地在钱老文章的基础上写了两篇补充的文章，复印了几份，呈献给大家，以求得教正。"天人合一"是中国哲学史上一个重要命题，解释纷纭，莫衷一是。钱老说："我曾说'天人合一'论，是中国文化对人类最大的贡献。"我的补充明确地说，"天人合一"就是人与大自然要合一，要和平共处，不要讲征服与被征服。西方近二百年以来，对大自然征服不已，西方人以"天之骄子"自居，骄横不可一世，结果就产生了我在上文第一章里补充的那一些弊端或灾害。钱宾四先生文章中讲的"天"似乎重点是"天命"，我的"新解"，"天"是指的大自然。这种人与大自然要和谐相处的思想，不仅仅是中国思想的特征，也是东方各国思想的特征。这是东西文化思想分道扬镳的地方。在中国，表现这种思想最明确的无过于宋代大儒张载，他在《西铭》中说："民，吾同胞；物，吾与也。""物"指的是天地万物。佛教思想中也有"天人合一"的因素，韩国吴亨根教授曾明确地指出这一点来。佛教基本教规之一的"五戒"中就有戒杀生一条，同中国"物与"思想一脉相通。

希望在你们身上

季羡林

人类社会的进步，有如运动场上的接力赛。老年人跑第一棒，中年人跑第二棒，青年人跑第三棒。各有各的长度，各有各的任务，互相协调，共同努力，以期获得最后胜利。这里面并没有高低之分，而只有前后之别。老年人不必"倚老卖老"，青年人也不必"倚少卖少"。老年人当然先走，青年人也会变老。如此循环往复，流转不息。这是宇宙和人世间的永恒规律，谁也改变不了一丝一毫。所谓社会的进步，就寓于其中。

中国古话说："长江后浪推前浪，世上新人换旧人。"像我这样年届耄耋的老朽，当然已是"旧人"。我们可以说是已经交了棒，看你们年轻人奋勇向前了。但是我们虽无棒在手，也绝不会停下不走，"坐以待毙"；我们仍然要焚膏继晷，献上自己的余力，跟中青年人同心协力，把我们国家的事情办好。

我说的这一番道理，几近老生常谈，然而却是真理。人世间的真理都是明白易懂的。可是，芸芸众生，花花世界，浑浑噩噩者居多，而明明白白者实少。你们青年人感觉锐敏，英气蓬勃，首先应该认识这个真理。要想树立正确的人生观和价值观，也必须从这里开始。换句话说就是，要认清自己在人类社会进化的漫漫长河中的地位。人类的前途要由你们来决定，祖国的前途要由你们来创造。这就是你们青年人的责任。千万不要把人生观和价值观当作一个哲学命题来讨论，徒托空谈，无补实际。一切人生观和价值观，离开了这个责任感，都是空谈。

那么，我作为一个老人，要对你们说些什么座右铭呢？你们想要从我这里学些什么经验呢？我没有多少哲理，我也讨厌说些空话、废话、假话、大话。我一无灵丹妙药，二无锦囊妙计。我只有一点明白易懂简单朴素、几近老生常谈又确实是真理的道理。我引一首宋代大儒朱子的诗：

> 少年易老学难成，
> 一寸光阴不可轻。
> 未觉池塘春草梦，
> 阶前梧叶已秋声。

明白易懂，用不着解释。这首诗的关键有二：一是要学习，二是要惜寸阴。朱子心目中的"学"，同我们的当然不会完全一样。这个道理也用不着多加解释，只要心里明白就行。至于爱惜光阴，更是易懂。然而真正能实行者，却不多见。

这就是一个耄耋老人对你们的肺腑之谈。

青年们，好自为之。世界是你们的。